현업 기획자
마이즈가 알려주는
게임 기획
스쿨

현업 기획자
마이즈가 알려주는

게임 기획 스쿨

기초부터 시작하는
게임 프로젝트 입문서

김현석 지음

LUL 32

FINISH!

START!

YOU
WIN!

초록비책공방

게임 기획의 코어를 찾아서

얼마 전 게임 기획 책을 출간한 선배님을 뵌 적이 있습니다. 당시 선배님은 현재 게임 기획에 관한 책이 다른 분야에 비해 많지 않다고 하더군요. 그 이야기를 유심히 살펴보니 많지 않을 뿐만 아니라 대부분 취업을 위한 학습서이거나 기획서 쓰기를 위한 책이 대다수였습니다.

사실 게임 개발에 관련된 책들은 수명이 짧습니다. 게임 개발 엔진 사용법을 쓴 책은 엔진이 업데이트되면 의미가 없고, 프로그래머가 보는 코딩 책이나 디자이너들이 보는 그래픽 스킬에 관한 책도 툴이 달라지면 의미가 없어집니다. 하지만 절대 변하지 않는 내용을 담은 책도 있습니다. 이런 책들이 다루는 것은 코어에 있는 내용입니다. 디자인 툴이 달라지면 리소스를 만드는 방법은 달라질 수 있지만 기본적인 스케치나 구도, 이미지를 만들어가는 기본형은 그대로입니다. 프로그램도 마찬가지입니다. 새로운 언어가 나오고 버전이 올라가더라도 코어가 되는 언어들은 언제나 기본이 됩니다.

그렇다면 게임 기획에는 왜 그런 책이 없을까 고민해보았습니다. 게임 분야가 아닌 다른 분야의 기획 책들과 비교를 해보니 명확했습니다. 없는 것이 아니라 국내에서는 쓰이지 않은 것입니다. 그렇다면 우리는 왜 기획 그 자체가 아닌 기획 내용의 정리에만 집중하고 있는 걸까요? 현실적인 이야기를 하자면 게임 개발에 속하는 직군 중에서 가장 대우를 못 받는 것이 게임 기획자이기 때문입니다.

게임 기획은 스킬이나 실력이 눈에 보이지 않습니다. 그래서 게임 기획자들은 실력을 증명할 수 있는 무언가를 만들려고 항상 노력해왔습니다. 그것이 게임 기획서입니다. 물론 게임 기획서는 실무에서 사용되는 중요한 문서이고 이와 관련해 좋은 책들도 나오고 있습니다. 하지만 이 역시 게임 트렌드가 달라지면 의미가 퇴색될 것입니다. 그렇다면 시대가 달라지고 게임의 트렌드가 변하더라도 변함없는 기획의 코어(Core), 누군가는 그런 부분을 정리해야 하지 않을까요? 그런 생각에 저는 이 책을 쓰기로 결심했습니다.

오늘날의 신입 게임 기획자에게는 마케팅 지표에 관한 지식을 기본 소양으로 요구하고 있습니다. 이것은 DAU나 ARPPU◆처럼 영어로 된 수치로 게임을 서비스하면서 사용되는 것들입니다. 사용자가 얼마나 접속했는지, 얼마나 늘어나고 줄어드는지, 한 번에 몇 시간이나 게임을 하는지, 그중에 돈을 지불하는 사람은 몇인지, 평균 얼마만큼의 돈을 지불하는지 등 다양한 사용자 지표로 표현되고 있습니다. 이 지표들의 목적은 명확합니다. 매출을 높이는 것이지요. 즉 매출을 위한 기

◆　　DAU(Daily Active User) : 하루 동안 접속한 유저 수
ARPPU(Average Revenue per User) : 사용자 1인당 평균 결제율

획을 하는 것이 현재 게임 기획자가 하는 일입니다. 최근에 만난 3~4년 차 게임 기획자 대다수는 이 지표에 맞는 기획을 하는 것만이 올바른 게임 기획이라고 믿고 있었습니다.

하지만 이런 지표가 무의미한 경우도 많습니다. 세상의 모든 게임이 서비스 형태는 아니기 때문이지요. 다만 한국 사회는 서비스형 모바일 게임과 온라인 게임이 절대다수를 이루기 때문에 게임 기획자가 되기 위한 기본 소양으로 강요되는 것입니다.

회사는 돈을 벌어야 하고, 그렇기에 게임으로 매출을 내야 하는 것 또한 맞습니다. 하지만 이를 위한 사업부도 있고 마케팅 부서도 별도로 존재하고 있습니다. 이런 상황에서 게임 기획자에게까지 매출을 위한 지표를 파악하고 분석하라는 것이 과연 의미가 있는 걸까요? 프로젝트를 책임져야 할 위치에 있는 기획자라면 모르겠지만, 신입 게임 기획자들이 이런 지표에 집중하는 것이 과연 바람직할까요? 과연 이것이 게임 기획의 코어일까요?

신입 게임 기획자들이 처음부터 온갖 지표와 매출에 신경 쓰게 되면 게임 기획은 재미보다 상업성에 치중하게 됩니다. 현재도 과금 아이템 관련해서는 다양한 심리학 이론들이 게이머들을 자극하고 있는데요, 어쩔 수 없는 시대 흐름이라 하더라도 게임 기획자라면 게임의 기본인 재미에 가장 충실해야 할 것입니다. 이러한 사실을 마음 한편에 간직한 채 게임을 기획하고 개발해야 상업적인 게임을 만들더라도 그 안에 한 줌의 재미가 들어갈 수 있을 것입니다.

미래의 게임은 접속 유도, 과금 유도 형태의 콘텐츠가 아닐 수도 있습니다. 만약 그런 시대가 온다면 지금의 게임 기획자들은 혼란스럽지 않을까요? 따라서 이 책에서는 게임의 재미에 집중합니다. 상업성에 대해서는 크게 다루지 않습니다. 제가 생각하는 게임 기획의 코어는 '재미'이므로 게임에 재미를 담기 위한 기획을 이야기할 것입니다. 기획서를 쓰는 스킬에 대해서는 가벼운 조언 이상은 언급하지 않겠습니다. 책상에 앉아 학습하는 형태의 책이 되는 것은 지양합니다. 가볍게 읽고 자신의 생각을 정리할 수 있었으면 합니다.

해외에서는 게임 기획과 관련한 수많은 원론이 있고 그중 몇 권은 한국어로 번역되어 출간되었습니다. 그중에서 그나마 알려진 것이 라프 코스터의 '재미이론'입니다. 국내에도 이를 바탕으로 출간된 책들이 있긴 하지만 대체로 게임을 이론과 학문으로 접근하는 책들이라서 어렵습니다. 이 책에서도 몇 가지 기법이나 이론을 소개하겠지만 이를 받아들이고 응용하는 것은 온전히 게임 기획자 개개인의 몫입니다.

이 책을 읽는 분들이 가볍고 재미있게 게임 기획의 코어를 엿볼 수 있기를 희망합니다. 이를 기반으로 스스로 생각하고 적용해볼 수 있기를 바랍니다. 게임 기획은 정립된 것이 아니며 계속 발전해나가는 것이기 때문입니다. 또한 이 책이 게임 기획을 위한 시작점이 되거나 다르게 바라볼 수 있는 전환점이 되기를 바랍니다. 세상은 끊임없이 변화하고 게임 역시 발전하기 때문에 이 책의 내용은 결코 진리일 수 없습니다. 어디까지나 저의 기준이고 생각임을 염두에 두고 즐겁게 읽으면 좋겠습니다.

CLASS 1. 게임 기획에 접근하기

CLASS 2. 게임 기획에 뛰어들기

CLASS 3. 게임 기획자로 살아남기

게임 장르 용어 정리

이 책에는 다양한 게임 장르를 예시로 들고 있습니다. 사전 이해를 위해 게임 장르에 대해 정리하겠습니다. 여기에 수록된 것이 게임의 모든 장르는 아우르는 것은 아닙니다. 장르 용어가 나올 때마다 각 페이지에 각주로 설명을 수록하고 있으니 부담 없이 훑어보고 지나가도 좋습니다.

장르	설명	예
아케이드 게임	오락실에서 즐기던 게임 장르를 묶어서 부르는 말	
콘솔 게임	게임 전용 기계를 사용해서 즐기는 게임	플레이스테이션, 닌텐도스위치, XBOX시리즈 등
온라인 게임	네트워크에 접속해서 여럿이 즐기는 게임	
VR 게임	가상현실을 활용한 게임. 머리에 쓰는 디스플레이를 사용	
AR 게임	증강 현실을 활용한 게임 현실에 그래픽을 덧붙이는 방식	
플랫포머 게임	점프를 주로 활용해서 진행하는 게임	슈퍼 마리오, 소닉, 레이맨 등
종스크롤 게임	아래에서 위 방향으로 진행하는 게임	
횡스크롤 게임	왼쪽에서 오른쪽 방향으로 진행하는 게임	
슈팅 게임	탄환을 발사해서 적을 파괴하는 게임	
리듬 게임	음악에 맞춰서 정해진 입력을 하는 게임	비트매니아, DDR, 큰북의 달인 등
격투 게임	상대 캐릭터와 격투를 해서 승패를 결정짓는 게임	스트리트 파이터, 철권 등
FPS 게임	일인칭으로 진행하는 슈팅 게임	콜오브듀티, 오버워치

장르	설명	예*
AOS 게임	맵에서 캐릭터를 강화해 적 진영을 파괴하는 게임	리그오브레전드.
레이싱 게임	골인 지점까지 누가 빨리 도착하는지를 겨루는 게임	카트라이더, 릿지레이서
방치형 게임	방치하고 있는 것만으로 진행되는 형태의 게임	
소울라이크	다크 소울 시리즈 형태의 고난도 게임을 일컫는 장르	데몬즈소울, 다크소울, 블러드본 등
비주얼노블	화면의 캐릭터를 보며 소설처럼 읽는 방식의 게임	슈타인즈 게이트, 베리드스타즈.
TCG	Trading Card Game. 카드 구성 위주의 게임	하스톤, 매직더게더링, 유희왕 등
RPG	캐릭터를 성장시키며 주어진 역할을 달성하는 게임	파이널판타지, 젤다의전설 등
MMORPG	온라인으로 여러 사람이 함께 즐기는 RPG	리니지, 로스트아크 등
수집형 RPG	수집이 주요 목적이 되는 RPG	
가챠 게임	뽑기 시스템을 중심으로 구성된 게임	
턴제 게임	서로 차례를 번갈아 가면서 진행하는 게임	

* 게임은 장르가 겹치기도 하고 시대마다 대표적인 게임이 다르기도 합니다. 표에 예시로 든 게임은 참고로 봐주길 바랍니다.

GAME PROGECT GUIDE

▶   MORE GAMES
    PLAY
    OPTIONS
    RANKING

CLASS 1

게임 기획에
접근하기

게임 기획이란 무엇인가요?
게임 기획에 뛰어들기 전에
게임 기획이 무엇인지부터 접근해보면
기획자마다 왜 게임 기획의 정의가
다른지 알게 됩니다.

Lesson 1

게임 기획이란 무엇인가?

놀이하는 인간, 호모루덴스

게임에 대해 이야기를 하기 전에 게임을 행하는 대상, 인간에 대한 이야기를 잠시 해보겠습니다. 18세기 네덜란드의 인류학자 요한 하위징아는 인간을 '놀이하는 존재'로 정의했습니다. 인간을 '생각하는 존재'로 비유한 호모사피엔스라는 용어처럼 인간이 놀이하는 존재임을 나타내는 단어가 '호모루덴스'입니다. 그 외에 다른 철학자도 이와 비슷한 의견을 냈습니다. 아리스토텔레스는 인간을 '웃는 동물'이라고 표현했으며 플라톤 역시 인간이 모든 것에 진지할 필요는 없다고 말하며 삶은 놀이를 하면서 살아야 한다고 말했습니다. 갑자기 철학이 나오고 인류학자가 나오니 당황스러운가요? 말하고자 하는 것은 결국 하나입니다. 놀이는 인간의 본성이며 게임 역시 수많은 놀이 중

하나라는 점입니다.

최근에는 게임에 대해 여러 가치가 생겨나고 있습니다. 돈을 벌기 위해 일로써 게임을 하기도 하고 새로운 사람과의 만남이나 커뮤니케이션을 추구하기도 합니다. 학습이나 기술의 검증, 혹은 스토리나 디자인적인 체험이 주목적인 경우도 있습니다. 하지만 이 모든 것의 기본은 결국 '재미있는 놀이'입니다. 다른 직군이 아닌 게임 기획자라면 특히 게임이 놀이임을 인지할 필요가 있습니다. 최초의 게임에서부터 최우선 가치는 재미였음을 인정해야 거기에서 파생되어온 현재의 게임을 이해할 수 있고 그래야 앞으로의 변화에도 쉽게 적응할 수 있습니다. 언제나 뿌리는 중요하니까요.

게임이 대체 뭐죠? 왜 말이 바뀌나요?

게임에 입문한 시기부터 얼마 전까지 십수 년간 갖고 있던 의문이 있습니다. 바로 '게임이란 무엇일까?'입니다. 게임 기획자가 되고 나서는 여기에 '게임 기획이란 무엇일까?'라는 의문이 더해졌지요. 이상한 이야기죠? 게임 기획자라는 사람이 게임이 무엇인지, 게임 기획이 무엇인지 고민하다니.

저는 몇 년 전에야 그 이유를 알게 되었습니다. 게임 기획을 한 지거의 20년이 다 되어서야 말입니다. 제가 이런 의문을 품게 된 이유는 게임의 개념이 계속 변화해왔기 때문입니다. 변화하는 개념을 기준으로 하다 보니 생각을 정립할 수 없었던 것이지요.

아주 오래전 전자 기기가 없던 시절의 게임은 지금과는 확실히 다른 형태였습니다. 몸을 쓰는 것에서 머리를 쓰는 것으로 달라지고, 의자에 앉아서 하는 것에서 체험하는 것으로, 혼자 하는 것에서 네트워크를 통해 여러 사람과 함께하는 것으로, 때로는 거리 미디어와 융합하기도 하고, 새로운 기술이 적용되기도 하면서 게임은 끊임없이 진화하고 변화했습니다. 지금도 여전히 진화하고 있고요. 그렇기에 게임의 개념이나 형태를 규정하는 것은 불가능합니다. 현재 우리가 게임이라고 부르는 것이 미래에는 게임이 아닐 수도 있고, 우리가 게임으로 인지하지 않는 것을 미래에는 게임으로 볼 수도 있습니다.

제가 담당한 프로젝트들만 해도 그렇습니다. PC용 패키지 게임을 시작으로 피쳐폰에 들어가는 모바일 로컬 게임, 패킷으로 데이터를 받는 새미 네트워크 게임, 인터넷망을 통해 여러 사람과 함께 플레이하는 온라인 게임, 그래픽 요소가 전혀 들어가지 않은 텍스트 머드 게임, 카드를 사용하는 보드게임도 제작했습니다. 그 외에도 VR 게임이나 AR 게임, 심지어 행사에서 직접 몸으로 뛰며 체험하거나 드론을 사용하는 게임도 만들었지요. 게임이 다양해진 것으로 생각할 수도 있지만, 그 이상으로 개념의 전환도 자주 일어났습니다. 카지노에 있는 슬롯머신이나 아케이드 게임 센터에 있는 인형 뽑기, 기기에 탑승해서 즐기는 체감형 콘텐츠도 실은 게임으로 분류됩니다. 거리마다 위치한 방탈출 카페도 게임의 일종이지요. 게임으로 지칭하는 대상이 계속 변화하고 확장되고 있기 때문에 저 역시 게임이 무엇인지 계속 고민했습니다.

게이미피케이션이라는 말을 들어본 적 있나요? 게임의 요소나 게임 기획적인 사고를 게임이 아닌 다른 분야에 적용하는 것을 의미하는 용어로 2004년 이후 확산했습니다. 좀 더 쉽게 풀어쓰면 재미없고 지루하거나 하기 싫은 무언가를 게임화한다는 이야기입니다. 재미있고 하고 싶은 것으로 만들어 몰입과 적극적 행동을 유도한다는 것이지요. 이 용어를 보면 게임에 대한 긍정적인 시선을 느낄 수 있습니다. 게이미피케이션은 여러 형태로 활용되지만 특히 주목받는 분야는 '교육'입니다. 하기 싫은 공부를 재미있게 스스로 할 수 있다면 많은 부모의 고민이 해결될 테니까요. 게이미피케이션이 도입된 교육은 게임일까요? 교육일까요? 이것을 도입한 오프라인 행사는 게임일까요? 체험일까요? 이런 의문이 점점 게임의 범위를 확장합니다.

게임 기획에 대한 의문도 이와 비슷합니다. 다만 이 외에 다른 요소가 추가되지요. 게임의 개념이 변하지 않는다고 하더라도 게임 개발 방법론은 계속해서 변화하거든요. 게임 개발 엔진도 같은 용어지만 다루는 내용이 확장되어왔으며 직군도 과거에 비해 더 세분되었습니다.

3D 연출이 게임에 접목되면서 연출 기획도 필요해졌고, 가상 사회에 다중 접속하는 게임이 생겨나면서 경제학 심지어 건축학까지도 게임 기획에 필요해졌습니다. VR(Virtual Reality, 가상 현실)이나 AR(augmented reality, 증강 현실) 같은 신기술을 사용하는 경우 당연히 기획자는 해당 기술에 대해 또 학습해야 합니다. 게임 개발의 다른 직군들, 이를테면 프로그래머나 그래픽 디자이너, 사운드 디자이너는 하는 일이 명확하게 주어져 있고 새로운 기술이나 트렌드가 나오더라도 그 요소들을 그래픽이나 프로그램으로 분류하는 것이 비교적 쉽습니다. 그 외의 나머지 부분은 기획자가 해야 할 몫이 되지요. 이는 게임 기획이라는 업무가 20년 이상 지난 지금까지도 규정되지 않았기 때문이며 규정

될 수 없기 때문입니다.

　이런 생각을 10여 년 전 KGC(한국 게임개발자 콘퍼런스)에서 '5개의 회사, 5개의 기획'이라는 주제로 발표한 적이 있습니다. 시대뿐 아니라 조직에 따라서도 게임 기획의 범위가 달라질 수 있으며 결국 기획자는 상황에 맞게 일을 할 수밖에 없다는 내용이었죠. 그로부터 10년이 지난 현재에도 여전히 게임 기획은 규정되지 않았고 오히려 업무의 범위는 더욱 늘었습니다. 만약 여러분이 게임 기획자가 되고 싶다면 게임이라는 콘텐츠에 한계를 두지 마십시오. 컴퓨터나 스마트폰 게임만을 게임으로 보지 말고 보다 넓은 시야를 가지길 권합니다. 게임은 끊임없이 발전하고 진화할 것이며 형태를 바꿔갈 것이 분명하기 때문입니다. 그리고 이를 통해 게임 기획자가 해야 할 업무의 내용과 범위 또한 달라질 수 있음을 인지하십시오. 콘텐츠나 업무에 대해 나만의 기준을 세우는 것은 계속해서 변화하는 시대에 잘못된 고집이 되어 뒤처질 수 있음을 경계했으면 합니다.

플랫폼이 달라지면 다른 게임이 될까?

　게임이라는 콘텐츠는 사실 그 내부로 들어가면 다양한 형태로 존재합니다. 그리고 이 형태를 좌우하는 것 중 가장 중요한 것이 플랫폼입니다. 게임 플랫폼은 쉽게 생각하면 PC, 인터넷, 스마트폰뿐만 아니라 플레이 스테이션이나 닌텐도 스위치 같은 게임 전용기기, 아케이드 게임 센터(오락실), 심지어 박물관이나 체험 센터까지 포함합니다.

어디에 위치하고 어떤 인터페이스로 즐기는 게임인지가 제각각입니다. 그래서 동일한 게임을 하더라도 플랫폼에 따라 다른 경험을 할 수 있습니다. 그렇다면 어째서 같은 장르의 게임인데도 플랫폼에 따라 달라지는 걸까요? 그 이유를 세 가지로 정리해보았습니다.

플랫폼의 발전 과정을 통한 기대심리

현재 이 항목은 크게 의미가 있지는 않습니다. 워낙 멀티 플랫폼 게임이 많고 특정 플랫폼으로 나온다고 해서 반드시 해당 플랫폼의 성향을 지니고 있지는 않기 때문입니다. 하지만 게임을 하는 사람에게는 '이 플랫폼에서 출시되는 게임이라면 왠지 이럴 것 같다'고 생각되는 부분이 있습니다. 마치 유전 심리학처럼 게이머 사이에서 자연스럽게 이어온 분위기 같은 것일지도 모르겠습니다.

아주 오래전으로 돌아가 '아타리'나 '패미콤' 같은 초기 게임기를 생각해봅시다. 당시 게임기는 TV에 연결해서 플레이해야 했습니다. 지금처럼 모니터를 사용하지 않았습니다. 그 시기의 TV는 비싸고 귀한 물건이라서 두 대를 가진 집이 드물었습니다. 한 대뿐인 TV라면 거실에 놓여있을 가능성이 높습니다. 그래서 초창기 게임기용 게임은 TV 방송과 경쟁을 해야 했습니다. 부모의 허락을 받아 게임을 해야 하고 게임 화면이 가족 모두에게 보입니다. 이런 환경에서 게임기용 게임은 한 번의 플레이 시간이 너무 길어서는 안 되고 구경하는 사람에게도 재미있어 보여야 합니다. 그래서 그래픽과 색감에 신경을 써야 했습니다.

반면 PC는 혼자 사용하기 때문에 얼마든지 장시간 플레이가 가능하고 초기의 PC 사용자는 이공계 출신이 많았기 때문에 이른바 머리를 쓰는 게임이 많이 출시되었습니다. 게임기에서는 액션 게임이 발달하고 PC에는 전략 등의 시뮬레이션 게임이 발달한 이유입니다.

아케이드 게임◆의 경우 초기에는 슈팅 게임이 발달했습니다. 누구나 쉽게 익힐 수 있고 플레이 시간이 오래 걸리지도 않기 때문입니다. 그러다가 모르는 누군가와 우연히 만나 경쟁할 수 있다는 점에 착안해 대전형 격투 게임이 열풍을 일으켰고, 가정에서는 사용하기 힘든 체감형 기기들을 사용한 댄스 게임으로 트렌드가 넘어갔습니다. 앞서 말한 것처럼 이 이야기는 현대의 게임과 크게 관계가 없습니다. 하지만 여전히 게임을 많이 하는 게이머 입장에서는 PC 플랫폼으로 나온 전략 시뮬레이션이 왠지 더 재미있어 보이고, 콘솔 플랫폼으로 나온 액션 게임이 더 화려해 보이며, 리듬 게임은 아케이드부터 나와야 정통파라는 인식이 있습니다. 실제로 플랫폼별 선호 장르를 찾아봐도 이와 비슷합니다. 그렇기 때문에 알아둘 필요가 있습니다.

플랫폼의 환경에 따라 달라지는 경험의 형태

게임 플랫폼은 서로 다른 경험을 기반에 깔고 있습니다. 예를 들어 아케이드 게임 센터에 들어가는 게임들은 기본적으로 '거리 미디어'에 속합니다. 집이 아닌 특정 장소에 가야 게임을 할 수 있죠. 게임을 하는 목적 또한 다릅니다. 게임 센터에서만 할 수 있는 체감형 게임을 하기 위해 가는 것일 수도 있고, 실력을 뽐내기 위해 가는 것일 수도 있습니다. 혹은 지나가다가 잠깐 시간을 보내거나 약속 시간을 기다리기

◆   아케이드 게임(arcade game) : 아케이드(오락실)에서 즐기던 게임 장르들의 총칭

위해서이기도 합니다. 집에서 하는 게임이나 들고 다니면서 하는 휴대용 게임과는 애초에 게임을 하는 환경이 다르고 이에 따라 목적성마저 달라집니다. 이는 게임 플레이 시간에도 영향을 미칩니다. 잠깐 시간을 보내러 들어간 게임 센터에서 10시간 이상 걸리는 게임을 하는 사람이 얼마나 될까요? 잠시 들르는 곳이므로 게임의 플레이 타임은 짧아야 하며 돈을 사용하는 데 거부감이 들지 않도록 기획해야 합니다.

PC 온라인 게임 및 스마트폰 게임의 경우 네트워크를 사용해야 하므로 멀티 플레이 형태가 많습니다. 그중 PC 게임은 고정된 장소에서 안정된 자세로 플레이를 하므로 누군가와 함께 협력하는 형태의 팀 게임이 많습니다. 반면 스마트폰 게임은 장소가 특정되어있지 않고 이동하며 하는 경우가 많아 혼자 플레이한 기록으로 다른 사용자들과 경쟁하는 형태의 게임이 많습니다.

이처럼 플랫폼의 환경에 따라 사용자가 체험하는 내용이 다르므로 이를 위해 게임 기획자는 다양한 플랫폼에서의 사용자 경험 환경을 이해하고 고려할 필요가 있습니다. 게임 플랫폼은 틀림없이 다시 변화할 것이기 때문입니다.

플랫폼에 따라 달라지는 인터페이스

게임 플랫폼은 각각 서로 다른 인터페이스를 갖고 있습니다. 이 부분 역시 게임 기획에 큰 차이를 주는데요, 기본적인 종 스크롤 슈팅 게임을 예로 들어 보겠습니다. 우선 화면을 비교해볼까요.

아케이드 게임 센터에서는 이런 부류의 게임을 구동할 때 주로 세로로 긴 모니터를 사용합니다. 하지만 PC나 게임기기는 가로로 긴 화면을 사용하지요. 스마트폰 게임은 세로로 길게도, 가로로 길게도 사용할 수 있습니다. VR이나 AR 슈팅 게임이라면 화면의 개념이 아예 달라집니다. 360도를 모두 둘러볼 수 있어야 하기 때문입니다.

조작에 있어서는 훨씬 더 큰 차이를 보입니다. 스마트폰 게임이라면 손가락으로 터치하겠죠? 터치는 직관적인 조작을 할 수 있다는 장점도 있지만 게임 화면을 손가락이 가리게 된다는 문제가 있어 기획할 때 항상 고려해야 합니다. PC라면 키보드나 마우스를 사용하겠죠? 키보드는 손에 드는 것이 아니라 바닥에 놓인 입력 기기를 위에서 아래로 누르는 것이고 마우스는 손에 쥔 채 이동하는 것이 가능합니다. 둘 다 한자리에 앉아 즐기는 조작 체계입니다. 아케이드 게임 센터라면 길게 서 있는 막대사탕 같은 스틱 형태가 조작 키입니다. 거기에 버튼이 몇 개 추가되어있죠. 보통 왼손으로 이동하고 오른손으로 총알을 발사할 것입니다.

기획자라면 이처럼 다양한 컨트롤러를 고려하여 조작을 기획할 것입니다만, 버튼마다 대응하는 손가락 중 어떤 것을 동시에 누를지도 고민해야 합니다. 잘못하면 컨트롤러를 든 손이 불안정해져서 떨어뜨릴 수도 있고 한 번에 조작이 불가능할 수도 있습니다. 이것이 컨트롤러가 아니라 휴대용 게임기라면 더 위험하겠죠? 휴대용 게임기는 본체를 손에 들어야 하므로 손바닥 안쪽 공간도 사용합니다. 동시에 화면까지 일체형이므로 시선 방향에도 신경을 써야 하겠죠.

이처럼 보이는 화면도 다르고 조작 방식도 다르기 때문에 동일한 게임이라도 완전히 다른 느낌으로 플레이하는 경우가 많습니다. 게다가 조작 체계는 UI◆와도 연관이 되기 때문에 게임 화면의 전반적인 구성이 달라지기도 합니다. 한 번쯤 동일 장르의 게임을 플랫폼별로 비교해 보기 바랍니다. 플랫폼에 따른 차이를 쉽게 확인할 수 있을 것입니다.

게임의 진화 과정

간단한 실험을 하나 해보겠습니다. 종이 한 장과 펜 하나를 꺼내 보세요. 종이 위에 동그라미를 하나 그려봅니다. 그렸나요? 사람에 따라 동그라미를 그린 위치가 전부 다를 겁니다. 종이 한 가운데 그린 사람도 있을 테고 가장자리에 그린 사람도 있을 겁니다. 동그라미의 크기도 사람마다 다르겠지요. 아주 작은 동그라미도 있을 테고 종이에 가득 찰 만큼 크게 그린 사람도 있을 겁니다.

자, 종이는 스테이지이고 동그라미는 캐릭터라고 생각해봅시다. 이제 이 동그라미가 어떻게 하면 게임으로 보일까요? 학생들에게 같은 질문을 해보았습니다.

간단하게 동그라미가 움직인다거나 총알을 발사한다는 내용부터 동그라미가 커지면 좋겠다, 분열하면 재미있을 것 같다, 복제된다 등 다양한 이야기가 나왔습니다. 이것이 게임 기획입니다. 이 몇 줄만으로도 여러분은 게임 기획을 시작한 것입니다. 게임 기획은 어려운 것이 아닙니다. 게임 기획에 관한 책을 찾아보면 온갖 이론과 기술적인

◆　　UI(User Interface) : 상태를 보여주는 게이지나 숫자, 버튼 등의 요소

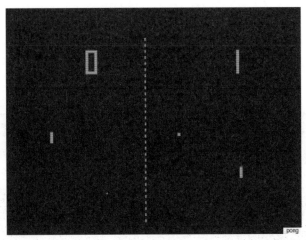

[Pong] 1972

이슈들을 다루고 있지요. 그래서 게임 기획이 어렵게 느껴질 수 있습니다. 하지만 본질은 이렇게 간단합니다. 어떤 게임이 될지, 어떻게 해야 재미있을지를 생각하는 것이 바로 게임 기획입니다.

세계 최초의 게임이라고 하면 [윌리 비긴보섬 박사]라던가 [스페이스 워]도 있지만, 여기에서는 좀 더 쉬운 [퐁]이라는 게임을 이야기하겠습니다. 위 그림은 [퐁]의 화면입니다.

검은 화면에 공이 하나 보이고 양쪽에 직사각형 판이 있습니다. 공은 좌우로 같은 속도로 이동합니다. 게이머는 판을 움직여서 공이 화면 밖으로 나가지 않게 해야 합니다. 테니스나 탁구를 생각하면 이해하기 쉽습니다. [퐁]은 세계 최초로 게임을 대중화하고 산업화한 게임입니다. 매우 단순해 보이죠? 여러분이 그 시대에 살던 사람이라고 생각해봅시다. 이제 [퐁]보다 뛰어난 게임을 만들려면 어떻게 해야 할까요? 수많은 게임 기획자가 고민했습니다. 하지만 어떤 게임이든 대부분 [퐁]의 아류작일 뿐이었어요. 이 시대를 평정한 게임은 바로 [브레이크 아웃]입니다.

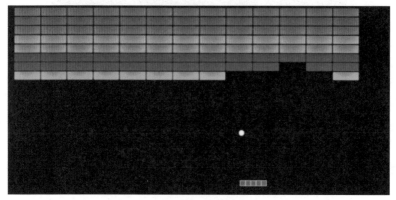

[Break Out] 1976

위 화면을 보면 알겠지만 [퐁]의 화면을 90도 돌리고 상단의 판을 블록으로 바꿨습니다. 이 게임은 '블록 격파' 같은 제목으로도 알려져 있습니다. [퐁]과 비교해보면 좌우로 왔다 갔다 하던 공이 상하 움직임으로 완전히 달라졌습니다. 이를 통해 게이머는 블록 격파 개수라는 목표를 갖게 됩니다. 무한 반복되는 게임에서 변화하는 목표가 있는 게임으로 진화했습니다. 하지만 이 게임의 핵심은 이뿐만이 아닙니다. [퐁]에서 [브레이크 아웃]으로 전개되며 게이머들은 현실감을 느꼈습니다. 그 이유는 중력입니다. 우리는 모두 중력의 영향을 받으며 살아갑니다. 그렇기에 공이 떨어지는 것은 당연하고 내가 받지 못해 바닥에 떨어지면 실패로 여기게 됩니다. 게임이 본능을 자극한 것입니다.

이후 [브레이크 아웃]의 세계적인 대유행이 시작되었고 게임 기획자들은 다시 고심합니다. 공을 세 개로 늘려보기도 하고, 동시에 두 명이 플레이하게 해보기도 했습니다. 하지만 이런 시도들은 성공하지 못했습니다. [브레이크 아웃]의 명성을 이은 것은 [스페이스 인베이더]라는 게임입니다.

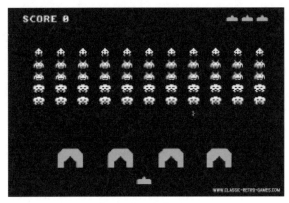

[space invader] 1978

변화된 요소는 생각보다 간단합니다. 블록이 움직이고 그들도 나를 향해 공을 던집니다. 이전까지는 공을 받아야 했지만 공을 피하는 형태로 달라졌습니다. 공을 피하는 것은 내 캐릭터를 움직이면 되지만 블록을 격파하려면 어떻게 해야 할까요? 플레이어에게도 던질 수 있는 공을 주면 됩니다. 버튼을 누르면 직선으로 나가는 공. 우리가 생각하는 탄환을 발사하는 것입니다. 이것이 [스페이더 인베이더]라는 게임의 기획입니다.

저는 게임 기획이란 무엇인가를 이야기할 때 이 세 가지 게임을 언급합니다. 게임 기획은 기존 기획에 덧붙이거나 수정하는 것이 아닙니다. 다른 게임을 따라 하는 것도 아닙니다. 어디까지나 발상의 전환을 통해 새로운 재미를 만들어내는 것입니다. 이를 항상 마음 한편에 담아두어야 합니다.

AI의 시대, 게임 기획은 살아남을 수 있을까?

4차 산업혁명이 기정사실화되어가고 있습니다. 그중 하나가 직업에 대한 이야기입니다. AI(Artificial Intelligence, 인공 지능)의 발달로 많은 직업을 기계가 대체할 때 게임 기획은 어떻게 변화할지 주변 게임 기획자들과 이야기를 나누다 보면 여러 게임을 조합해서 새로운 게임을 만드는 시대가 올 것 같다는 의견이 많습니다. AI가 게임 기획자의 일을 대체할 수 있다고 믿는 겁니다. 저는 여기에 절반만 동의합니다.

동의하는 입장

현실을 둘러보면 대부분의 게임은 기존에 있던 요소를 확장하거나 조합해서 사용하고 있습니다. 심지어 특정 플랫폼에서는 지표나 기준에 따라 기계적으로 기획하는 경우도 많습니다. 만약 이런 일들이 계속 이어진다면 게임 기획은 결국 정해진 법칙이나 공식에 따라 진행될 것이고 당연히 AI가 인간보다 더 좋은 기획을 할 수 있을 것입니다.

동의하지 않는 입장

앞서 살펴본 게임 진화 과정에 따른 게임 기획의 변화를 이해했다면 'AI가 게임 기획자를 대체한다'는 가설에 동의하지 않을 것입니다. 게임 기획은 확장이나 조합이 아닌 전혀 다른 개념을 창작하는 데서 시작합니다. 이는 기존 데이터와 별개로 창조되는 부분이므로 AI가 다룰 수 없습니다. 여기에 더해 게임이라는 콘텐츠와 플랫폼의 개념이 지금처럼 계속해서 달라진다면 더더욱 AI가 감당하기 힘들 것입니다. 데이터의 축적과 응용만으로 대응할 수 있는 수준이 아니기 때문입니다.

두 가지 예측 모두 극단적입니다. 안 좋은 상상을 하자면 미래에는 게임 기획자라는 직업을 AI가 대체할 수 있을 것입니다. 하지만 희망이 있습니다. 게임 기획은 명확하게 규정되지 않은 일이기 때문에 창의적인 형태가 될 수 있다는 점입니다. 이를 정하는 것은 현재의 게임 기획자 몫입니다. 4차 산업혁명의 첫걸음을 내딛는 현시대의 게임 기획자들이 기존 데이터를 활용한 수동적인 기획만을 한다면 게임 기획은 점점 쇠퇴하여 AI로 대체될 것이지만, 보다 창의적인 발상을 하기 위해 노력한다면 이 직종은 살아남을 것입니다. 지금의 게임 기획자들은 본인에게 이 직업의 미래가 달려있다는 점을 마음에 두고 창의적인 기획을 하기 위해 노력했으면 합니다. 미래를 움직일 힘이 현재의 우리에게 주어져 있다는 것은 정말 멋진 일이니까요.

게임 기획자는 언제, 어떤 일을 할까?

게임 기획은 게임 개발의 처음부터 끝까지 모든 순간에 있습니다. 하지만 게임에 따라서, 개발 환경에 따라서 그 구성이 다르기 때문에 자세히 다룰 수는 없습니다. 그러므로 여기에서는 가장 일반적인 순서만을 다루며 동시에 게임 기획의 기본 분류를 설명하겠습니다.

게임의 개발 단계별 직군의 역할

개발 단계	게임 제안 단계	개발 준비 단계	게임 개발 단계		서비스 단계
사업/운영	개발팀 구축		사업성 검증		마케팅
게임 기획	콘셉트 기획	시스템 기획	콘텐츠 기획	밸런스 기획	서비스 기획
그래픽 사운드		리소스 콘셉트	리소스 제작		
프로그램		개발 구조 구축	게임 프로그래밍		
운영/QA			게임 테스트		게임 운영

콘셉트 기획 (PD, PM 급)

게임 개발이 시작되기 전에 콘셉트 기획이 먼저 진행됩니다. 쉽게 말하면 어떤 게임을 만들 것인지 결정하는 단계입니다. 어떤 장르의 게임인지, 특징은 무엇인지 등 게임 자체에 대한 기획부터 시작해 어느 정도의 기간과 비용이 필요한지, 각 직군은 어느 정도의 인원이 필요한지까지 대략적인 개발 스펙과 예상 매출까지 생각해야 합니다. 플랫폼과 게임 개발 엔진을 선택하는 것도 이 단계입니다. 콘셉트 기획의 가닥이 잡히면 경영진에게 제안하기도 하고 프로젝트에 따라서는 초기 투자가를 모집하기도 합니다. 담고 있는 내용을 보면 알겠지만 게임 개발 이외에 어느 정도 사업 전반에 대한 이해도가 있어야 합니다.

콘셉트 기획의 대상을 경영진과 투자가 등 개발팀 외의 사람들이라고 생각할 수도 있겠지만, 함께 개발을 진행할 개발팀 동료들도 이 기획안을 보는 대상이 됩니다. 어떤 게임을 만들 것인지, 우리가 지향하는 방향이 어디인지를 보여주는 것이 콘셉트 기획입니다.

시스템 기획 (팀장, 파트장 급)

콘셉트가 정해졌다면 시스템 기획을 시작합니다. 게임의 뼈대를 만드는 일입니다. 게임에 들어가는 기본적인 규칙을 정하는 일부터 게임에 사용되는 그래픽과 사운드의 구조, 구성까지 기획합니다. 이렇게 시스템 기획이 가닥을 잡으면 프로그램의 뼈대와 구조가 정해지고 본격적인 게임 개발이 시작됩니다.

시스템 기획 단계에서는 프로그램과 그래픽, 기타 필요한 직군들의 핵심 인력이 함께 논의하게 됩니다. 각 파트의 전문적인 지식과 기술이 효율적으로 배치되어야 하므로 기술적인 난도가 필요한 부분입니다. 이 단계에서 특정 직군이 주도권을 잡게 되면 게임 개발 전체가 한쪽으로 치우칠 우려가 있으므로 기획자가 균형을 잘 잡아야 합니다.

콘텐츠 기획 (일반 게임 기획자)

뼈대가 만들어진 게임에 살을 붙여 나가는 과정입니다. 캐릭터를 만들어 정해진 규칙대로 움직이게 합니다. 스테이지를 만들어 캐릭터를 그 안에 넣고 이벤트◆를 만듭니다. 게임이 동작하게끔 여러 시스템 요소와 아이템도 만듭니다. BGM과 효과음 등 사운드 작업도 진행합니다. 이 단계를 통해 코드 덩어리였던 구조가 게임처럼 보이게 됩니다. 거의 모든 파트에서 동시에 진행되며 게임 개발 중 가장 많은 시간이 소요됩니다. 주니어 게임 기획자가 보통 이 업무에 배치되는데, 조금 더 자세히 들여다보면 콘텐츠 기획 안에도 각 콘텐츠에 들어가는 서브 시스템이 있고 이를 기획하는 기획자도 있습니다. 하지만 그것까지 다루면 너무 복잡해질 수 있으므로 여기서는 생략하도록 하겠습니다.

밸런스 기획 (일반 게임 기획자)

밸런스 기획은 끊임없는 조정을 하는 과정입니다. 기본적으로는 숫자를 바꾸는 일을 하는데요, 캐릭터의 걷는 속도나 점프 높이, 얼마나 많은 적을 잡아야 레벨이 오르는지, 아이템 가격은 얼마인지, 제한 시간은 어느 정도인지 등 게임 안에서 인지할 수 있는 모든 숫자를 조절합니다. 캐릭터 크기나 카메라와의 거리, 조작 딜레이 등 눈에 보이지 않는 수치도 다룹니다. 이 과정을 통해 게임의 재미가 크게 달라지므로 매우 중요합니다. 일부 게임은 이 과정의 결과물이 게임 매출과 직결되기 때문에 더욱 신경을 쓰고 있습니다.

◆　이벤트 : 게임에 들어가는 다양한 사건과 연출 등

시나리오 기획

시나리오 기획은 도표에는 표시하지 않았습니다. 게임의 종류에 따라 1단계 콘셉트 기획 단계부터 작품 전반에 걸쳐 참여할 수도 있고, 3단계인 콘텐츠 기획 단계에만 들어갈 수도 있습니다. 시나리오 기획은 게임 장르와 플랫폼에 영향을 받습니다. 어떤 단계에 도입되는지에 따라 시나리오 기획자를 향한 요구사항도 큰 차이가 납니다. 단순히 글만 쓰는 사람을 원할 수도 있고 연출이나 밸런스에 대한 소양까지 원하기도 합니다. 시나리오 기획자가 전혀 필요하지 않은 게임도 있습니다.

서비스 기획

서비스 기획은 게임을 서비스하는 과정에서 하게 되는 기획입니다. 기존 게임의 수정이나 운영을 위한 추가 개발과 업데이트를 하게 됩니다. 당연히 현재 개발된 게임의 상태를 잘 알고 있어야 하며 게이머들의 반응이나 요구 사항, 기타 지표에도 신경을 써야 합니다. 서비스 기획자의 일은 창의적이지 않다는 오해를 받기도 하지만, 대규모 업데이트를 통해 새로운 시스템이나 콘텐츠를 만들면서 게임을 다듬어가는 일을 하므로 충분히 창의적이라고 볼 수 있습니다.

이 여섯 가지 역할 외에도 게임 기획자는 많은 세부 직군으로 나뉩니다. 하지만 개발팀마다 분류가 다르므로 공통으로 말할 수 있는 분류는 이 정도입니다. 겉보기에는 쉬워 보이는 시나리오나 콘셉트 기획이 오히려 가장 어렵다는 사실은 꼭 알아두길 바랍니다. 그만큼 게임 기획은 눈에 보이지 않는 요소를 처리할 일이 많다고 할 수 있습니다.

Lesson 2

게임 기획과 아이디어

게임 아이디어는 유한한가?

"이제 나올 것은 다 나왔다."

"하늘 아래 새로운 것은 없다."

"기존의 것을 어떻게 섞고 융합하는지가 중요하다."

"아이디어는 새로운 것이 아니라 기존의 것을 변형하는 것이다."

주변에서 이와 같은 이야기를 많이 듣습니다. 하지만 저는 이에 동의하지 않습니다. 수위를 한번 둘러보십시오. 눈앞에 보이는 모든 것이 소재가 될 수 있습니다. 하나하나 짚어가며 그것을 소재로 한 게임이 있는지 생각해보십시오. 틀림없이 아직 게임화하지 않은 요소들이 있을 겁니다. 아이디어는 거기에서 시작합니다.

우리는 생활하면서 많은 것을 접합니다. 하지만 크게 의미를 두지 않기 때문에 접했다는 사실조차 인지하지 못 합니다. 모두 같은 곳을 바라보고 있어도 다른 사람들이 인지하지 못하는 무언가를 찾는 것이 차별화의 시작이 될 수 있습니다. 고전 게임 [팩맨]을 개발한 유명 개발자 이와타니 토루는 아이디어에 관해 이런 말을 했습니다. 저도 이 말에 크게 공감합니다.

"아이디어의 광맥이 모두 파헤쳐진 것처럼 느껴진다면 대체 에너지를 생각하면 될 일이다."

게다가 앞서 말한 것처럼 게임은 계속해서 변화합니다. 게임의 개념도 달라지고 플랫폼이나 체험하는 방식, 게임을 대하는 게이머도 달라집니다. 그렇기 때문에 새로운 것이 없다는 말에 동의할 수 없습니다. 게임이 변화하면 당연히 새로운 접근을 해야 하기 때문입니다. 터치스크린이 나오고 나서도 한동안은 가상 컨트롤러를 사용한 게임들이 나왔습니다. 이것은 변화에 적응하지 못한 채 어떻게든 과거의 것을 현재에 이어보려는 시도였습니다. 조작뿐 아니라 디스플레이도 마찬가지입니다. 닌텐도에서 발매한 NDS*는 처음으로 게임에 듀얼 스크린을 사용했습니다. 하지만 초기에 나온 게임들은 다른 스크린에는 메뉴나 상태창을 띄울 뿐 하나의 화면에서만 게임을 진행했습니다. 점차 듀얼 스

◆　　NDS : 닌텐도 DS, 닌텐도에서 발매한 듀얼 스크린 휴대용 게임기

크린을 효과적으로 사용하는 게임들이 나왔지만요. 닌텐도 Wii◆나 마이크로소프트의 키넥트◆◆ 같은 모션 인식형 게임도 마찬가지입니다.

게임이 변화하면 사용자 체험도 달라지며 아이디어 범위도 늘어납니다. 이 글을 쓰고 있는 2022년은 NFT 게임◆◆◆이 큰 이슈입니다. 만약 게임이 NFT 형태로 나아간다면 게이머들이 게임에서 바라는 것 또한 달라질 것입니다. 이런 큰 변화 속에서 아이디어가 유한하다는 것은 말이 되지 않습니다. 아이디어는 무한합니다. 하지만 아이디어보다 더 중요한 것이 있습니다.

아이디어 발상보다 더 중요한 것

많은 사람이 게임 기획자에게 아이디어 발상이 중요하다고 말하지만 실상은 그렇지 않습니다. 만약 아이디어라는 것에 환상을 갖고 있다면 되도록 빨리 버리는 편이 좋습니다. 아이디어는 누구나 낼 수 있습니다. 이것은 게임 기획자만의 업무가 아닙니다. 게임 개발의 첫 시작을 기획자가 하다 보니 아이디어가 게임 기획자의 것이라는 오해가 생긴 듯하지만 전혀 그렇지 않습니다.

아이디어 발상에 있어 중요한 조언은 '알리는 것을 아끼지 말라'는

◆   Wii : 닌텐도에서 발매한 가정용 게임기. 위모콘이라는 컨트롤러로 게이머의 동작을 인식해서 플레이할 수 있다.

◆◆   키넥트 : 마이크로소프트에서 발매한 공간 인식형 컨트롤러 장치. 지정된 공간에서 행해지는 사람의 모션을 감지해 게임에 활용한다.

◆◆◆   NFT 게임 : 블록체인 기술을 활용한 대체 불가 토큰을 게임에 적용한 형태

것입니다. 인간은 매일매일 더 나아집니다. 게임에 있어서도 다양한 게임을 보며 정보를 얻게 되고 그만큼 게임 경험도 늘어납니다. 그러므로 내일은 오늘보다 더 좋은 아이디어가 나올 가능성이 있습니다. 만약 지금의 아이디어에 심취해서 이것을 아끼고 간직하면 어떻게 될까요? 똥이 됩니다. 실제로 그런 분들을 자주 보게 되는데 이런 경우 아이디어에 묶여 사고의 폭이 좁아집니다. 정말 좋은 아이디어일지라도 시기가 지나면 못쓰게 되거나 의미 없어지는 경우가 많고 스스로의 성장에도 악영향을 끼칩니다. 정말 좋은 아이디어가 있다면 바로 사용해보고 다음에는 조금 더 성장해서 더 나은 발상을 하면 될 일입니다. 앞서 말한 것처럼 게임의 개념도 변하고 트렌드도 변화합니다. 똥이 되기 전에 공유하고 집착에서도 벗어나기를 바랍니다.

아이디어 발상은 그다지 중요하지 않다고 말했습니다만, 게임 기획자는 아이디어를 다룰 줄 알아야 합니다. 비록 자기 아이디어가 아니더라도 이를 취합해서 활용하는 것은 기획자의 몫입니다. 그 첫걸음은 아이디어의 검증입니다. 기존에 비슷한 사례가 있는지 그 결과가 어땠는지 현재 트렌드에는 맞는지 게임을 개발하는 데 있어 다른 문제는 없는지 등 면밀하게 살펴보고 사용할 만한 아이디어인지를 파악해야 합니다. 게임을 개발하다 보면 수십 또는 수백 개의 아이디어가 여러 사람을 통해 쏟아져 나옵니다. 이 모두를 수용할 수는 없기 때문에 어느 것이 효율적이고 효과가 좋을지를 판단하고 검증하는 일은 매우 중요합니다.

아이디어 검증까지 끝났다면 다음은 이를 기획에 담아야 합니다. 이때 고려할 것은 기간을 포함한 개발 비용과 우리 개발팀의 수준 등 현실적인 부분입니다. 머릿속에 있는 아이디어는 실체가 없습니다. 이를 현실화하기 위한 기획을 해야 합니다. 사실 이 부분이 게임 기획자에게 가장 중요한 부분일 수 있습니다. 아무리 좋은 아이디어라도 기획이 엉망이면 전혀 다른 결과물이 나올 수도 있기 때문입니다. 아이디어를 내는 것보다 이를 검증하고 활용해 실현 가능한 기획으로 만드는 것이 게임 기획자에게 훨씬 중요하다는 사실을 잊지 말아야 합니다.

편견과 고정관념에서 벗어나기

지금까지 살펴본 것처럼 게임이나 게임 기획은 하나로 정의할 수 없습니다. '현재의 게임'이나 '현재의 게임 기획'만을 알 수 있을 뿐입니다. 미래에는 또 어떻게 달라질지 알 수 없습니다. 게임은 항상 여러 아이디어와 기술을 받아들여 새롭게 진화하는 콘텐츠이기 때문에 게임 기획자는 변화를 잘 받아들이고 빠르게 학습해야 합니다. 이를 가장 방해하는 것이 편견입니다. 우리는 의식하지 않아도 수많은 편견 속에서 살고 있습니다. 하지만 인류의 역사를 돌이켜보면 편견에서 벗어난 사람들이 세상을 바꿔왔음을 알 수 있습니다. 편견을 극복하는 것이 제일 좋겠지만 평범한 사람에게는 어려운 일입니다. 그렇기에 우리는 편견에 휩싸이지 않고 항상 열린 마음을 가지려 노력해야 합니다.

게임 기획과 관련한 단순한 예로 '2단 점프'가 있습니다. 점프 중에 캐릭터는 공중에 떠 있으므로 다시 버튼을 눌러도 아무런 반응을 하지 않는 것이 정상입니다. 당연히 초기 게임들은 이런 형태를 취했습니다.

[동키콩]이나 [슈퍼 마리오] 같은 게임들이죠. 하지만 누군가 이 편견을 깨고 공중에서 한 번 더 점프하는 2단 점프를 게임에 적용했습니다. 현재는 수많은 게임에서 2단 점프를 활용하고 있습니다.

게임 기획과는 무관한 이야기지만 터치스크린이 범용화되면서 번호키가 없는 휴대폰이 나온 것도 편견에서 벗어났기 때문입니다. 닌텐도 Wii나 마이크로소프트의 키넥트와 같은 동작 인식형 게임이 생겨난 것도 컨트롤러나 키보드로 조작하는 것만이 게임이라는 편견에서 벗어났기 때문입니다. 한때 세계적인 댄스 게임 열풍을 일으킨 [DDR]도 게임 버튼을 손으로 누른다는 편견을 깨고 발로 누르는 발상을 하며 큰 성공을 거두었습니다.

게임이 아닌 다른 분야에서도 편견을 깨며 크게 성공한 사례가 많습니다. 예를 들어 세계적으로 유명한 영화 〈마블〉의 창작자인 스탠리는 기존 고정관념을 넘어서며 다양한 히어로를 창조해냈습니다. 당시에 히어로는 20대에 정의로운 성품을 지닌 백인 남성이라는 편견이 있었습니다. 스탠리는 이 고정관념에 정면으로 도전하여 가난한 10대 소년, 분노에 의해 움직이는 괴물, 가벼운 성품의 재벌 등을 구상했습니다. 이를 통해 스파이더맨, 헐크, 아이언맨 같은 세계적인 히어로 캐릭터들을 창조해낼 수 있었지요.

세상은 변화하고 게이머의 인식도 달라지는데 여전히 과거의 게임만을 바라보며 편견을 고수한다면 정체되고 밀려날 수밖에 없습니다. 그러므로 게임 기획자는 항상 자기 속에 있는 편견과 고정관념을 벗어나기 위해 싸워야 합니다.

GAME PROGECT GUIDE

MORE GAMES
▶ PLAY
OPTIONS
RANKING

게임 기획에
뛰어들기

게임 기획에는 수많은 공식과 법칙이 들어있습니다.
이를 제대로 알고 활용할 수 있다면
더 좋은 기획을 할 수 있습니다.
게임 기획에 적용되는 다양한 이론을 살펴보겠습니다.

Lesson 3

게임 기획자의 자세

게임 기획에 임하는 기본 자세

제 어린 시절에는 게임이 거의 없었습니다. 개인용 컴퓨터가 나오기 전이었기 때문에 가정에서 게임을 하는 아이들이 없었고 놀이터에서 뛰어놀거나 곤충을 잡으며 놀았지요. 게임을 하려면 오락실에 가야만 했습니다. 그 시절 아이들에게 게임은 여러 놀이 중 하나였습니다. '재미'에 따라 친구들과 밖에서 뛰어놀지 오락실에 가서 게임을 할지를 선택했지요. TV 방송도 정해진 시간이 아니면 볼 수 없었습니다. 좋아하는 만화나 방송을 볼지 게임을 할지 선택해야 했지요. 저와 같은 세대의 게임 개발자들은 모두 이와 비슷한 어린 시절을 보냈을 것입니다.

하지만 요즘 세대는 다릅니다. 아주 어릴 때부터 미디어를 접합니다. 거대한 빌딩이 들어서고 자동차와 오토바이가 돌아다니자 골목에서 친구와 뛰어노는 일이 위험해졌고, 영상과 게임으로 어린 시절을 보냅니다. 오늘날 아이들에게 게임은 선택이 아닙니다. 놀이와 게임은 거의 동일시됩니다. TV 방송이나 영상물도 언제든 볼 수 있으므로 시간에 대한 제약이나 선택지도 필요 없습니다. 이들이 하는 게임과 1970~1980년대에 어린 시절을 보낸 제가 했던 게임은 다를 수밖에 없습니다.

지금의 아이들은 어린 시절부터 게임을 하며 살아온 세대이기에 단순한 게임은 시시하게 느껴질 수 있습니다. 덕분에 게임은 점점 복잡해지고 규모가 커졌습니다. 무슨 이야기를 하려는지 알겠나요? 게임 기획자는 현재 이 게임을 하게 될 게이머가 어떤 시선으로 접근할지를 이해해야 한다는 것입니다. 그것이 기획의 시작입니다. 그렇기에 트렌드를 놓쳐서는 안 됩니다. 항상 새로운 게임과 콘텐츠를 체크하고 경험해야 합니다. 그것이 게임 기획자의 기본자세입니다. 여기에서 말하는 트렌드는 비단 게임만을 의미하는 것이 아닙니다. 영화, 만화, 공연, 전시 등의 감상형 콘텐츠나 방탈출, 체험형 전시 등 새로운 스타일의 놀이 문화 또한 포함합니다. 이외에도 새로운 유행이나 트렌드 및 문화적인 변화도 주목할 필요가 있습니다. 이는 게임만이 아니라 어떤 분야라도 창작을 업으로 하는 사람이라면 가져야 할 기본 소양입니다.

앞서 저는 게임 기획을 잘하고 싶다면 최신 콘텐츠를 많이 즐기고 새로운 놀이 문화를 체험하면서 변화를 받아들이는 자세를 가져야 한다고 했습니다. 그렇다면 이를 위해서는 어떻게 해야 할까요? 사람마다 방법이 다를 수 있습니다. 여기에 저의 방법을 공유합니다. 꼭 이렇게 해야 한다기보다는 참고해서 자신만의 방법을 찾기를 바랍니다. 제가 사용하는 방법은 크게 두 가지입니다.

새로운 트렌드 파악하기

구체적으로 저는 새로운 트렌드를 파악하기 위해 여러 활동을 정기적으로 하고 있습니다. 우선 새로 출시되는 게임을 매일 한 번씩 체크합니다. 모든 게임을 해볼 수는 없지만 어떤 게임이 나오는지 정도는 파악해야 유행을 감지할 수 있기 때문입니다. 게임 관련 뉴스 또한 매일 체크합니다. 게이머 커뮤니티의 댓글도 주기적으로 살펴봅니다. 이외에 온라인 게임을 개발하던 시기에는 주말마다 PC방에 가서 어떤 게임을 많이 하는지 파악하기도 했습니다. 여기에 추가로 매주 한 개 이상의 신작 게임을 플레이합니다.

이 정도면 트렌드 파악이 잘된 것일까요? 그렇지 않습니다. 게임 트렌드는 게임만이 아니라 여러 엔터테인먼트 콘텐츠와 함께 움직이기 때문이죠. 새로 나온 영화나 드라마, 만화와 애니메이션, 도서, 전시, 행사 등을 꾸준히 체험합니다. 게임은 체험형 콘텐츠이기 때문에 정보를 얻는 것만으로는 트렌드를 느끼기 힘들기 때문입니다.

여기에 더해서 매달 최소 한 번 이상 대형마트의 장난감 코너와 동네 문방구를 둘러보았습니다. 마지막으로 방탈출, 슬라임 카페, 말랑이 거래 등 새로운 놀이 문화가 유행한다고 하면 곧바로 체험합니다. 엔터테인먼트와 놀이 문화의 트렌드는 결국 게임과 연결되니까요. 재미의 트렌드를 파악하려면 끊임없는 조사와 경험이 필요합니다.

편견과 고정관념에서 벗어나기

게임 기획자라면 트렌드 파악을 위한 다양한 경험에서 그치지 말고 이를 통해 배우거나 느낀 것과 얻은 것을 정리할 수 있어야 합니다. 다른 사람의 감상이나 체험담도 찾아보세요. 타인의 생각과 비교해보면 나의 주관적인 생각을 좀 더 객관적으로 판단할 수 있습니다. 그러려면 우선 내 생각이나 감상을 정리하는 것이 중요하겠지요? 정리되지 못한 생각은 금세 휘발되어 타인의 생각에 쉽게 침범당하니까요.

결국 기획자 마인드를 유지하기 위해 저는 항상 새로운 트렌드를 찾아보고 체험하며 이에 대한 생각을 정리하고 있습니다. 그리고 이를 타인의 의견과 비교해가며 생각의 다름을 하나하나 짚어가고 있습니다. 세상은 변해 가는데 과거의 생각에 집착하는 것은 도태되는 지름길입니다.

코어는 고전 게임에서 찾자

저는 게임 기획을 준비하는 이들에게 항상 고전 게임을 추천합니다. 고전 게임일수록 게임의 코어가 기획에 있기 때문입니다.

과거의 기술 환경에서는 그래픽으로 구현할 수 있는 것이 한정적이었습니다. 시대에 따라 조금씩 다르지만 최초의 게임은 검은 화면에 하얀 점으로만 만들기도 했지요. 구현할 수 있는 기능도 제한적이었습니다(그 이유는 여러 가지지만 여기에서는 그 부분까지 다루지는 않겠습니

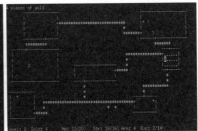

그래픽이 단순한 고전 게임

다). 그렇기에 당시 게임에서 차별성과 재미를 주는 요인은 기획이 가장 클 수밖에 없습니다. 키워드도 명확하죠. 고전 게임인 [팩맨]은 도주 본능을 자극하고, 슈팅 게임은 파괴 본능을 자극하는 등 명확한 콘셉트로 개발을 진행했습니다.

하지만 오늘날의 게임은 신경 써야 할 요소가 너무 많습니다. 그러다 보니 코어인 재미 요소가 다른 것에 묻히기 쉽습니다. 그래픽만 하더라도 디자인과 연출을 포함해서 상당히 많은 것을 고려해야 합니다. 때로는 영화 이상의 연출 기획이 필요합니다. 그래픽뿐만이 아닙니다. 프로그램도 크게 발전하면서 이제 불가능한 작업은 거의 존재하지 않습니다. 효율의 문제일 뿐이죠. 사운드 역시 표현할 수 있는 요소가 훨씬 풍부해져 때로는 게임의 핵심 요소가 되기도 합니다. 이러다 보니 현세대에 게임 기획을 시작하는 분들은 자연스레 그래픽, 기능, 사운드 같은 사이드 기획 요소에 집중하게 되고 게임의 코어에 접근하기 어려워합니다. 더욱이 문제가 되는 것은 이런 사이드 요소에도 재미가 포함된다는 것입니다. 즉 최신 게임의 재미를 분석하려면 규칙의 재미뿐만 아니라 연출과 디자인, 사운드와 경험, 심지어 과금 체계와 플랫폼까지도 연관 지어야 합니다. 이 하나하나의 요소가 모여 게임이 되는 것이고 그중 한 가지만 바뀌어도 사용자에게 다른 느낌을 주니까요.

게임이 복잡해진 만큼 사용자도 다양해졌습니다. 어떠한 천재 기획자라도 처음부터 한 번에 이 많은 것을 고려하여 게임을 구성할 수는 없습니다. 차근차근 알아갈 수는 있겠죠. 그래서 가장 기초이자 핵심이 되는 기획의 코어, 게임의 기본을 이해할 필요가 있는 것입니다. 기초가 탄탄해야 여러 요소를 추가로 덧붙일 수 있으니까요.

기획의 코어가 확실한 게임은 게임의 기초들만 작동하고 있는 고전 게임들입니다. 그 시절에는 많은 것을 구현할 수 없었으니까요. 그래서 저는 항상 고전 게임을 추천하고 강조합니다. 물론 고전 게임만 한다고 탁월한 게임 기획자가 되는 것은 아닙니다만, 고전 게임으로 시작해서 시대의 발전을 따라 조금씩 흐름을 따라오세요. 오래된 시리즈라면 코어가 동일하기 때문에 이해하기 더 쉬울 수 있습니다.

시대를 따라오며 게임에 덧붙은 요소들을 하나씩 분석하는 것 또한 추천합니다. 이를 통해 게임의 코어부터 덧붙여진 기획의 요소를 하나씩 체감할 수 있을 뿐 아니라 각 요소가 시리즈에 영향을 주는 중요도를 확인할 수 있으니까요. 최신 게임만 열심히 즐기는 것은 좋은 게이머가 될 수는 있지만 좋은 게임 기획자가 되기는 힘들다는 점을 기억하세요.

고전 게임별 코어 키워드 예시

제목	코어 키워드
팩맨	도주 본능, 여성 타깃, 아케이드 시대
마피	도주 본능, 고무줄 점프
다마고치	휴대성, 애완동물, 애착.
DDR	댄스의 게임화, 밟아서 조작, 과시욕
FIFA	축구의 게임화, 실제 라이선스 및 데이터 활용
FM 매니저	스포츠 매니지먼트의 게임화
목장이야기	농사 짓기, 시골 마을, 목장 관리
락 밴드	친구와 합주, 락 장르의 음악
포르자	레이싱, 자동차 소유, 자동차 관리
심시티	도시 개발, 도시 관리
배틀필드	대규모 전장, 전투에서의 생존

어깨에 힘 빼기

게임을 기획하는 일은 아무것도 없는 무에서 유를 창작하는 일입니다. 기초부터 시작해서 쌓아가야 하지요. 반면 우리가 접하는 게임들은 기초 위에 다양한 것이 덧대어진 완성품입니다. 이 사이에는 상당한 갭이 있습니다. 이것을 확실히 인지해야만 합니다. 게임 기획을 지망하는 학생이나 신입 기획자들의 기획안을 살펴보면 이런 부분이 미흡함을 알 수 있습니다. 저는 이를 '어깨에 힘이 들어간 기획'이라고 표현합니다.

완성된 게임들을 기준으로 생각을 전개하다 보니 그럴듯하고 분량이 두툼한 기획안을 작성하게 됩니다. 하지만 이 기획안은 전혀 현실적이지 않습니다. 사용할 수 없는 기획을 만든 것이지요. 그렇다고 잘못은 아닙니다. 누구나 겪는 과정이기 때문입니다. 기획에 막 입문한 사람에게 기본이 되는 뼈대가 잘 보이지 않는 것은 당연합니다. 사람을 볼 때도 처음에는 옷과 피부 등 겉모습부터 보이잖아요. 하지만 운동을 하는 사람들은 근육에 관련된 부분까지 시야가 확장될 것이고 의사들은 어쩌면 뼈와 장기까지 인지할 수 있을 것입니다. 커뮤니케이션을 반복하다 보면 그 사람의 마음이나 성격도 보이게 되지요.

신입 기획자에게 코어가 되는 시스템이나 콘텐츠를 맡기지 않는 것도 같은 이유입니다. 코어가 탄탄하다면 그 뒤에 무엇을 붙여도 안정적으로 재미를 이어갈 수 있지만, 신입은 코어보다는 그럴듯하고 멋진 것에만 시선이 가 있기 쉽습니다. 게임 기획자는 게임 프로젝트의 시작을 담당하므로 이런 기초에 더욱 집중해야 합니다.

그러기 위해 게임 기획자는 어깨에 힘을 빼는 훈련을 많이 해야 합니다. 게임 하나를 골라 게임 콘텐츠나 시스템을 하나씩 덜어내 보세요. 이때 덜어내는 것은 이것이 없어도 게임이 성립하는 것이며 현재 눈에 보이는 요소 중에 가장 덜 필요한 것이어야 합니다. '덜 중요한 것'이 아니라 '덜 필요한 것'을 덜어내야 함에 집중하세요. 때로는 덜어내고 싶은데 다른 요소와 연관되어있어 덜어내지 못할 수 있습니다. 여기에서 포기할 필요는 없습니다. 오히려 막혔을 때 더욱 성장할 수 있으니까요. 여러분이 생각하는 구성의 순서가 잘못되었음을 알게 될 수도 있습니다. 스스로 판단 기준을 점검해보세요. 그렇게 하나씩 덜어내다 보면 결국 해당 게임의 기초만 남게 됩니다.

이와 관련해서 [포켓몬GO]를 예시로 들어보겠습니다.

포켓몬GO가 가지고 있는 요소 정리하기

아래와 같이 [포켓몬GO]가 가지고 있는 요소를 정리해봅니다. 시스템, 콘텐츠, 목표 및 감정까지 구분 없이 나열합니다. 게임의 기초는 다양한 형태로 존재할 수 있습니다.

포켓몬스터, 포켓스톱, 포켓코인, 체육관, AR 카메라, GPS 정보, 몬스터볼, 포획 시스템, 포켓몬의 강함, 크리티컬, 피카츄, 레벨과 경험치, 진영, 메달, 친구 등록, 포켓몬 교환, 모험, 배틀, 레이드, 리그, 로켓단, 이벤트, 포켓몬 도감, 새로운 포켓몬에 대한 기대, 포켓몬 육성…

덜 중요한 부분 덜어내기

위에서 정리한 요소 중에서 덜 중요한 것들을 삭제합니다. 크리티컬, 메달, 메달, 레이드, 이벤트 등은 크게 중요하지 않을 것입니다.

포켓몬스터, 포켓스톱, 포켓코인, 체육관, AR 카메라, GPS 정보, 몬스터볼, 포획 시스템, 포켓몬의 강함, 크리티컬, 피카츄, 레벨과 경험치, 진영, 메달, 친구 등록, 포켓몬 교환, 모험, 배틀, 레이드, 리그, 로켓단, 이벤트, 포켓몬 도감, 새로운 포켓몬에 대한 기대, 포켓몬 육성…

필수 요소만 남기기

마지막으로 필수 요소가 아니라면 삭제합니다. 필수 요소인지 아닌지를 판단하는 팁을 드리자면 해당 요소를 제외하거나 다른 방식으로 바꾸어도 게임의 정체성이 달라지지 않는지를 확인하면 됩니다.

예를 들어 [포켓몬GO]의 포획 시스템은 손가락으로 몬스터볼을 밀어 던지는 방식이죠? 화면을 터치하거나 다른 형태가 되더라도 여전히 이 게임은 [포켓몬GO]일 것입니다. 피카츄와 로켓단도 마찬가지입니다. 피카츄가 등장하지 않으면 포켓몬스터가 아닌 걸까요? 포켓몬스터에는 피카츄 이외에도 다양한 몬스터가 존재하므로 그렇지 않을 것입니다.

> 포켓몬스터, 포켓스톱, 포켓코인, 체육관, AR 카메라, GPS 정보, 몬스터볼, ~~포획 시스템~~, 포켓몬의 강함, ~~크리티컬~~, ~~피카츄~~, 레벨과 경험치, 진영, 메달, 친구 등록, 포켓몬 교환, 모험, 배틀, ~~레이드~~, 리그, 로켓단, ~~이벤트~~, 포켓몬 도감, 새로운 포켓몬에 대한 기대, 포켓몬 육성…

이렇게 하나씩 제외했을 때 마지막에 남은 것이 게임의 기초입니다. 물론 제 분석과 생각이 다를 수 있습니다. 사람마다 경험에서 오는 차이가 있기도 하지요. 하지만 게임에 정답은 없습니다. 옳고 그름에 신경 쓰지 말고 결과가 나오기까지 펼쳐온 과정만 남기면 될 것입니다.

게임 기획자가 해야 할 본연의 일은 지금까지 해온 일을 거꾸로 되짚어가는 길입니다. 기초를 먼저 정의하고 거기에 하나하나 순서대로 더해가는 것이지요. 그러려면 완성된 게임들을 하면서 그 안을 들여

다볼 시야를 가질 필요가 있습니다. 기획할 때 이를 항상 염두에 두고 겉으로 보이는 화려하고 멋진 요소보다는 기초부터 짚어가려고 노력하면 좋겠습니다.

바이오하자드 시리즈의 흐름

[바이오하자드] 1996, 시리즈의 첫 작품

1996년에 플레이 스테이션으로 처음 발매된 [바이오하자드]는 좀비를 소재로 한 공포 게임입니다. 이 게임은 2022년 스핀오프까지 포함해서 30종의 게임이 출시되었습니다. 20년이 넘는 기간 동안 거의 매년 게임이 나왔기 때문에 그만큼 시대나 트렌드의 변화를 관찰하기 좋은 콘텐츠입니다. 이 게임의 핵심은 좀비와 공포, 슈팅, 그리고 퍼즐입니다. 스토리에서는 바이러스도 다루고 있습니다. 게이머는 좀비 사태에 직면하면서 총을 쏘고 퍼즐을 풀고 실험 리포트를 수집하며 스토리를 진행합니다. 이 핵심만큼은 절대 변하지 않습니다. 시대에 따른 변화를 한번 확인해보겠습니다.

1990년대에 나온 게임들은 기본에 충실합니다. 2000년대 초반에도 그래픽이 발전했을 뿐 비슷한 형태에 스토리와 콘텐츠만 확장한 시리즈가 이어졌습니다. 본 시리즈와 별개로 2000년부터 2003년까지는 권총 모양의 컨트롤러를 사용하는 [건 서바이벌] 시리즈가 출시되었습니다. 일반적인 컨트롤러에서 새로운 형태를 요구하는 시대가 오기 시작한 것입니다. 이것은 2007년에 닌텐도 Wii의 위모콘을 사용한 [크로니클] 시리즈로 전개됩니다.

2003년에는 처음으로 온라인 플레이를 접목한 [바이오하자드 아웃브레이크]가 출시되었습니다. 온라인 게임 시대가 되며 일어난 변화였습니다. 이 시리즈는 2011년에 닌텐도 3DS의 [머셔너리] 시리즈를 거쳐 플레이스테이션의 별개 시리즈로 이어지게 됩니다.

이런 파생작들이 출시됨과 동시에 본편도 계속해서 신작이 개발되었습니다. 2005년에 나온 [바이오하자드4]는 처음으로 숄더뷰*를 사용함으로써 영화를 보는 느낌보다 주인공의 시점을 체험할 수 있게 되었습니다. 이는 보다 사실적인 체험을 중시하는 시대가 되었기 때문입니다. 2009년에 출시된 [바이오하자드5]는 처음으로 협력형 멀티 플레이를 도입했습니다. 두 명의 게이머가 힘을 합쳐 플레이하는 형태입니다. 이 형태는 또다시 확장되어 [바이오하자드 리벨레이션즈]라는 별개 시리즈로 또다시 전개되었습니다. [바이오하자드6]는 현재까지의 여러 주인공을 한꺼번에 등장시키며 게임의 세계관을 굳건하게 했습니다. 이 게임이 출시된 2012년은 마블 시네마틱 유니버스 영화인 〈어벤져스〉가 개봉한 시기입니다. 여러 주인공을 묶어 하나의 거대한 스토리를 전개하는 이야기가 유행처럼 등장했습니다. 2017년에 출시된 [바이오하자드7]은 일인칭으로 시점을 바꾸며 VR 모드를 지원하기 시작했습니다.

---

* 숄더뷰 : 캐릭터의 어깨 너머로 시야가 보이는 시점. 캐릭터의 뒷모습이 화면에 보인다.

지금까지 [바이오하자드] 시리즈를 살펴보았습니다. 시대의 흐름에 따라 발전하고 달라지는 모습이 느껴지나요? 이렇게 수십 개의 게임이 나오고 있는데도 이야기의 핵심은 변하지 않았습니다. 여전히 좀비 사태에 직면하면 총을 쏘고 퍼즐을 풀며 실험 리포트를 수집합니다. 이를 위한 디테일한 기획 요소들이 존재할 뿐이죠. 이처럼 게임은 시대에 따라 달라지지만 그 와중에도 핵심 기획은 여전히 유지됩니다.

바이오하자드 시리즈의 흐름

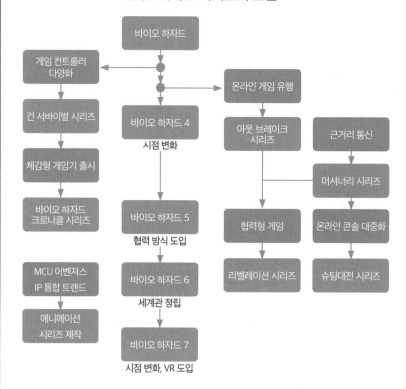

이 부분에서 흥미를 느꼈다면 자신이 좋아하는 게임을 하나 정해서 연대에 따라 흐름을 살펴보십시오. 변화하는 부분과 여전히 유지되는 부분을 구분해보고 변화의 이유에 대해 생각해보십시오. 각 시대의 트랜드와 기술을 비교해보는 것도 좋습니다. 되도록 다양한 플랫폼으로 나온 게임을 선택하는 편이 의미 있는 분석이 될 테지요. 그 과정을 통해 게임 기획자로서 얻는 것이 많을 것입니다. 아래 몇 가지 예시 게임을 적어두겠습니다. 물론 이외에 다른 게임으로 해보아도 좋습니다.

시대적 흐름을 살펴볼 만한 게임 예시

시리즈 제목	내용
슈퍼 마리오	게임 중심으로 다양한 플랫폼과 신기술 도입
포켓몬GO	게임 외 애니메이션, 카드 등 다양한 확장
파이널판타지	다양한 장르와 플랫폼으로 변화, 온라인 게임까지
스트리트 파이터	장르는 변화하지 않으며 다양한 시도
삼국지	고전 콘텐츠의 현대적인 재해석이 매번 다름
심즈	게임보다 시대별 문화적인 트랜드를 반영

Lesson 4

게임 기획의 기초

게임 기획에도 공식이 있다

게임 기획의 가장 밑바닥에는 기본적인 공식이 있습니다. 수학 문제를 풀려면 관련 공식을 알아야 하듯 게임 기획을 올바르게 하려면 이 공식들을 알아야 합니다. 하지만 걱정할 필요는 없습니다. 우리도 모르는 사이에 이 공식들을 사용하고 있으니까요. 게임 기획의 공식들은 인간의 심리나 행동 유형에 근간을 두고 있습니다. 앞서 말한 게임들을 예로 들어보겠습니다.

[퐁]에서 [브레이크 아웃]으로 진화되는 과정에서 가장 중요한 점은 좌에서 우로, 우에서 좌로 오가던 공을 위에서 아래로 내려오게 했다는 점입니다. 게임을 하는 플레이어는 화면 하단에 존재하고 있죠.

이것으로 [브레이크 아웃]은 게임의 가장 기본적인 공식이 만들어졌습니다. 정리해보면 이렇습니다.

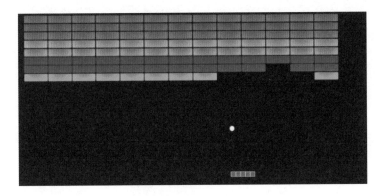

- 플레이어는 화면 하단에 존재한다.
- 적 또는 목표 지점은 화면 상단에 존재한다.

별것 아닌 것 같은 이 두 가지 명제가 게임 기획의 가장 기본적인 공식을 알려줍니다. 플레이어가 화면 상단에 위치하며 하단에 있는 적과 싸우는 게임을 본 적이 있나요? 그런 게임이 존재하기는 합니다. 다만 성공한 게임이 거의 없죠. 그 이유는 게임을 플레이하는 대상이 인간이기 때문입니다. 지구상의 모든 인간은 중력의 영향을 받으며 살아갑니다. 유전 심리학에 따르면 태어난 지 얼마 안 된 생물을 높은 곳에 있는 유리판에 올려두면 무서워한다고 합니다. 이는 경험이나 정보로 얻어진 것이 아니라 유전자에 중력이 각인되어있기 때문입니다. 모든 물체는 위에서 아래로 떨어집니다. 그렇기 때문에 인간은 땅에 발을 붙이고 있어야 안정감을 느낍니다.

게임도 똑같습니다. [브레이크 아웃]은 의도했든 아니든 간에 처음으로 중력을 게임에 적용했습니다. 블록은 위쪽에 존재합니다. 인간이 땅에 있어야 안정감을 느낀다면, 공중에 떠 있는 블록은 언제 떨어질지 모르는 불안정한 느낌일 겁니다. 이 불안 요소를 제거하는 것이 게임의 목적이 됩니다. 블록이 줄어들수록 플레이어는 심리적인 안정감을 느끼겠죠.

그 외에 유명한 공식은 '플레이어는 왼쪽에서 오른쪽으로 이동한다'라는 것이 있습니다. 대부분의 스테이지 진행형 2D 게임은 왼쪽 끝에서 시작해서 오른쪽 끝이 스테이지의 목표 지점이 됩니다. 물론 오른쪽에서 왼쪽으로 향하는 게임도 없지는 않습니다. 하지만 그중 성공한 게임이 거의 없다는 것도 사실입니다. 이 또한 게임 기획의 공식인 것이죠.

。 플레이어는 왼쪽에서 오른쪽으로 이동한다.

위에서 아래로 내려오는 것이 중력이라면 좌에서 우로 가는 것은 무슨 의미일까요? 인간은 지적인 행위를 할 때 자연스럽게 좌에서 우로 움직입니다. 글자를 쓰고 읽을 때도, 수학 공식을 적고 문제 풀이를 할 때도, 개수를 셀 때도 자연스럽게 왼쪽부터 셈하게 되죠. 그래서 게임에서도 왼쪽에서 오른쪽으로 이동하는 형태가 그 반대보다 위화감 없이 받아들여지는 것입니다.

이외에도 게임 기획에는 다양한 부분에서 공식이 존재합니다. 게임을 하는 사람이라면 조작, UI 등의 화면 표시, 게임의 메카닉, 용어, 아이템 등에서 크게 의식하지 않아도 자연스럽게 느끼는 부분들이 있을 겁니다. 차별화를 추구한다는 이유로 이런 부분을 건드린다면 게이머들은 차별화 이전에 불편함을 느낄 수 있으니 주의해야 합니다.

예를 들어 UI에서는 다음과 같은 공식들이 있습니다. 표에 표시된 것 외에도 많은 공식이 있으니 평소 게임을 플레이하면서 찾아보기 바랍니다.

UI에서 볼 수 있는 게임의 공식 예시

항목	내용
HP와 MP	HP는 붉은 계열, MP는 파란 계열
메뉴 위에 느낌표	새로운 무언가가 추가되었다.
메뉴 위에 자물쇠	추후 진입할 수 있지만 현재는 진입 불가
터치 UI의 레이어	화면 가장 상단에 위치
흑백에서 점차 컬러화	완전히 컬러가 되면 사용할 수 있다.
FPS의 조준점	화면 중앙에 위치하는 UI는 조준점을 표시한다.

게임 기획의 꽃, 규칙 만들기

게임에 들어가는 기본 공식, 즉 기본적인 문법을 인지했다면 그 다음 해야 할 일은 게임의 규칙을 만드는 것입니다. 규칙이 없는 게임은 존재할 수 없습니다. 만약 이 말에 반박하고 싶다면 규칙의 개념을 잘못 이해하고 있는 것입니다. 게임에 들어가는 규칙은 어떤 것이 있을까요? 게임에 관심이 있을수록 좀 더 디테일한 것을 생각할 것입니다. 예를 들어 액션 게임의 콤보가 이어지는 규칙이나 게임 내 상성 규칙, 특정 아이템 사용 규칙 등이 그러하죠. 하지만 규칙이란 그보다 훨씬 더 기본적인 것을 포함합니다.

예를 들어 가위바위보를 모르는 사람에게 설명한다고 상상해봅시다. 어떤 규칙을 이야기해야 할까요? 가위바위보 구호에 맞추어 세 가지 손 모양 중 하나를 내밀어야 한다는 것. 각각의 손 모양은 어떤 모습인지, 승패를 어떻게 정하는지 등을 설명해야 할 것입니다. 이런 기본적인 부분에서부터 게임의 규칙은 시작된다고 볼 수 있습니다.

여기에 더해 앞서 말한 게임의 기본 공식들도 규칙입니다. 캐릭터가 가시에 찔리면 데미지를 받고 죽는다는 것도 규칙이고, 적에게 무기를 휘둘렀을 때 무기와 적 캐릭터가 충돌한다는 것도 규칙입니다. 충돌했을 때 데미지를 입거나 밀려나는 것도 규칙에 의해 이루어집니다. 좀 더 기본적인 게임 물리, 이를테면 좌우 방향키를 누르고 있는 동안 이동하는 것도 규칙이며 배경에 구름이 흘러가는 것도 게임 속 규칙에 의해 이루어집니다. 이 모든 것은 이 세계만의, 이 게임만의 규칙일 수 있습니다. 그리고 게임 기획자가 하는 일은 이런 세세한 규칙부터 큰

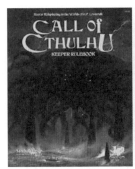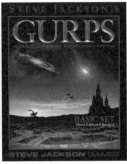

다양한 TRPG 룰 북

규칙까지 모두를 정립하는 것입니다.

규칙 정리에 대해 감이 오지 않는다면, TRPG 룰 북을 참고해보면 도움이 됩니다. TRPG란 Table Talk Role Playing Game의 약어로 현재 RPG 장르의 기초가 되었습니다. [Dungeon&Dragon]을 중심으로 수많은 종류의 룰 북이 나와 있으며 게임에 들어가는 규칙들이 체계적으로 정리되어있습니다. 직접 플레이해보면 게임 기획에 도움이 될 수 있기에 적극적으로 추천합니다.

게임 규칙을 정할 때는 앞서 말한 기본적인 문법(기본 공식)을 따르는 것이 좋습니다. 그 외의 것은 무엇이든 창작할 수 있지만 적어도 게이머들이 납득하고 받아들일 수 있어야 합니다. 때로는 게임 중 규칙이 변화하는 경우도 있습니다. 이럴 때도 게이머가 충분히 납득할 수 있는 장치를 만든다면 괜찮습니다. 게임의 기본 문법하에서 자유롭게 구축해도 됩니다. 규칙의 난도는 게임을 즐기는 대상에 따라 달라질 수 있으므로 상관 없지만 납득할 수 없는 규칙으로 진행된다면 게이머들의 외면을 받을 것이므로 게임의 규칙을 정할 때는 반드시 게이머와 게임을 개발하는 동료들이 납득할 수 있는지 확인하길 바랍니다.

정말 중요한 5W1H

게임 기획자가 만드는 모든 규칙에는 반드시 5W1H, 즉 언제(When), 어디서(Where), 누가(Who), 무엇을(What), 어떻게(How), 왜(Why) 했는지가 들어가야 합니다. 여기에서 말하는 규칙은 시스템과 콘텐츠를 모두 포함하는 개념입니다.

4W(When, Where, Who, What) - 언제, 어디서, 누가, 무엇을

몇 가지 규칙을 정해서 정리해보십시오. 그러다 보면 When, Where, Who, What의 네 가지는 대체로 명확하고 짧게 정리가 될 것입니다. 어떤 규칙인지에 따라 4W 중 한두 개는 더 복잡해질 수 있지만 대체로 4W는 주어진 조건에서 이루어지는 규칙이므로 이를 정하는 데 큰 어려움이 없습니다.

4W는 이미 게임에 갖춰져 있거나 지시받거나 주어진 조건 중에서 선택하거나 이를 기반으로 응용하고 창작해가는 것들입니다. 이를테면 객관식이거나 힌트가 주어지는 주관식 문제 같은 거지요. 만약 4W 중에서 막히는 부분이 있다면 그것은 기반에 대한 이해가 부족하거나 기획자의 상상력이 부족한 것일 수 있습니다.

1H(How) - 어떻게

How는 기술에 대한 이해가 필요합니다. 기획안을 어떻게 만들 것인지를 알려면 그래픽이나 프로그램에 대한 최소한의 이해가 있어야 합니다. 또한 이 기획안을 사용자들이 어떻게 받아들이고 활용할지를 알려면 타깃 사용자에 대한 분석 또한 필수입니다. 결국 How를 제대로 판단하려면 정보와 기반 지식이 필요하며 이것은 현재 기획하는 게임 안에 있는 것이 아니라 외부에 있는 것들입니다. 그렇기에 How는 특별하며 어렵습니다. 대다수의 신입 기획자와 게임 기획 지망생들이 How를 중요하게 생각하지 않기 때문에 막상 게임 회사에 다니기 시작하면 당황하고 힘들어합니다. 그러니 이 부분을 명확히 알아둘 필요가 있습니다.

게임을 만들고 싶은데 프로그램은 어렵고 그래픽 실력은 부족하니 기획을 하려는 분들이 종종 있습니다. 그런 분들의 기획을 보면 How를 제대로 다루지 못하는 경우가 많습니다. 그래서 경력이 쌓이기 시작하면 상당수의 게임 기획자들은 How를 제대로 다루기 위해 프로그램이나 그래픽을 공부하곤 합니다.

1W(Why) - 왜

마지막 Why는 게임 기획자에게 가장 중요한 부분입니다. 기획안이 왜 필요한지 의도를 담고 있어야 한다는 것입니다. 재미있게도 Why는 조금 전 설명한 How와는 정반대의 어려움을 지닙니다. 신입 게임 기획자나 게임 기획자 지망생들은 Why에 매우 강합니다. 꿈에 부풀어서 온갖 상상을 하고 열정이 가득하기 때문입니다. 반면 경력이 쌓일수록 Why에 신경 쓰지 않게 됩니다. 회사나 상사가 지시하는 대로 기획을 진행하게 될 텐데 기획자의 의도가 무슨 의미가 있나 싶기 때문이죠. 하지만 그렇지 않습니다. 기획자가 의도를 담아서 하는 기획과 시키는 대로 받아쓰는 기획은 디테일에서 차이가 나며 기획자의 이런 자세는 기획서에 스미게 됩니다. 그리고 그 기획서로 작업하는 프로그래머나 그래픽 디자이너에게도 영향을 미치게 되죠. 그러므로 아무리 납득이 안 되는 지시가 내려오더라도 게임 기획자는 이에 대한 기획 의도를 만들어야 합니다.

정리하자면 게임 기획자가 기획하는 모든 항목에는 반드시 5W1H를 적용할 수 있어야 하며 그중 How와 Why에 대해서는 특히 많은 신경을 써야 한다는 점을 기억해두면 좋겠습니다.

슈퍼 마리오의 점프 살펴보기

자, 그럼 실전으로 들어가 봅시다. [슈퍼 마리오]는 세계적으로 유명한 게임 캐릭터 중 하나입니다. 이 책을 읽는 분이라면 대개는 알고 있으리라 생각합니다.

[슈퍼 마리오]가 점프하는 모습을 떠올려 보십시오. 그리고 이를 문서로 정리해보십시오. 게임 기획에 대한 기본이 부족하다면 대개 5줄이하로 기술할 것입니다. 단순하게 '버튼을 누르면 점프한다'라고 표

현할 수도 있습니다. 하지만 조금만 더 생각해보세요. '점프'라는 단어에 대해 먼저 정의해야 하지 않을까요?

[슈퍼 마리오] 점프하는 모습

점프는 지면에서 중력의 반대 방향으로 캐릭터를 이동시킵니다. 이때 속도는 어떨까요? 점프를 시작하는 순간 가장 빠르며 점점 느려지다가 다시 바닥으로 낙하하기 시작할 것입니다. 중력이 작용하고 있으니까요. 낙하하기 시작하는 지점이 최대 점프 높이가 될 것입니다. 최대 높이에 머무르는 시간은 얼마나 될까요? 내려올 때는 가속도가 작용할까요? 바닥에 닿는 순간 무릎을 굽히거나 딜레이가 있을 수도 있습니다. 점프 중에는 어떤 포즈를 취하나요? 착지 때는 어떤 포즈를 취하나요?

여기에서 끝이 아닙니다. [슈퍼 마리오]는 점프 중에 공중에서 좌우로 방향 전환이 가능합니다. 이때는 지면에서의 방향 전환과 속도가 다릅니다. 공중에서 방향 전환 시 상승 혹은 하강 가속도에 변화가 있나요? 점프 중 가속 버튼이나 다른 버튼을 눌렀을 때는 어떤가요? 점프 중 아이템을 획득하거나 적을 밟을 수도 있고 스프링 같은 발판에서 자동으로 점프가 될 수도 있습니다.

[슈퍼 마리오]는 점프 시 상단에 충돌 판정이 있습니다. 그래야 상단에 있는 블록을 격파하거나 아이템을 얻을 수 있으니까요. 하지만 상단에 있는 것이 블록이 아닌 적이라면 데미지를 받습니다. 점프 중 버섯을 먹으면 공중에서 그 위치에 멈춘 채 성장하는 연출이 나옵니다.

이렇게 보니 어떤가요? 몇 줄로 끝낼 수 있는 내용인가요? 이론적으로는 이런 요소들을 모두 설명할 수 있어야 '점프를 기획했다'고 말할 수 있습니다. 여러분이 게임 기획자라면, 혹은 게임 기획을 지망한다면 이처럼 행동 하나하나를 분석해서 기술할 수 있어야 합니다. 그렇게 파고들다 보면 사실 게임상의 모든 요소에 굉장히 디테일한 기획이 필요함을 깨닫게 됩니다.

물론 이론상으로는 디테일한 내용이 필요하지만 실제 개발 과정에서의 기획은 훨씬 단순할 수 있습니다. 다만 이것은 각 회사의 개발 환경마다 차이가 납니다. 예를 들어 물리 엔진이 포함된 게임 개발 엔진을 사용한다면 해당 물리 엔진에서 지정하는 수치, 예를 들어 중력과 무게, 점프 시 위로 가해지는 힘 세 가지만으로도 많은 부분이 해결될 수 있습니다. 혹은 프로그래머가 기획안의 애매한 부분을 적당히 알아서 구현할 수도 있을 것입니다. 하지만 엔진의 기능이든 프로그래머가 알아서 작업하는 것이든 기획자는 이 부분을 알고 있어야 합니다.

가장 좋은 벤치마킹 게임은 역시 [슈퍼 마리오]입니다. [슈퍼 마리오]를 플레이하면서 만약 점프가 조금 더 빠르거나 느리다면, 높거나 낮다면 게임이 어떻게 변할지를 상상해보십시오. 점프 중 방향 전환이 되지 않는다면 어땠을지, 적의 이동 속도와 맵의 구성과도 비교해보십시오. 점프라는 한 가지 요소에도 매우 많은 것이 엮여 있고, 그것들을 살리기 위해 다양한 요소를 도입했음이 보일 것입니다. 점프를 예시로 들었지만 게임 내의 모든 요소는 이처럼 깊은 고민을 통해서 구현되어야 합니다. 그것이 게임 기획자의 역할입니다.

Lesson 5

게임 구성하기

게임과 뇌 과학 - 폴 매클린의 뇌 삼위일체론

게임은 뇌 과학과 연관된 연구가 활발한 편입니다. 게임 중독에 관한 연구 역시 뇌 과학으로 풀어보려는 시도가 많습니다. (게임 중독은 뒤에서 다시 다루기로 하고) 여기에서는 게임 기획과 연관된 부분을 이야기해보도록 하겠습니다.

게임 기획 분야에서 다루는 뇌 이론 중 가장 오래된 것이 폴 매클린의 '뇌 삼위일체론'입니다. 인간의 뇌를 세 개 영역으로 나눌 수 있다는 내용의 이론입니다. 하나씩 살펴보겠습니다.

첫 번째 구역인 뇌간은 가장 원시적인 충동을 다루는 '생명의 뇌(파충류의 뇌)'입니다. 본능을 관장한다고 생각하면 됩니다. 배가 고프거나 공격하거나 위험을 피하는 등 즉각적이고 단순한 행동을 관장합니다.

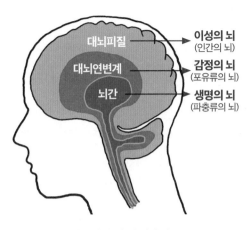

폴 매크린의 뇌 삼위일체론

두 번째 구역은 대뇌변연계입니다. 뇌간에서 발생한 충동을 상황에 맞게 재해석하고 행동으로 전환하는 일을 합니다. 예를 들어 본능적인 공격성이 발현되었지만 상대가 나보다 강하다고 판단되면 회피하는 등의 모습을 보이지요. 본능보다는 상황 판단으로 이 본능을 억제하고 제어하는 역할을 합니다. 이 부분을 '감정의 뇌(포유류의 뇌)'라고도 부릅니다.

마지막 세 번째 구역은 대뇌피질입니다. 철학이나 감정 등을 다루는 부분입니다. 행동의 옳고 그름을 판단하거나 감정을 제어하고 동시에 논리를 세워나가기도 하지요. 이 부분을 '이성의 뇌(인간의 뇌)'로 부릅니다.

이처럼 폴 매클린의 뇌 삼위일체론은 사람의 뇌를 '파충류의 뇌', '포유류의 뇌', '인간의 뇌'로 분류하고 있습니다. 그리고 이는 게임의 발전 과정과도 일치합니다. 초기 게임들은 파충류의 뇌를 자극하는 것들이었습니다. 공격 본능, 그리고 떨어지는 것을 받음으로써 발생하는 심리적 안정감, [팩맨]이나 [마피] 같은 게임에서는 도주 본능을 자극하고 있습니다. 그러다가 게임이 점점 복잡해지면서 다양한 상황이 들어가고 상황에 따라 같은 조작이라도 결과가 달라졌습니다.

[슈퍼 마리오]를 떠올려 보십시오. 점프도 상황에 따라 적을 밟아야 하기도 하고 밟지 말아야 하기도 합니다. 이전에는 하나의 단순한 행동을 잘하는 것이 중요했다면 지금의 게임은 상황에 맞는 행동을 하는 것이 중요해졌습니다. 포유류의 뇌를 자극하게 된 것이지요. 그 뒤에 나온 시뮬레이션 게임이나 철학적인 메시지를 지닌 어드벤처 게임, 스토리 게임 등을 통해 게이머는 이제 인간의 뇌까지 자극받게 되었습니다.

게임 기획을 할 때는 이런 부분에 집중해야 합니다. 처음부터 인간의 뇌만을 자극할 경우 게임에 몰입하기 힘듭니다. 왠지 불편하고 거슬리는 게임이 되지요. 또한 하나의 게임 안에서도 파충류의 뇌부터 인간의 뇌까지 순차적으로 자극을 받게 기획되어야 합니다. 게임을 시작하자마자 복잡한 숫자가 연이어 나오면 어느 게이머인들 난감하지 않을까요. 제가 개발했던 [던전 림버스]를 예로 들어보겠습니다.

게임을 시작하면 플레이어는 깊은 던전 한 가운데에 던져집니다. 주변에 무시무시한 함정들이 보이고 커다란 용이 보입니다. 이 게임의 타깃층은 해당 장르를 플레이했던 게이머들이므로 게임 초반에는 용을 이길 수 없다는 것을 알고 있습니다. 그래서 도망치기 시작합니다. 도망치다 보면 문을 열게 되고 함정을 피하게 됩니다. 이처럼 초기 게이머는 '도망을 친다'는 한 가지만을 수행하다가 결국 사망합니다. 여

[던전 림버스]

기까지는 파충류의 뇌만을 사용했지요?

그 이후 몇 마디 대화가 이어지고 플레이어는 가장 쉬운 1층 던전으로 들어가게 됩니다. 조금 전까지는 도망쳐야 했지만 이번에는 눈앞에 고블린이 보입니다. 고블린은 대다수의 게임에서 가장 약한 몬스터로 사용됩니다. 물론 이 게임의 플레이어들은 이를 잘 알고 있습니다. 해당 장르를 많이 플레이해본 게이머를 타깃으로 기획한 게임이니까요.

이제부터 플레이어는 적을 만날 때마다 공격할지 도망칠지를 선택합니다. 적의 강함과 나의 남은 체력, 무기나 아이템 등 선택에 영향을 주는 요소가 늘어나기 시작합니다. 게임을 반복하며 어느 정도 다양한 요소를 접하다 보면 플레이어는 변화하는 상황과 그에 따른 선택을 흥미롭게 진행할 수 있습니다. 포유류의 뇌를 자극하는 거죠.

[던전 림버스]는 캐릭터가 여러 번 죽으면서 성장을 반복하는 로그

라이트 장르*의 게임입니다. 죽을 때마다 느끼는 허무함을 상쇄시키고자 상자 뽑기의 기대감과 순차적으로 발전시킬 수 있는 마을 요소를 넣어두었습니다. 다만 이 요소는 게임을 플레이하면서 아주 천천히 더해지는 부분입니다. 이것이 인간의 뇌를 자극합니다. 그리고 게임을 지속할수록 인간의 뇌를 자극하는 요소가 강조됩니다.

제가 개발한 게임을 예로 들었습니다만, 세상에 출시된 대다수의 게임은 이 공식을 따릅니다. 그래야 사용자가 자연스럽게 게임에 몰입하기 때문입니다.

그렇다면 뇌 삼위일체론은 게임의 콘텐츠 구성 순서에만 영향을 줄까요? 그렇지 않습니다. 기획자는 게임에 따라 이 세 가지 뇌 중에서 어느 부분에 중점을 둘 것인지를 정해야 합니다. 그리고 게임에서 주는 자극이 계속해서 움직이도록 만들어야 합니다. 아무리 기분 좋은 자극이라도 반복되면 지루해집니다. 과거와 달리 최근 게임들은 다양한 자극을 주고 있으며 게이머들은 여기에 익숙해져 있습니다. 그러므로 중점을 두는 자극 부위에서는 체류 시간을 조금 더 길게 하거나 더 강한 자극을 주어야 합니다. 이것이 장르적인 재미를 살리는 방법입니다.

또한 게임 기획을 할 때는 뇌의 어느 부위를 자극하는지를 고민하며 진행합니다. 게임 전체로 볼 때도 그렇지만 UI나 특정 시스템을 기획할 때도 가급적 활용하면 좋습니다.

◆　　　로그라이트 장르 : 로그라이크 장르의 요소를 차용하고 있으나 정통 로그라이크가 아닌 게임을 일컫는 장르. 로그라이크 장르는 고전 게임 [로그(Rogue)]의 요소를 사용해서 개발된 게임 장르를 말한다. 현재 로그라이크와 로그라이트의 구분은 지속 요소의 유무로 판단되는 추세이다.

이와 관련해서 게임을 하는 사람의 뇌를 측정한 연구 결과가 있습니다. 게임을 하는 사람의 뇌가 게임을 하지 않는 사람의 뇌보다 발달한 부분이 하나 있는데, 바로 뇌 연결성입니다. 인간은 오감에 의한 자극을 뇌로 보내서 인지하고 이를 좀 더 상위 뇌로 보내어 판단하며 이 판단에 따른 행동을 신체로 내려보냅니다. 어디서 많이 들어본 이야기이지요? 결국 기본적인 뇌의 활동은 파충류의 뇌, 포유류의 뇌, 인간의 뇌를 거쳐 가는 게임 과정과 같습니다. 그렇기 때문에 게임을 많이한 사람은 그렇지 않은 사람보다 후두엽과 전두엽 사이에 연결된 트랙이 강화되어 데이터가 주어졌을 때 이를 해석하고 행동으로 옮기는 판단 과정이 빠릅니다.

게임을 많이 하는 분들은 아마 일리가 있다고 생각할 겁니다. 게임 속에서 1초도 안 되는 짧은 순간에 판단하고 조작하기 때문입니다. 이처럼 뇌 과학은 게임과, 그중에서도 게임 기획과 밀접한 관계가 있으니 염두에 두기를 바랍니다. 미래의 게임은 현재보다 빠르고 넓은 정보처리가 기본이 될 테니까요.

매슬로의 욕구 단계론 게임에 적용하기

게임 기획에서 뇌 과학과 함께 자주 언급되는 이론이 '매슬로의 욕구 단계'입니다. 매슬로의 욕구 단계는 인간은 욕구를 가지고 있으며 아래 단계의 욕구가 충족되면 다음 단계의 욕구를 갈망하게 된다는 내용입니다. 이 이론은 워낙 유명해서 사회과학이나 심리학 등 다양한 분야에서 활용되고 있습니다. 게임 기획에서도 중요한 이론이므로 한번 짚어보겠습니다.

매슬로가 최초에 만든 이론은 인간의 욕구를 5단계로 구분하고 있지만 이후 1990년에 제자들이 단계를 추가하며 8단계 이론이 되었습니다. 대부분의 학문에서는 최초 5단계만을 다루고 있습니다만, 여기에서는 8단계를 모두 살펴보겠습니다.

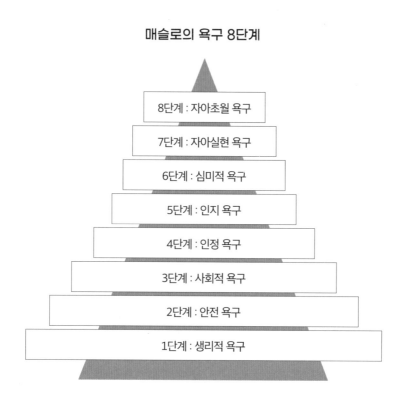

매슬로의 욕구 8단계

8단계 : 자아초월 욕구
7단계 : 자아실현 욕구
6단계 : 심미적 욕구
5단계 : 인지 욕구
4단계 : 인정 욕구
3단계 : 사회적 욕구
2단계 : 안전 욕구
1단계 : 생리적 욕구

1단계 생리적 욕구 : 음식과 수면, 체온 등 생존과 직결되는 욕구

2단계 안전 욕구 : 집이나 건강 등 최소한의 생존이 보장되고 나면 외부의 위협에 관심을 갖게 된다. 자신을 보호하기 위한 욕구

3단계 사회적 욕구 : 관계에 대한 욕구. 생존과 안전 문제가 해결되면 인간은 누군가 함께할 대상을 찾아 나선다. 외로움은 생존 직후에 다가오는 중요한 결핍이다.

4단계 인정 욕구 : 자존감을 얻기 위해 성취를 하고 인정받기를 원하는 욕구. 외부의 인정이 아닌 자기 능력에 대해 자부심을 느끼는 것도 동일하다.

5단계 인지 욕구 : 모르는 것을 알고 이해하고자 하는 욕구. 공부만을 의미하지 않는다. 새로운 장소나 물건을 알아가는 것도 인지적 욕구를 충족시키는 행위이다.

6단계 심미적 욕구 : 아름다움만이 아닌 균형이나 질서도 포함된다.

7단계 자아실현 욕구 : 자신을 성장시키며 완전해지길 바라는 욕구

8단계 자아초월 욕구 : 자신의 성장을 발판으로 다른 것을 만들거나 연결하려는 욕구

매슬로의 욕구 8단계가 어떻게 게임에 활용되는지 감이 오나요? 우선 넓게 보면 게임의 역사와 관련이 있습니다. 최초 등장한 게임은 낮은 단계의 욕구만을 다루었습니다. 특히 안전에 대한 욕구를 자극하는 게임이 많았기 때문에 '죽음'이라는 것이 게임에서 가장 기본이 되었고, 회복 아이템이 붕대나 주사가 아니라 음식으로 표현되었습니다. 그 뒤 게임이 발전하면서 혼자가 아닌 여러 캐릭터가 등장하게 되었

고 많은 정보를 알아야 할 수 있는 게임도 나오게 되었죠. 게임 개발의 역사를 살펴보면 신기하게도 매슬로 욕구 단계와 일치합니다. 그렇다면 게임의 역사가 아닌 기획의 관점에서 보면 어떨까요? 하나의 게임을 만들 때도 매슬로의 욕구 8단계가 순차적으로 들어갑니다.

1단계 **생리적 욕구** : 우선 캐릭터에게 생존에 대한 결핍을 만듭니다. 무언가를 먹지 않으면 HP◆가 지속해서 줄어들거나 화면이 자동으로 스크롤 되는 등 기본 시스템적인 요소입니다.

2단계 **안전 욕구** : 그다음은 안전에 대한 결핍을 만듭니다. 안전을 위협하는 요소는 무엇일까요? 절벽이 나올 수도 있고 총알이 날아올 수도 있습니다. 이를 피하게 만들어야 합니다.

3단계 **사회적 욕구** : 그다음은 사회적 욕구입니다. 일차적으로는 게임 속 내가 조작하는 캐릭터와 나와의 관계성이 맺어집니다. 그리고 게임 속에 다른 NPC◆◆나 적들이 등장하면서 게임 속 세상이 완성되지요.

4단계 **인정 욕구** : 점수라는 요소가 들어갑니다. 포인트일 수도 있고 승률일 수도 있고 캐릭터 레벨일 수도 있습니다.

5단계 **인지 욕구** : 새로운 스킬을 익히거나 스토리상의 이야기가 흘러가거나 계속해서 새로운 스테이지로 나아갑니다. 단순 반복형 게임이라면 이 단계에 오지 못하고 4단계에서 욕구가 종료될 것입니다.

6단계 **심미적 욕구** : 여기까지 만족하는 게임이라면 그제야 게이머들은 그래픽이나 연출, 사운드에 눈을 돌립니다 앞의 단계를 만족하지

◆　　　　HP(Hit Point 또는 Health Point) : 캐릭터나 개체의 체력을 표시하는 단어

◆ ◆　　　NPC(Non-Player Character) : 게임 안에 존재하지만 게이머가 조작할 수 없는 캐릭터들

못하는 게임이라면 '그래픽만 좋은 게임', '음악만 좋은 게임'이 될 수 있습니다.

7단계 **자아실현 욕구** : 자아실현 욕구는 게임에 따라 다르게 나타납니다. 패키지 게임이라면 게임 클리어, 즉 엔딩을 보는 것이 될 것입니다. 플랫폼에 따라서는 트로피나 도전과제 수집이 될 수도 있지요. 서비스 형태의 게임에서는 이 욕구를 결코 달성할 수 없게 구성합니다. 그래야 게임을 계속할 테니까요.

이처럼 게임을 접하는 게이머들은 욕구 단계에 따라 자연스럽게 게임에 들어옵니다. 뒷부분을 아무리 잘 만들어도 초기 단계의 기본을 충족하지 못하면 '○○○만 좋은 게임'이 될 가능성이 높습니다. 물론 위에서 말한 예시가 전부는 아니며 게임에 따라, 장르에 따라, 플랫폼에 따라 각 단계에서 해야 할 기획이 달라질 수 있습니다. 이 이론이 절대적인 것도 아니고 무조건 게임 기획은 이렇게 해야 한다는 기준이 있는 것 또한 아닙니다. 하지만 현재 기획하는 게임이나 플레이하는 게임에 빗대어 이론을 한 번쯤 적용해보는 것은 필요하지 않을까 싶습니다. 새로운 무언가를 느끼게 될지도 모르니까요.

게임에서 실패하면 왜 '죽었다'고 할까?

앞서 두 가지 이론을 설명했습니다. 폴 매클린의 뇌 과학과 매슬로의 욕구 단계론입니다. 이를 잘 이해했다면 이번에 이야기할 주제 또한 쉽게 이해할 수 있을 것입니다.

게이머들이 가장 많이 언급하는 단어 1위가 무엇일까요? 바로 '죽음'입니다. 이에 대해 의문을 느껴본 적이 있나요? 게이머들은 어떤 게임을 하든지 '죽었다'는 표현을 사용합니다. 리듬 게임◆을 하는 경우에도 연주에 실패하면 '죽었다'고 말합니다. 틀린 그림 찾기 게임을 할 때도 시간 제한이 끝나면 '죽었다'고 말합니다. 퀴즈 게임을 하다가 정해진 횟수 이상 틀려서 게임이 끝나면 '죽었다'고 말합니다. 뭔가 이상하지 않습니까?

혹자는 게임의 역사에서 이어져 온 것이라고 말합니다. 정말 캐릭터가 죽는 것처럼 보이는 게임들이 있으니까요. 하지만 이런 게임들이 나오기 이전인 [브레이크 아웃]을 하던 게이머들은 '죽었다'는 표현을 쓰지 않았을까요? 그 시절에 살았던 사람이 아니므로 확신할 수는 없지만 과거 게임에서부터 이어져 온 것은 아닌 것 같습니다. 죽은 것이 아니라 단순히 '쓰러졌다'거나 '실패했다'고 표현해도 될 테니까요.

앞서 말한 폴 매클린의 뇌 과학 이론에 따르면 자극은 파충류의 뇌에서부터 시작합니다. 본능과 생존을 관장하는 부분이죠. 매슬로의 욕구 단계에서도 욕구는 생리적인 생존 욕구에서부터 시작됩니다. 이 두 가지가 '죽었다'고 말하는 이유가 아닐까요? 게임을 하면서 게이머는 점점 상위의 욕구 단계로 올라섭니다. 뇌의 자극도 점점 상위 자극을 받게 될 것입니다. 하지만 게임이 끝나는 순간 자극과 욕구는 유지되지 않고 초기화됩니다. 이 자극을 유지하려면 '이어 하기'를 선택해야

◆　　리듬 게임 : 음악에 맞춰서 정해진 입력을 하는 게임 장르

겠지요. 하지만 이어 하기를 했을 때 게이머들은 '살았다'고 말하지 않습니다. 이미 죽기 전 자극으로 빠르게 돌아가기 때문에 하위 단계의 자극과 욕구가 묻혀 버리기 때문입니다. 살아나는 것이 중요하지 않고 이전에 실패했던 일에 곧바로 집중하게 되는 것입니다.

전 세계 게이머들이 공통으로 '죽었다'고 의미하는 것에는 이런 숨은 이유가 있는 것 같습니다. 여러분도 동의하나요?

소설처럼 기승전결을 넣자

앞선 이론들에 더해 게임 기획에는 또 하나의 흐름이 필요합니다. 바로 '기승전결'입니다. 게임에서 기승전결이 필요하다고 하면 보통 스토리로 치부하는 경향이 있습니다. RPG(Role Playing Game) 같은 게임 스토리에는 당연히 기승전결이 들어가니까요. 하지만 기승전결이 꼭 스토리에만 적용되는 것은 아닙니다. 텍스트가 없는 단순한 게임에도 적용됩니다. 예를 들어 스테이지 진행형 게임이라면 초기 스테이지부터 마지막 스테이지까지 기승전결의 구성을 취합니다. 아마 엔딩이 '결'의 자리를 차지하겠지요.

그렇다면 끝이 존재하지 않는 게임은 어떨까요? 기승전결을 풀어 쓰면 '발단-전개-절정-결말'로 볼 수 있습니다. 이 중 가장 자극이 강렬한 단계는 '절정'입니다. 따라서 끝이 없는 게임이라면 '발단-전개-절정-절정-절정-절정…'의 형태를 취합니다. 결말을 짓지 않고 절정을 무한 반복하는 것입니다. 그래야 계속 자극을 느끼며 진행할 테니까요.

재미있는 것은 게임 전체를 볼 때만이 아니라 세부 요소를 보더라도 기승전결이 들어간다는 점입니다. 슈팅 게임이나 액션 게임을 예로 들면 그 어떤 스테이지에서도 초반부는 쉽게 시작합니다. 그러다가 적이 서서히 증가하지요. 스테이지의 보스와 싸우기 직전에는 다시 소강 상태가 됩니다. 재미의 핵심은 절정 부분에서 극대화됩니다만, 갑작스러운 절정은 오히려 당황스러울 수 있기 때문에 게임에서는 소설식 흐름을 따라가는 것입니다. 이 방식은 게임이나 소설뿐만 아니라 영화나 만화에서도 적용됩니다. 심지어 TV 예능 프로그램이나 다큐멘터리, 무대 공연이나 전시 구성에서도 동일한 흐름을 사용합니다.

한 가지 염두에 두어야 할 점은 이렇게 구성하는 흐름이 기획자의 시선이 아닌 사용자의 시선이라는 것입니다. 따라서 게임 기획자라면 항상 게이머의 시점에서 자연스러운 '기-승-전-결' 흐름을 만들 수 있어야 합니다.

초두 효과와 최신 효과

대학생 시절 교양으로 배운 심리학 수업에서 재미있는 실험을 한 적이 있습니다. 30명이 넘는 학생들이 돌아가며 음식 이름을 하나씩 말했습니다. 그런 다음 학생 각자에게 그중에서 생각나는 음식 이름을 말해보라고 했습니다. 정말 신기하게도 대다수의 학생이 처음 들은 음식과 마지막 들은 음식은 확실히 기억하고 있었습니다. 중간에 말한 음식들은 사람에 따라 기억하기도 하고 기억하지 못하기도 했는데 이는 개개인이 해당 음식에 대한 선호도나 추억과 연관된 것으로 추측됩니다.

이 실험은 초두 효과와 최신 효과를 설명해줍니다. 인간은 처음을 강하게 기억합니다. 첫사랑이나 첫 만남을 기억하는 것도 같은 이유이고 좋아하는 음식을 처음으로 먹은 날이나 처음 클리어한 게임을 기억하는 것도 같은 이유입니다. 고전 콘솔 게임들은 게임을 켜는 순간 나오는 첫 장면이 회사의 로고였습니다. 이때 강렬한 사운드를 같이 재생하는 것이 유행이었는데요, 이를 통해 당시 나온 게임들은 어느 회사에서 나온 게임인지 비교적 명확히 알 수 있었습니다. 또한 이런 부분 덕분에 새로운 장르를 개척한 첫 게임은 오래도록 기억되기도 했습니다.

인간이 강하게 기억하는 또 한 가지는 가장 최근의 것입니다. 많은 사람이 오해하곤 하는데 기억은 시간이 지날수록 잊히는 것이 아닙니다. 오래된 것 중에도 어제 일처럼 생생하게 기억나는 것이 있는 반면, 얼마 전 일인데도 전혀 기억나지 않는 것도 있으니까요. 다만 인간이 가장 강렬하게 기억하는 것이 가장 최근의 기억일 뿐입니다. 드라마를 예로 들어보면 직전에 본 화의 마지막 장면은 기억나지만 몇 주 전의 마지막 장면은 기억나지 않는 것과 같습니다. 이는 단기 기억도 일부 더해지기 때문입니다.

게임에서 이러한 사실이 중요한 이유는 조금 전 설명한 기승전결과도 연관이 있습니다. 기승전결은 게임 전체로 볼 때도 적용되지만 스테이지 하나하나 혹은 시스템 하나하나에도 적용됩니다. 초두 효과와 최신 효과도 그렇습니다. 게임을 진행하며 특별한 퀘스트를 받아서 진행한다고 간주해봅시다. 이것이 몇 번인가 반복되고 나면 게이머의 기억에 남는 것은 퀘스트의 시작과 달성하는 순간입니다. 퀘스트를 진행하는 과정에서 스쳐 간 일은 상대적으로 기억하기 어렵습니다. 따라서 게임의 다른 요소와 연결되는 무언가를 연출하려고 한다면 퀘스트 중간보다는 시작점이나 마지막 지점에 배치하는 것이 좋습니다.

이 부분은 기승전결과 함께 파편화를 잘 생각해야 합니다. 예를 들어 축구 게임에서 초두 효과와 최신 효과는 시합 전과 마지막에만 배치되는 것이 아닙니다. 중간에 상대 팀의 공을 뺏는 지점부터 골인하는 지점까지 잘라서 생각할 수도 있습니다. 해설자가 "이번 골은 마치 한 편의 드라마 같았다."라는 표현을 하지 않습니까? 경기 중간에 공을 뺏는 순간부터 이를 몰고 가서 골 앞으로 패스하고 슛을 하는 일련의 과정에 기승전결이 들어간 것입니다. 축구 시합을 보고 나면 골인 장면만 기억에 남고 중간에서 엎치락뒤치락하던 장면은 잘 기억나지 않는 것도 같은 이치입니다.

이처럼 콘텐츠의 배치를 비롯한 다양한 시스템을 선별하고 도입하는 데도 초두 효과와 최신 효과가 활용될 수 있습니다. 이해를 돕기 위해 기승전결과 함께 설명했지만, 핵심은 처음과 끝이 기억에 더 잘 남는다는 것이며 이는 콘텐츠 전체가 아니라 파편화되어 나타나기도 한다는 것입니다. 중간 부분은 기억에 잘 남지 않으니 중요한 것은 배치하지 않는 편이 좋다는 의미로 해석해도 됩니다.

몇 개의 신으로 구성해야 할까?

여러 번 용어가 변화되었습니다만, 지금은 신(Scene)이라는 용어를 자주 사용합니다. '신'은 말 그대로 '장면'을 의미합니다. 예를 들어 설명하겠습니다.

스마트폰으로 많이 나와 있는 매치3 게임을 상상해보십시오. 매치3은 블록을 움직여서 같은 색이 세 개가 붙으면 터지는 방식의 게임을 말합니다.

매치3 게임 중 [비주얼드]

스마트폰을 사용한다면 누구나 한번은 해봤을 것입니다. 게임을 켜면 스테이지를 고르고 레벨을 확인할 수 있는 기본 화면이 나옵니다. 이것을 로비라고 하겠습니다. 이 로비가 한 개의 신입니다. 여기에서 게임을 시작하면 화면에 블록들이 나오고 움직이면 터지며 점수가 올라갑니다. 게임 종류에 따라서는 이동 횟수나 제한 시간이 줄어들기도 합니다. 이렇게 게임을 하는 화면을 또 한 개의 신으로 봅니다.

게임이 끝나면 다시 로비로 나옵니다. 게임을 조금 더 잘할 수 있는 아이템을 구매하고 싶어 아이템 상점을 누릅니다. 화면이 바뀌며 아이템을 파는 상점이 표시됩니다. 이것이 또 다른 신입니다. 이처럼 신은 간단히 생각하면 보이는 장면의 수로 이해할 수 있습니다.

신의 개수가 중요한 이유는 우선 개발상의 문제 때문입니다. 데이터 중에는 신이 넘어갈 때 삭제되거나 초기화되는 것과 유지되는 것이 있습니다. 그래서 적절한 조절이 필요합니다. 신을 너무 적게 하면 불필요한 데이터를 계속 들고 있어야 하므로 비효율적입니다. 지금 말하는 데이터는 그래픽이나 사운드 등 리소스를 모두 포함한 개념입니다. 반면 신을 너무 여러 개로 나누면 매번 읽고 삭제하는 데 시간이 들고 작업하기도 번거로우며 데이터가 꼬이거나 문제가 생길 가능성이 있습니다. 앞서 예로 든 매치3 게임은 세 개의 신으로 표현했지만, 겉보기에는 다른 장면으로 교체되는 것처럼 보여도 화면 전체를 가리는 큰 창을 띄우는 형태로 신을 더 적게 사용할 수 있습니다. 때에 따라서는 게임 전체를 한 개의 신 안에서 구현하는 것도 가능합니다. 비효율적일 수도 있겠지만요.

이 외에 기획적인 이유도 있습니다. 예를 들어 신이 한 개인 게임은 단순한 느낌이 듭니다. 두 개라면 반복되는 느낌이 들어서 영원히 끝나지 않을 것 같습니다. 세 개 이상의 신이 순차적으로 돌아간다면 무언가 진행되는 것처럼 느껴집니다. 물론 반드시 거쳐야 하는 것이 아닌 상점이나 다른 추가 콘텐츠를 신으로 빼도 됩니다. 다만 이렇게 바깥으로 빠진 독립적인 신이 많아질수록 게임은 잡다하게 여겨질 수 있습니다.

　게임의 기승전결과 별개로 게임을 시작할 때부터 끝날 때까지 게이머가 만나는 신을 순서도로 그려보세요. 명확하게 진행되는 방향이 있는지, 단순 반복형으로만 배치되어있지는 않은지. 신의 배치만 달라져도 게임을 접하는 느낌이 크게 달라질 수 있습니다.

　로그라이크처럼 반복적인 장르의 게임이라면 두 개의 신을 사용하는 것이 좋습니다. 현재 스마트폰에서 유행하고 있는 수집형 모바일 게임처럼 인게임과 아웃게임*의 구분이 확실하다면 이를 같은 신으로 통합해서는 비효율적인 구조가 될 것입니다. 게임의 특성이나 게이머의 성향을 잘 파악해서 적절한 신을 배치하는 것 또한 게임 기획자가 고민해야 할 부분입니다.

◆　　　인게임은 실제 게임이 진행되는 부분을 말하고, 아웃게임은 게임 시작 전에 관리, 준비 등을 하는 부분을 말한다.

섹시한 인디아나 존스, 툼 레이더

1981년에 개봉한 〈인디아나 존스〉라는 영화가 있습니다. 스티븐 스필버 그 작품인 이 시리즈는 큰 성공을 거두었고 영국에서는 이를 게임으로 만들기 에 이릅니다. 다만 그대로 진행하지는 않았습니다. 주인공을 여성으로 바꾸었 거든요. 그렇게 세상에 나온 게임이 [툼 레이더]입니다.

[툼 레이더]의 주인공 라라 크로프트의 20년간 변천사

이 게임의 주인공인 라라 크로프트는 큰 인기를 누렸습니다. 게임 캐릭터 임에도 영국 홍보대사로까지 임명될 정도였습니다. 이후 그녀는 만화, 영화 등에 출연하며 음반을 발매했고 CF에 출연할 정도로 유명해졌지요. 심지어 우표까지 발매되었을 정도이니 그 인기가 어느 정도인지 감탄하게 됩니다.

이 게임이 발매되었을 당시에는 영화 〈인디아나 존스〉의 짝퉁이라는 시선이 있었다고 합니다. 그런데도 이 게임이 잘 판매된 것은 라라 크로프트라는 캐릭터의 공입니다. 당시에는 상당히 높은 퀄리티로 제작된 3D 여성 캐릭터였고 섹시 어필 요소가 있었습니다. 즉 초기의 [툼 레이더]는 영화 〈인디아나 존스〉에 대한 좋은 기억과 섹시한 여성에 대한 호감으로 게이머에게 선택된 것이죠.

하지만 막상 게임을 시작하고 나면 이 게임이 호락호락하지 않다는 것을 알게 됩니다. 섹시한 여성 캐릭터는 더 이상 눈에 들어오지 않습니다. 게이머의 시선은 주변 배경으로 향하며 계속해서 길을 찾고 숨겨진 퍼즐을 풀며 보물을 찾게 됩니다. 자연스럽게 본능적인 단계에서 지적인 단계로 넘어갑니다. 당장은 눈앞의 지역에서 퍼즐을 풀고 길을 찾는 단기적인 추리가 필요하지만 게임을 하며 얻게 되는 단서들을 통해 최종 목표인 보물을 찾는 장기적인 추리력도 필요합니다.

그렇다고 머리를 쓰는 요소만 계속 강요하는 것도 아닙니다. 중간중간 적들이 등장해서 총격전을 벌이거나 도주하는 등 다시 본능적인 쾌감을 한 번씩 자극하는 형태로 디자인되어있습니다. 이처럼 [툼 레이더] 시리즈는 폴 매클린의 뇌 삼위일체론이나 매슬로의 욕구 단계론을 충실히 따릅니다. 의도된 것인지 아닌지는 모르지만 어쩌면 이 부분이 수십 년간 인기를 유지하는 시리즈의 숨은 비결이 아닐까 싶습니다. 캐릭터의 인기도 큰 요소였겠지만 막상 게임이 재미없다면 캐릭터를 게임이 아닌 다른 콘텐츠에 활용하는 형태가 되었을 수도 있었겠죠.

Lesson 6

동기부여와
피드백

피드백을 기획하자

게임의 특징 중 하나는 빠른 피드백에 있습니다. 이는 게이미피케이션에서 주로 말하는 부분 중 하나입니다. 운동 시합에 나가기 위해 훈련을 하거나 시험을 보기 위해 공부를 할 경우 이에 따른 결과를 보려면 몇 주에서 몇 개월을 보내야 합니다. 하지만 게임은 아주 빠르게 결과가 나타나지요. 플랫포머 게임◆에서는 점프를 잘못하면 떨어져 죽을 수 있습니다. 리듬 게임에서 입력 타이밍을 놓치면 화면에 바로 'Miss' 표시가 뜨면서 이어져가던 콤보가 중단됩니다. 반대로 성공할 때의 피드백도 즉각적입니다. 리듬 게임에서 입력 타이밍을 정확

◆   플랫포머 게임 : 점프를 주로 활용해서 진행하는 게임

히 맞추면 'perfect!' 혹은 'great!' 표시가 뜨면서 콤보 숫자가 올라갑니다. 매치3 게임에서 같은 모양의 블록 세 개를 이어 붙이면 그 순간 블록이 터지면서 점수가 올라가고 빈 곳으로 다른 블록들이 떨어

[셀레스트] 점프를 잘못하면 떨어져 죽는다.

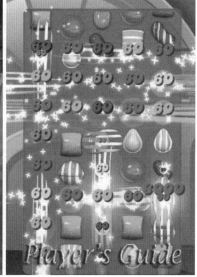

[락히어로]
입력 타이밍을 놓쳤을 때

[캔디크러시 사가]
같은 블록 3개가 이어 지면서 터질 때

져 내려옵니다. 이런 빠른 피드백은 게이머의 선택과 조작에 의해 일어납니다. 이것이 공부나 운동 등 다른 일에 비해 게임이 재미있는 이유 중 하나입니다.

게임 기획자 입장에서 피드백 설계는 무조건 빠르게 하는 것이 정답은 아닙니다. 같은 선택으로 동시에 여러 피드백이 터지게 하면 그만큼 자극이 무뎌집니다. 그보다는 작은 피드백을 끊이지 않게 줄 수 있어야 하며 시간차를 두고 점점 큰 피드백을 끼워 넣어야 합니다.

이때 단순히 피드백의 자극이 점점 커지기만 하는 형태도 지양해야 합니다. 일정하게 증가하는 자극은 어느 순간 당연하게 느껴지고 지루함을 주기 때문이지요. 자극의 증가 폭이 일정하지 않도록 조정해야 합니다.

이는 생리학 분야에서 유명한 베버의 법칙◆에서 기인하는데요. 아마 고등학교 생물 시간에 한 번쯤은 들어보았을 것입니다. 게임에서는 레벨에 따른 필요 경험치 곡선을 보면 명확히 확인할 수 있습니다.

오른쪽 그래프에서 보는 것처럼 그래프는 일정하게 증가하지 않습니다. 정체 구간이 있기도 하고 빠른 성장 자극을 주는 구간이 있기도 합니다. 이런 자극의 시간차는 게임의 콘텐츠 구성 및 배치와도 연관되어야 합니다. 어느 쪽을 우선으로 할지 고민된다고요? 정답은 없습니다. 게임 콘셉트에 따라 다르기 때문이지요. 스테이지 디자인이나 시나리오가 중요하다면 이를 우선으로 한 후 피드백의 정도와 시간차를 조절합니다. 반대로 게임을 하는 플레이어의 체험이 중요하다면 피드

◆   베버의 법칙 : 자극의 변화를 느끼기 위해서는 기존 자극 변화량과 차이가 나는 자극 변화
      가 있어야 한다는 법칙

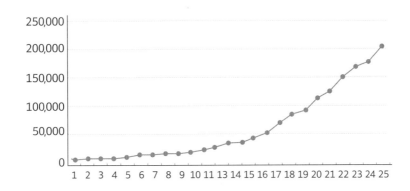

실제 제작해서 서비스했던 게임의 경험치 곡선

백의 정도와 시간차를 결정하고 이를 스테이지나 시나리오, 기타 밸런스 담당자에게 전달합니다.

게이머는 피드백의 자극을 얻기 위해 게임을 지속합니다. 하지만 어떤 자극이 올지는 알 수 없겠지요? 이런 게이머에게 게임 기획자가 자극에 대한 기대를 심어주는 것입니다. 이는 게이머에게 목표라는 형태로 전달됩니다.

목표의 종류도 위와 동일합니다. 당장 눈앞의 절벽을 점프해서 넘어야 한다는 단기 목표도 있고, 세계를 구하기 위해 마왕을 쓰러뜨려야 한다는 장기 목표도 있습니다. 그 사이에는 아이템을 얻거나 길을 찾아야 하는 등의 중기 목표도 있을 것입니다. 이런 다양한 목표를 준비하고 촘촘하게 연결하면 게이머는 지루하지 않게 게임을 할 수 있습니다.

만약 최종 목표만 있고 아무것도 없다면 어떻게 보일까요? 상상해 봅시다. 이 길의 끝에 '목표지점(Goal)'이 있습니다. 캐릭터는 버튼을 누르면 앞으로 걸어갑니다. 점프를 할 수도 있고 검을 휘두를 수도 있습니다. 하지만 최종 목표만 있고 아무것도 없다고 하니 뛰어넘어야 할 장애물이나 절벽도, 검을 사용해야 할 적도 등장하지 않을 것입니다. 남은 거리를 표시해주는 것 또한 숫자가 줄어드는 피드백을 받을 수 있으니 제외합니다. 게이머는 아무것도 없는 공간을 그저 이동해서 언젠가 도달할 '목표지점'을 향해 걸어갈 뿐입니다. 어떤가요? 재미있을까요?

이번에는 단기 목표만 있는 게임을 예로 들어 보겠습니다. 장애물을 뛰어넘어 달리는 게임입니다. 캐릭터는 계속해서 앞으로 달려갑니다. 달려가다 보면 장애물이 다가옵니다. 이때 버튼을 눌러서 점프합니다. 타이밍이 맞으면 성공. 플레이어는 계속 달려가다가 다시 장애물을 만날 것입니다. 타이밍이 틀리면 실패입니다. 이것의 무한 반복입니다. 재미있을까요? 어떤 분들은 이 예시를 들으면서 한때 유행했던 [플래피 버드] 같은 원 버튼 게임을 떠올릴 것입니다. 하지만 [플래피 버드]는 다른 목표 또한 있기 때문에 이와 다릅니다. 점수나 날아간 거리, 넘어간 장애물의 숫자가 카운트되는 순간, 이것은 또 다른 목표가 되며 최종 결과가 피드백이라는 자극이 되어버리기 때문이죠.

이처럼 게임은 다양한 목표를 주어야 하며 게이머는 이 목표를 이루기 위해 게임을 합니다. 게임을 하면서 이 하나하나를 선택하고 조작했을 때의 피드백을 빠르게 받게 되겠지요. 피드백 또한 단순히 성공과 실패로 분류되는 것이 아닙니다. 다른 목표 및 피드백과 연관되어 이후에 결과를 알게 되는 것도 있고 성공도 실패도 아닌 애매한 경우도 있을 것입니다. 이 또한 중요한 부분입니다. 애매한 느낌의 피드백을 게이머는 어떻게 생각할까요? 성공하지 못한 것을 아쉬워하며 다

[플래피 버드] 낙하하는 새를 터치하지 않으면 죽는다.
낙하 높이를 조정하면서 파이프 사이를 통과하면 된다.

음에는 성공하기를 기원함과 동시에 실패하지 않은 것에 안도감을 느
낄 것입니다. 애매한 피드백이야말로 게임 기획의 핵심일 수 있습니다.
이것이 게임을 유지시키는 원동력이 되기 때문입니다. 다만 애매모호
한 피드백을 과용할 경우 자극 없는 게임이 되고 지루한 게임이 될 수
있으니 주의해야 합니다.

　정리하자면 게임은 빠른 피드백이 장점인 콘텐츠입니다. 게임 기획
자는 당연히 이를 잘 활용해야 합니다. 피드백은 목표로써 게이머에게
주어지며 성공 또는 실패에 따라 자극을 받게 됩니다. 이 자극은 반복
될수록 지루함을 느끼기 때문에 점점 커져야 하며 시간차도 일정해서
는 안 됩니다. 피드백의 판정은 성공과 실패의 강한 자극도 있지만 성
공도 실패도 아닌 어중간한 느낌을 통해 안도감과 다음 목표에 대한
동기를 줄 수도 있습니다. 게임 기획자는 이 모든 것을 게임 내 다른 콘

텐츠 구성과 연관 지어 구성해야 합니다. 사실 이 부분은 어려운 부분임과 동시에 가장 중요한 부분이기도 합니다. 게임 기획자라면 여러 게임을 해보면서 이에 대한 깊은 고민을 해야 할 것입니다.

게임 플레이의 동기부여

아무리 좋은 피드백이 준비되어있다고 해도 게이머가 그곳까지 도달하지 못하면 의미가 없겠지요. 그렇기 때문에 게임 기획자는 미리 기획된 피드백까지 게이머가 도달할 수 있도록 행동 동기를 만들어주어야 합니다.

게임의 형태가 가장 단순했던 고전 게임의 동기부여 요소는 점수였습니다. 높은 점수를 얻기 위해 게임을 했던 것이지요. 이는 온라인 시대가 열리면서 랭킹의 형태로 자리 잡았습니다. 스마트폰 게임에서는 불특정 다수가 아닌 친구들 사이에서의 랭킹만을 제공하기도 합니다. 스토리가 들어간 게임에서는 잡혀간 공주님을 구출하거나 세계 정복을 하려는 악당을 물리치는 등의 목적을 주기도 했습니다. 현재의 온라인 경쟁 게임들은 상대보다 오래 살아남고 상대를 탈락시키는 것이 목표이기도 합니다.

이런 동기부여 요소는 게임을 시작하자마자 가급적 빠르게 주어져야 합니다. 아예 게임을 시작하기 전에 사전 정보로 알려지는 것도 좋습니다. 그래서 게임의 첫 티저 홍보 영상 등을 보면 스토리나 게임의 목적을 알리는 것인 경우가 많습니다.

게임을 기획하게 되면 비즈니스 부서에서는 '이 게임의 최종 목표'가 무엇인지를 먼저 묻습니다. 이 질문에서 많은 게임 기획자가 게임의 최종 목표를 '게이머가 게임을 하는 동기'라고 착각합니다. 그래서 처음부터 동기부여 요소를 강화하는 기획을 하지요. 하지만 조금 더 생각해봅시다. 최근 게임은 복합적인 콘텐츠로 이루어져 있어 게임의 동기가 하나인 경우는 별로 없습니다. 비즈니스 부서에서 게임의 최종 목표를 묻는 것은 그 요소가 어느 정도 게임에 익숙해진 사람들의 행동 동기가 되기 때문입니다. 정확히는 돈을 쓰는 게이머들의 목표를 묻는 것이죠. 게임을 막 시작한 사람보다는 어느 정도 게임을 지속하는 게이머들이 돈을 쓰기 때문에 이는 비즈니스에서 중요할 수밖에 없습니다. 게임의 최종 목표와 게임에서 주어지는 동기부여가 다르다는 것을 확실히 인지하고 기획을 진행해야 하는 이유입니다.

기획자로서 가장 경계해야 하는 것은 동기부여 요소가 트렌드에 따라 크게 달라진다는 점입니다. 한때는 스마트폰 메신저를 통한 게임 초대가 가장 큰 동기부여였고, 그 뒤에는 SNS를 통한 공유가 동기부여가 되기도 했습니다. 당시에는 소셜 게임이라는 새로운 장르가 막 시작되었던 때죠.

모에 트렌드◆가 급성장하면서는 한동안 미소녀 캐릭터를 수집하는 것이 동기부여가 되기도 했습니다. 이처럼 게임의 동기부여는 매번 달라지며 전혀 연관 없는 방향으로 나아가기도 합니다. 물론 트렌드와는 별개의 동기부여 요소를 가진 플랫폼이나 장르도 있습니다. 하지만 다

◆   모에 트렌드 : 서브 컬쳐 용어인 '모에'를 전면으로 내세운 트렌드. 대체로 미소녀 캐릭터 위주로 전개되었다.

양한 동기부여 요소를 알고 트렌드의 흐름을 기본적으로 이해해야 게임에 맞는 동기부여 요소를 찾을 수 있다는 점은 확실합니다.

게이머에게 게임을 해야 하는 동기를 부여하는 것은 피드백을 기획하기에 앞서 게임 기획자가 반드시 고민해야 할 중요한 부분입니다. 트렌드를 놓치지 않으면서 현재 기획하는 플랫폼과 장르에 맞는 요소를 잘 고민해보길 바랍니다.

리처드 바틀의 플레이어 유형 분류

게이머들의 동기부여와 관련된 이론 중에서 가장 많이 알려진 것이 리처드 바틀의 '플레이어 유형 분류'입니다. 1996년에 나온 이론으로 게이머를 네 가지 유형으로 분류하고 있습니다. 오래된 이론인 만큼 오늘날 적용하기에는 무리가 있고 실제로 요즘 게이머들은 이 네 가지 유형만으로 분류하기가 어렵습니다. 요즘 게이머들은 네 가지 유형에 추가적인 성향을 보이기도 하고 여러 유형의 복합성을 띠기 때문입니다. 이는 게임 자체가 변화했기 때문이죠.

하지만 기본이 되는 내용인 만큼 리처드 바틀의 플레이어 유형을 가볍게 다루어 보도록 하겠습니다. 이를 바탕으로 현대 게이머의 성향을 고민해보고 동기부여 기획을 하는 데 활용하면 좋을 것입니다.

달성가(Archivers) 유형
∘ 기획자들이 넣은 요소를 충실히 이행한다.

- 주어진 것에 대한 성취가 목적인 타입
- 싱글 플레이나 협력 플레이를 선호한다.

모험가(Explorers) 유형

- 게임에서 의도하지 않은 것들을 찾아다닌다.
- 창의적인 플레이를 즐기는 타입
- 주로 싱글 플레이를 선호한다.

소통가(Socailizers) 유형

- 게임 자체보다 게이머와의 교류가 주목적이다.
- 소셜 게임들이나 커뮤니티형 게임들
- 플레이에는 크게 관심이 없다.

경쟁자(Killers) 유형

- 다른 사람에게 손해를 입히는 것이 주목적이다.
- 대화 시에도 공격적인 용어나 욕설 등을 사용한다.
- 주로 경쟁형 플레이를 선호한다.

앞서 말한 것처럼 현재 나오는 게임들을 이것만으로 분류하기란 어렵습니다. 하지만 이 분류에서 확인할 수 있는 것은 유형마다 필요한 동기부여 요소나 피드백의 개념이 다르다는 점입니다. 이를 바탕으로 현재 기획하는 게임의 타깃 유형을 명확하게 그려두어야 게이머를 대상으로 하는 여러 기획의 기준을 확립할 수 있습니다.

게이머에 따른 플레이의 목적 변화

여럿이 함께 플레이하는 온라인 게임은 두 가지 형태로 플레이 스타일이 정해집니다. 협력과 경쟁인데요, 여기에서 알아둘 점은 같은 협력이나 경쟁이라도 국가에 따라 기준이 다르다는 것입니다. 몇 년 전에 해외 온라인 게임을 개발하는 게임 기획자들과 이야기를 나눌 때였습니다. 온라인 게임은 게이머의 등급에 따라서 서버를 분류합니다. 간단하게는 초보 서버만을 두기도 하고 수준별로 조금 더 세분화하기도 합니다. 왜 이렇게 하는지에 관해 이야기를 나누었습니다. 그 답변이 신기하게도 모두 달랐습니다.

Q1. 경쟁형 온라인 게임에서 게이머의 실력이나 등급에 따라 서버를 분류하고 게이머를 매칭하는 이유는 무엇인가?

한국 : 잘하는 사람이 못하는 사람을 괴롭히지 못하게 하기 위해

미국 : 등급을 세분함으로써 성취감을 지속해서 가져가기 위해

일본 : 수준이 비슷한 사람끼리 해야 재미있기 때문

중국 : 아슬아슬해야 돈을 더 쓰기 때문

Q2. 협력형 온라인 게임에서 게이머의 실력이나 등급에 따라서 서버를 분류하고 게이머를 매칭하는 이유는 무엇인가?

한국 : 비정상적인 키워주기와 과한 콘텐츠 소모 속도를 방지하기 위해

미국 : 적절한 난도의 게임을 제공하기 위해

일본 : 누군가는 재미가 없어져서 게임을 즐기는 데 민폐가 되기 때문

중국 : 강한 사람이 끌어주면 돈을 쓰지 않기 때문

위 이야기는 우스갯소리로 들어도 됩니다. 당시의 분위기를 반영하는 이야기일 수도 있고 해당 기획자 개인의 주관이 포함된 이야기일 수도 있기 때문입니다. 물론 특정 국가의 게임 기획이 더 우월하거나 부족하다는 이야기도 아닙니다. 다만 게이머의 성향이 다르고 게임 문화가 다르다는 것은 알아두면 좋겠습니다.

게임의 상업성을 중요시하는 비즈니스 부서에서는 중국 게임의 상업성을 매우 높게 봅니다. 이 또한 잘못된 것이 아니며 회사를 경영하려면 중요한 요소일 것입니다. 이 예시는 국가별로 다름을 말하고 있습니다만, 같은 국가 내에서도 게이머는 다양할 수 있으니 게임 기획자가 기준을 잘 잡는 것이 필요합니다.

게임의 타깃은 어떻게 정하는가?

결국 동기부여나 게임의 형태 등은 타깃에 따라 달라져야 합니다. 그렇다면 타깃은 어떻게 정할 수 있을까요? 만약 1인 개발이나 취미로 만드는 게임이라면 자유롭게 정하면 됩니다. 하지만 회사 업무이거나 매출이 필요하다면 이 단계에서 큰 차이가 발생합니다.

타깃을 정하는 1단계는 트렌드에 대한 파악입니다. 어떤 게임이 많이 출시되고 인기를 끌고 있는지를 기준으로 합니다. 만약 개발팀의

능력이 충분하고 예산이 넉넉하다면 트렌드에 맞는 게임을 개발해도 좋습니다. 물론 경쟁 대상이 될 게임보다 더 잘 만들어야 하며 최소한 견줄 정도는 되어야 게이머에게 선택받을 것입니다. 이 형태의 장점은 현재 트렌드 상위에 위치한 게임의 성과 일부를 가져올 수 있다는 것입니다. 그래서 자본력이 있는 대기업들이 트렌드에 맞는 게임으로 다른 게임들과 점유율 싸움을 곧잘 합니다.

반면 개발팀의 능력이나 비용, 기간 등이 다른 게임과 견주기 힘들다면 트렌드에서 살짝 빗겨 난 타깃을 선택해야 합니다. 리스크가 크지만 완전히 새로운 블루오션을 개척해보는 것도 좋습니다. 결국 타깃을 결정하는 데 있어 중요한 것은 리스크와 가능성의 균형입니다.

그렇게 1차 타깃으로 게임의 플랫폼이나 장르를 정한 뒤에는 2차로 세부 사용자군을 정해야 합니다. 연령대나 성별, 국가 등 가급적 세분화할수록 좋습니다. 최악의 타깃 선정은 '남녀노소 누구나'입니다. 물론 그런 게임이 없지는 않습니다. 다만 타깃이 모호하면 기획은 방향성을 찾기 힘듭니다. 만약 위에서 내려온 지시가 '남녀노소 누구나'라면 그 안에서 게임을 가장 모르고 안 할 것 같은 유형을 기준으로 잡기 바랍니다.

예외적으로 게이머가 타깃이 아닌 경우도 있습니다. 예를 들어 교육용 게임이라면 이를 플레이하는 학생이 타깃일 수도 있고 이 게임으로 교육을 진행하는 선생님이 타깃이 되는 경우도 있습니다. 키즈카페에 설치하는 어린이 게임이라면 어린이뿐 아니라 부모나 키즈카페 측이 더 중요한 타깃이 될 수 있습니다. 이 외에도 게임은 다양한 목적으로 활용되고 있고 점점 그 범위가 넓어지고 있으므로 타깃을 게이머로만 한정 짓지 않는 것이 중요합니다.

여기까지 타깃 선정에 관해 이야기를 했습니다만, 게임 회사에 다닌다면 기획자가 타깃을 정하는 일은 거의 없습니다. 경영진이나 디렉터 등에 의해 타깃이 정해지고 그에 맞춰서 프로젝트가 시작되기 때문입니다. 하지만 이미 정해진 타깃이라 해도 타깃은 프로젝트의 방향성과 게임 기획의 기준이 되므로 반드시 파악해두기를 바랍니다.

더블 드래곤의 협력성 지원 요소

[더블 드래곤]이라는 게임 시리즈가 있습니다. 저에게 이 시리즈는 항상 동생과의 추억을 떠올리게 합니다. 시리즈의 모든 작품을 동생과 클리어했기 때문이기도 하지만 그중에서도 유독 이 게임이 '함께 싸웠다'는 느낌을 강하게 주었기 때문입니다. 다른 게임들은 함께 클리어했어도 혼자서도 충분히 할 수 있겠다는 생각이 드는데, [더블 드래곤]만은 혼자 하기가 어렵다고 느껴집니다. 이는 게임에 기획적인 장치가 있기 때문입니다.

[더블 드래곤]

제목의 '더블 드래곤'은 드래곤 형제를 말합니다. 형제가 함께 싸우는 게임을 현실의 형제가 함께 플레이하는 느낌은 굉장히 가별하죠. 더블 드래곤은 현실 속 형제의 분신이 되어 함께 세계를 구하며 악을 물리치게 됩니다.

이 게임이 발매하던 시절로 돌아가 두 사람이 함께 게임을 한다고 가정해봅시다. [더블 드래곤]의 두 드래곤은 어떤 관계가 어울릴까요? 가정용 게임이니 형제일 가능성이 높습니다. 따라서 형제가 힘을 합쳐서 싸운다는 콘셉트 자체에 감정이입이 일어날 가능성이 있습니다. 하지만 이는 불완전한 요소이므로 누구나 공감하게 만드는 게임 안의 협력 요소가 필요합니다. 이 게임을 특별하게 하는 협력 요소를 게임 기획에서는 어떻게 풀어냈을까요?

첫 번째는 회복 아이템입니다. 보통 게임에서 회복 아이템이 한 개만 나오는 경우 참 애매합니다. 상대의 양보로 회복 아이템을 얻은 사람도 왠지 모를 미안함을 느끼게 되고 회복하자마자 죽기라도 하면 더욱 미안해집니다. 양보해준 사람 입장에서도 기껏 회복한 사람이 죽어버리면 부정적인 마음이 들 수 있습니다. [더블 드래곤]에는 회복 아이템이 등장하지 않습니다. 그렇기 때문에 서로에 대해 미안함이나 원망이 들어설 틈이 없습니다.

그렇다면 이런 생각이 들 수도 있을 것입니다. 회복 아이템이 협력에 부정적인 영향을 준다면 맞으면 바로 죽는 형태로 협력성을 극대화하면 되지 않을까? 하지만 의외로 그렇지 않습니다. 여기에 두 번째 협력 요소가 있죠.

[더블 드래곤] 협력 시스템의 두 번째 요소는 제자리에 선 채로 일정 횟수 이상 맞은 뒤에 넘어지는 부분에 있습니다. 한두 번 맞고 넘어지거나 날아가지 않고 꽤 오랜 시간 얻어맞아야 쓰러집니다. 별것 아닌 것 같은 이 작은 요소와 딜레이 시간이 동료가 도와주러 올 타이밍을 주는 것입니다. 자연스럽게 협력 상황을 만드는 것이죠. 우리 편이 저 앞에서 맞고 있습니다. 구하러 가야 하지 않을까요? 한 번에 맞고 날아가는 것과 달리 구하러 가는 사람도 구해주길 바라는 사람도 간절한 마음을 갖게 될 수밖에 없습니다.

세 번째 협력 요소는 두 번째 요소와 연결되는데 적에게 맞고 있을 때 벗어날 수 있는 반격기가 없다는 점입니다. 다른 액션 게임은 어떤 상황에서도 주변을 전부 날려버리는 기술이 하나쯤은 있습니다. 너무 강력한 기술인 탓에 횟수 제한이 있거나 체력이 줄어드는 페널티가 있기도 하지요. 중요한 것은 자기 스스로 적에게 두들겨 맞는 상황을 벗어날 수 있다는 점입니다. 반면 [더블 드래곤]에는 이 요소가 없어 동료가 구하러 오기만을 바랄 수밖에 없고 또 함께 플레이하는 동료도 그 점을 알고 있기 때문에 서로의 위기 상황에 좀 더 관심을 가질 수밖에 없습니다.

어린 시절에는 이런 기획된 요소가 있다는 점을 알지 못한 채 아무 생각 없이 게임을 즐겼습니다. 아마 다른 게이머들도 비슷했을 것입니다. 동생과 함께 플레이하고 클리어한 수많은 게임 중에서 [더블 드래곤]이 단연 각별하게 추억되는 이유는 지금 다시 돌이켜보면 이런 작은 요소들 덕분입니다.

게임을 하면서 비슷한 게임과는 다른 특별함을 느꼈다면 분명한 이유가 존재합니다. 이것을 찾는 것이 게임 분석이며, 이런 요소들을 만들어내는 것이 게임 기획입니다. 겉으로 드러나는 화려하고 멋진 부분을 기획하기에 앞서 콘셉트를 살릴 수 있는 이런 기본기를 조금 더 고민해보는 것은 어떨까요?

Lesson 7

몰입의 게임 기획

플로우 이론 - 몰입을 주는 난도

헝가리 출신의 심리학자, 칙센트 미하이는 '플로우 이론'으로 유명합니다. 그가 말하는 플로우는 한국어로 고쳐 쓰면 '몰입'으로 표현할 수 있습니다. 즉 게임에 푹 빠지게 되는 것을 의미한다고 볼 수 있지요. 게임 기획자가 추구하는 방향과 일맥상통하는 부분이 있어 게임 기획자라면 이 이론을 기본적으로 알아두어야 합니다. 몰입을 정의하면 다음과 같습니다.

> 몰입 : 어떤 행위에 깊이 빠져 시간의 흐름을 잊게 되는 것

정의에 따라서는 '자아를 잃는다'는 표현까지 사용합니다. 종종 게

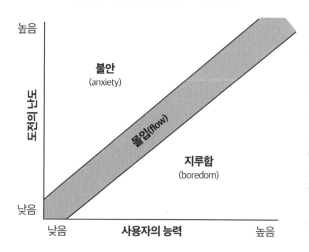

칙센트 미하이의 플로우 그래프

임을 하면 시간이 빨리 간다는 이야기를 하는데요, 게임을 통해 몰입 상태에 빠지기 때문입니다. 이는 비단 게임뿐 아니라 영화나 독서, 음악, 심지어 몸을 쓰는 놀이와 스포츠 등 거의 모든 분야에 적용됩니다. 그렇다면 어떻게 해야 사용자가 몰입 상태에 빠질 수 있을까요? 칙센트 미하이는 이를 그래프로 나타냈습니다.

그래프에서 가로축은 '사용자의 능력'을 나타냅니다. 게임에 따라 조작 능력이나 이해도, 응용력, 기억력, 커뮤니케이션 등이 될 수 있습니다. 세로축은 콘텐츠에서 주는 '도전의 난도'를 나타냅니다. 도전의 난도 역시 게임에 따라 다양한 형태로 표현될 수 있습니다. 여기에서 말하는 난도는 게임 옵션 창에 있는 'Easy - Normal - Hard' 같은 것을 의미하는 것이 아닙니다. 게임을 하며 마주하게 되는 작은 도전 하나하나를 모두 포함합니다.

[슈퍼 마리오]를 예로 들어보겠습니다. 게임을 시작하면 마리오 앞에 물음표 표시가 된 박스가 나옵니다. 마리오가 점프해서 박스를 가격하면 버섯이 튀어나옵니다. 점프를 조작해서 물음표 박스를 가격하는 것은 도전입니다. 아주 쉬운 도전처럼 보이지만 게임을 처음 하는 사람에게는 어려울 수 있습니다.

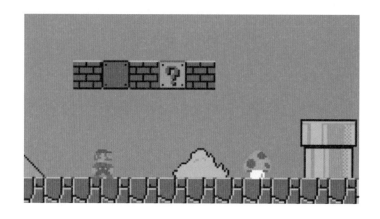

박스에서 버섯이 튀어나오더니 적이 있는 방향으로 움직입니다. 마리오는 적을 밟고 버섯을 먹어야 합니다. 이것 또한 하나의 도전이 됩니다. 그다음에는 절벽이 나옵니다. 떨어지면 죽는 곳이기 때문에 안전하게 점프해서 넘어가야 합니다. 또 다른 도전입니다. 이처럼 모든 게임은 시작과 동시에 수없이 많은 도전을 극복하며 진행됩니다. 플로우 이론에서 말하는 도전은 이런 작은 하나하나를 가리킨다고 생각해야 합니다.

그럼 본래 이야기로 돌아가서 몰입은 어떻게 일어나는 것일까요? 왼쪽 그래프를 다시 보세요. 가운데에 플로우(몰입) 상태가 있습니다.

즉 몰입 상태가 되는 것은 실력에 적합한 도전이 주어졌을 때 일어납니다. 실력에 비해 주어진 도전이 어렵다면 짜증이 날 것이고 실력에 비해 쉬운 도전이 주어진다면 시시하게 느껴질 것입니다.

아래 그래프는 실력과 도전 난도 사이에서 오는 인간의 감정을 여덟 가지로 분류한 '과제와 실력의 함수 관계'입니다.

과제와 실력의 함수 관계

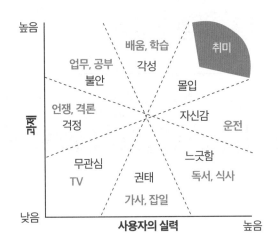

출처 : 마시미니와 카를리(1998) 참고, 칙센트 미하이(1990)

그래프를 보면 알겠지만, 결국에는 어느 정도의 실력이 담보되어야 몰입에 빠질 수 있습니다. 여기까지 듣고 보면 게임에 적정한 난도가 이미 정해져 있는 것은 아닌가 하는 착각을 할 수 있습니다. 당연히 그럴 리가 없지요. 사용자의 실력은 사람마다 다르고 집단마다 다릅니다.

게임 기획자는 어떤 타깃층이 게임을 했을 때 최적일지를 먼저 판단해 실력의 기준을 잡아야 합니다. 해당 타깃층에서 잘하는 사람은 어느 수준이고 못하는 사람은 어느 수준인지를 정하는 팁은 매우 간단합니다. 타깃층이 좋아하는 게임을 직접 해본 뒤에 그들이 남긴 평을 확인하는 것입니다. 내가 좋아하는 게임이 아닐지라도 게임 기획자라면 당연히 해야 할 일입니다. 그렇게 사용자 실력의 기준을 정했다면 그에 맞추어 게임의 난도 디자인을 조절합니다.

정리하자면 사용자의 몰입 여부는 결국 사용자의 실력과 게임의 난도 사이의 밸런스에 달려있습니다. 이 기준을 정할 수 있는 유일한 직군은 게임 기획자이며 적극적으로 판단해서 기준을 잡아둔다면 이후 해당 프로젝트의 모든 요소를 기획하는 데 도움이 됩니다.

니어미스 효과 - 약간 더 어렵게

앞서 저는 플로우 상태에 들어서기 위해서는 적절한 난도가 필요하다고 말했습니다. 하지만 적절한 난도라는 것은 고정되어있는 요소가 아닙니다. 그 이유는 게임을 하면서 게이머의 실력이 점점 향상하기 때문입니다. 그러다 보니 현재 시점에서는 적절한 난도로 판단되던 기준이 일정 시간이 지나면 쉽게 느껴질 수 있습니다.

가장 적절한 난도는 아슬아슬하게 성공과 실패가 나뉘는 수준입니다. 이것을 니어미스 효과라고 합니다. 아슬아슬하게 실패하게 되면 크게 아쉬워하며 한 번 더 시도하게 되는 것이지요. 도박과 관련한 심리를 표현할 때 많이 사용하는 이론입니다.

도박 이야기가 나온 김에 한 가지 질문해보겠습니다. 게임이 도박과 다른 점은 무엇일까요? 정답은 아슬아슬한 실패보다는 아슬아슬한 성공 쪽에 초점을 맞춘다는 것입니다. 아슬아슬한 성공은 긴장감을 더욱 배가하며 게임에 집중하게 하고, 아슬아슬한 실패는 강렬한 한 번의 성공을 위해 집중하도록 만듭니다. 또한 아슬아슬하지 않은 실패는 게임을 끊게 하고 플로우에서 벗어나게 하지요. 이런 심리를 통해 대부분의 게임은 단순한 도전의 반복을 제공합니다. 물론 현재 스마트폰 게임 중 다수를 차지하고 있는 가챠 게임◆은 아슬아슬한 실패에 조금 더 집중하고 있습니다. 게임의 재미보다는 돈을 사용하는 재미에 집중하기 때문입니다. 이런 방식에 익숙해지고 길든 채로 다른 장르를 기획하게 되면 플로우를 벗어나는 게임이 될 우려가 있습니다.

레이싱 게임을 하면 신기하게도 서로 추월하는 상황이 벌어집니다. 상식으로는 이해하기 힘든 일입니다. 결국 엎치락뒤치락하며 경쟁하게 되는데 여기에 숨은 요소가 있습니다. 뒤에 있는 차량일수록 더 빨리 달릴 수 있게 하기 때문입니다. 아이템을 사용하는 레이싱 게임이라면 뒤에 있는 차량에 더 좋은 아이템이나 속도를 높이는 아이템을 획득하게 합니다. 앞서는 사람에게는 언제 추월될지 모른다는 아슬아슬한 긴장감을 주고 뒤에 있는 사람에게는 조금만 더 잘하면 추월할 수 있겠다는 가능성을 수는 것입니다.

◆　가챠 게임 : 게임의 주요 수익 전략으로 뽑기의 형태를 차용하는 게임. 아이템이나 캐릭터 등 다양한 요소를 뽑기로만 얻을 수 있다.

[마리오 카트]

니어미스 효과를 게임에 적용하기 어려운 이유는 '아슬아슬'의 정도를 정하기 힘들기 때문입니다. 게이머의 수준도 모두 제각각이고 게임을 플레이하면서 얻게 되는 학습의 속도도 모두 다릅니다. 결국 타깃 게이머를 명확하게 정할수록 이 부분을 정하기가 수월해집니다. 마니아를 대상으로 한 게임일수록 기획과 밸런스가 수월하다는 뜻입니다. 다만 마니아가 타깃이 될수록 상업성은 떨어질 테지요. 물론 대중을 대상으로 니어미스 효과를 적용하는 것이 불가능하지는 않습니다. 그저 어려울 뿐입니다. 이것을 잘하는 회사가 닌텐도입니다.

아슬아슬한 성공은 게임 속 거의 모든 곳에 들어있어야 합니다. 이를 잘 인지하고 게임에 활용했으면 좋겠습니다.

실패는 납득할 수 있어야 한다

몰입을 유도하기 위해 어느 정도의 난도를 준다면 게이머는 게임 속에서 수없이 많은 실패를 겪게 될 것입니다. 컨트롤 실력이 부족해서 진행하지 못하기도 하고 레벨이 부족하거나 준비가 부족해서 실패하기도 하겠죠. 잘 만들어진 게임이라면 게이머들은 이런 실패를 딛고 여러 번 재도전할 것입니다. 여기에서 말하는 실패는 반드시 게임 오버를 의미하지는 않습니다. 점프해서 벽에 올라가다가 실패하면 다시 점프할 수 있고 내가 쏜 탄환이 빗나가면 다시 총을 쏠 수도 있습니다. 게임은 이런 크고 작은 실패의 반복으로 이루어져 있습니다. 만약 처음부터 끝까지 아무런 실패 없이 진행된다면 그것은 게임이 아닌 감상형 콘텐츠에 지나지 않겠지요.

인터렉티브 무비◆라고 표현되는 콘텐츠 중에 때때로 그런 것들이 있습니다. 영상 중간에 선택을 하는 것이죠. 하지만 어떤 선택을 하든 최종 결과는 크게 다르지 않습니다. 최종 엔딩이 달라진다면 무비가 아니라 게임입니다. 사람에 따라 성공한 엔딩과 실패한 엔딩이 다를 테니까요. 아무튼 게임은 수없는 실패를 딛고 반복하며 결국 성공에 이르는 과정입니다. 그리고 이 실패라는 요소 또한 게임 기획의 중요한 포인트가 됩니다.

게임에서의 실패는 재도전을 위해 존재해야 합니다. 실패에 좌절하고 게임을 포기하게 해선 안 됩니다.

◆　　인터렉티브 무비 : 관객이 내용에 개입할 수 있는 영상 콘텐츠

사실 과거에는 어려운 난도의 게임이 주목받던 시기가 있었습니다. 당시에는 게임에 대한 선택권이 크지 않기도 했고 이어 하기를 통해 발생하는 동전 매출이 중요했기 때문입니다. 하지만 지금은 셀 수 없을 만큼 많은 게임이 쏟아져 나옵니다. 그중에는 무료 게임이나 아주 저렴한 게임도 있습니다. 게이머들은 조금만 어려워도 쉽게 포기해버립니다. 그리고 또 다른 새로운 게임을 찾아 시작하지요. 그 때문에 게임을 포기하지 않고 지속하게 하는 일은 점점 더 어려워지고 있습니다. 이런 가운데 주목할 만한 게임이 있습니다. 최근 십수 년 사이에 어려운 게임으로 알려진 소울라이크 장르입니다. 게임을 진행하며 겪게 되는 실패 횟수가 많지만 그만큼 재도전을 위한 동기부여를 잘해주고 있습니다. 결국 현시점에서의 게임의 실패는 재도전 가능성을 염두에 두고 있어야 합니다.

눈앞에 작은 장애물이 있습니다. 점프해서 이를 넘어가야 하는데요. 너무 먼 위치에서 점프하는 바람에 실패했다면 조금 더 가까운 위치로 돌아가서 점프하면 됩니다. 아무런 부담도 없고 재도전하는 스트레스도 없습니다. 단 몇 초의 시간이 지연될 뿐이지요. 만약 장애물 앞에 작은 가시가 있어서 데미지를 받는다면 어떨까요? 짜증은 나겠지만 역시 재도전하는 스트레스는 크지 않을 것입니다. 그렇다면 장애물 앞에 있는 가시가 데미지를 주는 것이 아니라 캐릭터를 즉사시키는 것이라면요? 이 경우는 실패했을 때 얼마만큼의 페널티가 있는지에 따라 차이가 있습니다. 즉사하더라도 바로 앞에서 재시작한다면 스트레스는 크지 않을 것입니다. 하지만 5분 전 혹은 10분 전 체크 포인트부터 다시 시작한다면 스트레스가 상당할 것입니다. 요즘 게임은 캐릭터의 생명 숫자를 지정하지 않습니다. 무한하게 플레이할 수 있는 경우가 많은데요, 만약 캐릭터의 생명 숫자나 컨티뉴 크레디트가 정해져 있다면 이 부분에서도 스트레스가 발생할 것입니다. 결국 게임 안에 있는 모든 실패와 관련한 기획은 게이머의 스트레스와 직결되며 이는 재도전과도 연결됩니다.

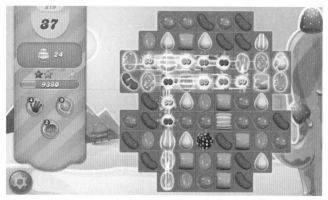

[캔디크러시 사가] 아슬아슬한 성공과 실패를 경험하게 한다.

또 다른 예로 스마트폰에서 자주 하게 되는 퍼즐 게임을 생각해봅시다. 횟수 제한이 있는 블록 퍼즐 게임을 하다 보면 신기하게 항상 아슬아슬한 실패나 성공을 경험하게 됩니다. 실패하더라도 다시 플레이하면 왠지 클리어할 수 있을 것만 같습니다. 만약 실패가 너무 참담하다면 재도전할 생각을 못 할 것입니다. 그래서 이를 방지하기 위해 블록이 파괴되고 새로운 블록이 생성될 때 현재 필요한 블록을 생성하는 식의 조작이 들어가기도 합니다. 아슬아슬하게 성공도 실패도 할 수 있는 수준을 만들기 위해서입니다.

또 이런 게임은 같은 스테이지에서 몇 번의 반복 실패를 하다 보면 결국에는 클리어하게 되는데 여기에도 조작이 들어갑니다. 실패 횟수가 늘어날수록 필요한 블록이 나올 확률을 높이는 형태로 게이머 실력에 맞춰서 게임을 조정하는 것입니다.

여기에 추가로 실패와 관련하여 한 가지 더 고려해야 할 것이 있습니다. 실패했을 때의 게이머의 반응인데요. 게임이 이상하거나 잘못 만들어졌다고 생각하게 되어서는 곤란합니다. 이 경우는 재도전하지 않을 뿐만 아니라 제삼자에게까지 부정적인 말을 전할 수 있습니다. 난도 조절도 안 하고 나온 게임이라는 오명을 쓸 수도 있지요. 가장 긍정적인 반응은 '게임은 괜찮은데 내 실력이 부족하다', '내 끈기가 부족하다'가 되어야 합니다. '게임 탓'보다는 '내 탓'이 되는 실패를 기획해야 하며 이를 위해 기획자는 게이머의 스트레스를 항상 고려해야 합니다.

귀차니즘과 플레이 편의성

앞에서 말한 납득할 수 있는 실패와 더불어 추가로 고려해야 하는 부분이 있습니다. 이 또한 게임이 쏟아져 나오기 시작한 시대적 상황과 무관하지 않은데, 게이머들이 언제부터인지 '귀찮음이 매우 강해졌다'는 것입니다.

여기서 말하는 귀찮음은 학습과 컨트롤, 기다림 등 게임 전반에 걸쳐있습니다. 오래된 게이머들은 이런 상황을 보고 '요즘 게이머들은 떠

먹여 줘야 한다'는 식으로 비아냥거리기도 합니다.

예를 들어 RPG에서 캐릭터 레벨을 올리려면 몬스터를 쓰러뜨려 경험치를 얻어야 합니다. 현재 이 부분은 대부분의 게임에서 자동으로 진행됩니다. 게임에 따라서는 NPC를 찾아가 퀘스트를 수주하고 클리어 후에 보상받아야 하는데 이 부분도 자동으로 진행해주는 게임이 있습니다.

적의 속성에 따라 다른 공격을 해야 하는 게임도 있습니다. 적이 불의 속성이면 물로 공격을 하거나 적이 얼음이면 불로 공격을 하는 식입니다. 최근의 이런 형태의 게임은 머리 위에 어떤 속성으로 공격하라고 표시를 해줍니다. 심지어는 어떤 버튼을 누르거나 어디를 터치하라고 나오기도 합니다. 다양한 무기를 얻고 어떤 무기를 사용할지 고민하던 과거와 달리 요즘 게임들은 자동으로 가장 강한 무기를 장착합니다. 이처럼 많은 것이 자동화되어 게이머들은 하고 싶은 몇 가지 일에만 집중할 수 있게 되었습니다.

이렇게 된 이유는 명확합니다. 게이머의 범위가 늘어났기 때문입니다. 게이머가 아니던 사람들이 게임을 하게 된 것입니다. 이들에게 모든 요소를 하나씩 가르칠 수는 없습니다. 요즘 게이머들은 학습하기를 싫어하며 그렇게 되면 학습할 필요가 없는 쉬운 게임으로 넘어가 버리니까요. 게임을 하지 않는 사람들을 위한 과도한 편의성이 결국 기존 게이머에게도 영향을 미치게 되었고 점점 게임은 자동화되었습니다. 이는 시대의 변화이므로 옳은 것도 그른 것도 아닙니다.

다만 게임 기획자로서 당부드리고 싶은 것이 있습니다. 귀차니즘이 항상 부정적인 것도 아니고 편의성이 늘 만능인 것도 아니라는 점입니다. 벽을 만났을 때 자동으로 점프해서 넘어가는 게임에서는 내가 올바르게 점프해서 발판에 도달했을 때의 쾌감을 느낄 수 없습니다. 게임이 편해질수록 사용자는 스트레스에 취약해집니다. 따라서 이 부분을 적절히 조율하여 게임을 구성해야 합니다.

또 다른 예로 현재 모바일 게임에서는 자동 전투가 거의 필수가 되었습니다. 하지만 콘솔 게임에 적용된 자동 전투는 혹평을 듣습니다. 이는 플랫폼에 따라 사용자가 다른 경험을 기대하기 때문입니다. 귀차니즘이 마냥 부정적이고 편의성이 늘 긍정적이라는 것만은 아닌 거죠. 편의성에 대한 조율은 시대에 따라 앞으로도 계속 달라질 것입니다. 게임을 기획하고 있는 시점에서 현재의 게이머들이 어느 정도의 편의성을 원하는지 꼭 관찰해보기를 바랍니다.

게이머의 시점에 따른 몰입

게임 안에서 게이머의 역할은 매번 달라집니다. 당연히 이 역할을 정해주는 것은 게임 기획자가 해야 할 일입니다. 역할에 대한 상세한 이야기는 뒤에서 하기로 하고 여기에서는 몰입과 관련된 부분 먼저 이야기하겠습니다. 게이머의 시점을 기획하는 부분입니다.

일반적으로 게이머는 다음의 세 가지 시점 중 하나를 갖게 됩니다. 당연히 이에 따라 몰입의 형태가 달라집니다.

내가 직접 주인공이 되는 시점

이 경우 캐릭터는 대사를 말하지 않으며 대부분 일인칭 화면을 사용합니다. 게임 내의 중요한 선택이 나에게 맡겨지는 경우가 많습니다. 따라서 서사를 진행하려면 나의 판단과 무관한 것들, 이를테면 운명이나 우연, 천재지변처럼 내가 개입할 수 없는 자연스럽게 벌어지는 사건을 이용하는 경우가 많습니다. 이런 게임은 감정 몰입이 쉽고 강렬하게 일어날 수 있죠. 주인공의 연령이나 성별 등의 특징이 나와 일치한다면 더욱 그렇습니다. 한번 몰입되면 캐릭터가 나이 듦에 따라 게이머 역시 함께 늙어가게 됩니다.

하지만 이런 형태는 최근에는 거의 사용하지 않습니다. 게임의 형태가 달라졌기 때문입니다. 이전에는 캐릭터의 죽음이 게임의 종료와 연관되어 가급적 죽지 않기 위해 플레이했지만 언젠가부터 게임에서 죽는 것은 당연하고 죽으며 학습하는 형태로 변화되어왔습니다. 더 이상 게임오버가 없고 실패하더라도 그 근처에서 다시 시작할 수 있죠. 그래서 내가 직접 주인공이 되는 형태에서의 깊은 감정 이입을 사용하기 어려워졌습니다. 일부 장르를 제외한다면 이제는 거의 찾아볼 수 없는 형태입니다.

영화를 보듯 주인공들의 여정을 지켜보는 시점

게이머 스스로가 주인공은 아니기 때문에 감정의 몰입은 다소 적을 수 있습니다. 하지만 게임이라는 매체의 특성상 게이머가 주인공들을 조작하거나 제어하거나 보조하면서 함께 이야기를 겪어나가게 되죠. 여기에서 오는 감정이입 또한 분명히 존재합니다. 주인공이 가족을 잃었을 때를 상상해보면 '내가 직접 주인공이 되는 시점'을 적용한 게임에서는 게이머 자신이 슬픔을 느끼지만 '주인공의 여정을 지켜보는 시점'의 게임에서는 슬픔보다 안타까움과 안쓰러움을 느끼게 됩니다. 주인공이 나의 분신, 나와 가까운 존재이기 때문이지요. 이는 영화나 드라마 등 영상 매체를 보며 느끼는 감정과 비슷합니다. 하지만 게임은 능동적으로 참여하기 때문에 수동적으로 보기만 하는 것에 비해 감정적으로 조금 더 밀착됩니다. 이 시점으로 기획하는 기획자들은 게이머의 감정이 첫 번째와 같을 것으로 종종 오해하는데, 비슷해 보이지만 실상은 완전히 다른 감정입니다.

아예 멀리 떨어진 전지적 시점

감정이입이 발생하지만 게임 속 인물이나 캐릭터가 아닌 상황에 따른 감정이입이 이루어집니다. 예를 들어 블록을 움직이는 퍼즐 게임이라거나 군부대를 조작하는 전략 게임이라면 등장하는 인물에게 어떤 감정을 느낄 필요가 없습니다. 퍼즐 게임 또한 스테이지를 클리어했을 때 점수를 계산하며 춤추는 캐릭터들을 보며 감정을 느끼지는 않습니다. 전략 게임에서 수백 명의 병사를 조작해서 전투를 벌여도 이런 병사들에게 감정을 느끼지는 않습니다. 오히려 전쟁 혹은 전투의 전술 책임자, 혹은 국가 원수 등 제3의 형체에 이입하게 되며, 심지어 이런 형체는 게임에 등장조차 하지 않는 경우가 부지기수입니다. 조금 다른 예시를 들어보겠습니다. 수집형 RPG* 라고 불리는 최근의 모바일 게임

◆   수집형 RPC : 가차를 통해서 캐릭터나 카드 등을 수집하고 이를 강화하여 사용하는 것이 주요 동기부여 요소가 되는 게임

은 돈을 주고 캐릭터를 뽑습니다. 이 캐릭터 중에 몇몇을 선택해서 전투시키고 이렇게 벌어들인 돈으로 다시 캐릭터를 뽑습니다. 형태는 캐릭터로 보이지만 게이머들은 캐릭터의 감정에 이입하지 않습니다. 오히려 장르 이름에서 보이는 것처럼 캐릭터를 수집하는 수집가라는 제3의 형체에 이입하게 됩니다. 이는 앞선 예시와 달리 심지어 그 게임 속 세상에도 존재하지 않는 형체일 수 있습니다. 스스로 만들어낸 가상의 역할에 감정이입을 하는 것이지요.

이처럼 게임 속의 감정이입은 다양합니다. 이는 게임의 발달이나 트렌드 변화에도 맞물려 있죠. 언급하지는 않았지만 VR이나 AR에서는 앞서 말한 것과는 또 다른 감정이입을 하게 됩니다. 리듬 게임도 그렇습니다. 앞으로 등장할 새로운 게임은 지금으로서는 상상하기 힘든 형태로 진행될 수도 있습니다. 그렇기에 우리는 현재의 감정이입 형태를 인지할 필요가 있으며 게임을 기획할 때 어떤 형태의 몰입과 감정이입을 제공할지 고민해볼 필요가 있습니다.

게이머의 시점은 몰입과 큰 연관이 있습니다. 특정 장르는 거의 공식처럼 시점이 정해져 있기도 합니다. 이에 대해서도 한 번쯤 의문을 품고 생각해보면 좋겠습니다.

주인공은 언제나 나! 드래곤 퀘스트 5

제게 인생 게임을 말하라고 하면 주저 없이 [드레곤 퀘스트]를 꼽습니다. 주변에 아무리 빛이 나는 사람이 있더라도 인생의 주인공은 나 자신임을 알려준 게임이 [드래곤 퀘스트 5]입니다. 5라는 넘버로도 알 수 있듯 [드래곤 퀘스트]는 여러 편 나온 인기 시리즈입니다. 현재는 열 편이 훌쩍 넘게 나왔지요. 5편 이전까지의 [드래곤 퀘스트] 시리즈와 이후의 시리즈도 대부분의 주인공은 용사입니다.

용사가 주인공인 게임은 영웅이 마왕을 물리치고 세상을 구한다는 전형적인 스토리가 많습니다. 이 게임 또한 그런 이야기일 거로 생각했습니다. 하지만 게임을 시작해보니 주인공은 용사가 아니었습니다.

게임의 첫 장면은 아기가 태어나는 모습입니다. 아버지인 파파스가 막 태어난 나를 안아 들고 이름을 고민합니다. 게이머는 자신의 이름을 넣고 게임을 시작합니다. 이 게임에서 주인공은 게임을 하는 나 자신. 그렇기 때문에 주인공은 게임 내내 한 마디 대사도 하지 않습니다. 다른 인물들은 마치 내 캐릭터가 무언가를 물어본 것처럼 대화합니다. 이 콘셉트는 내가 다른 멋진 영웅의 모습이 되거나 만화 속 주인공이 되는 것이 아닌, 바로 나 자신의 이야기가 시작되는 방식입니다. 즉 앞서 말한 첫 번째 유형의 시점을 가진 게임입니다.

방금 막 태어난 나에게 이름을 지어주고 몇 년이 흐른 뒤, 어린 소년인 나는 아버지와 함께 여행을 떠납니다. 아버지는 굉장히 강하기 때문에 유년기의 나는 무서운 것이 없습니다. 때로는 함께, 때로는 따로 다니면서 자연스럽게

[드래곤 퀘스트 5]

아버지에게 의지하지요. 하지만 결국 아버지를 잃게 되고 좌절 속에서도 시간
이 흘러 청년이 됩니다. 청년이 된 후에도 나는 세계 각지를 돌아다니며 모험
하다가 결혼까지 하게 되고, 두 아이의 아버지이자 한 여성의 남편이 됩니다.
앞서 말한 것처럼 이 게임에서 주인공인 나는 용사가 아닙니다. 비극에 가까
운 삶을 살아가며 버둥거리는 한 남자일 뿐입니다. 이 게임을 처음부터 끝까
지 플레이하게 되면, 내가 태어나는 순간부터 나의 자녀가 성장하고 함께 모
험하면서 세계를 구하기까지의 이야기가 펼쳐집니다. 한 사람의 인생이 담긴
것이죠. 아버지 파파스의 레벨과 능력은 엔딩 시점의 나보다 한참 아래지만,
내가 어리고 약하던 시절 나를 지켜주던 강인한 이미지는 자연스레 마음에 남
아 계속 떠오릅니다. 그리고 아버지가 나를 지켜주었듯 나 역시 나의 아이들
을 지키며 계속해서 모험을 하지요. 이 과정에서 오는 감동 또한 대단합니다.

　　게임 중 결혼 상대를 선택해야 하는 부분이 있습니다. 당시 중학생이던 저
는 결혼 상대를 선택하기 위해 며칠을 고민했습니다. 게임이라고 생각하기에
는 너무 큰 몰입이었습니다. 심지어 일본어를 모르는 상태에서도 그 정도였으

니, 당시 얼마나 심하게 감정이입을 했는지 짐작이 가지요? 이렇게 다양한 일을 겪으면서 진행했는데, 내가 용사가 아니라는 것을 알았을 때의 충격 또한 이루 말할 수 없었습니다. 세계를 구하기 위한 여행을 하고 있는데, 결국 나는 세계를 구할 수 없는 존재였던 거니까요.

결국에는 지금까지 걸어온 나의 길을 되짚어보며 담담하게 용사에게 주인공 자리를 넘기고 조력자로서 모험을 계속하게 됩니다. 마지막 엔딩을 보면서 나는 어떤 생각을 했을까요? 이 게임 속에서의 나는 용사가 아니었고 세계를 구하는 영웅이 될 존재도 아니었습니다. 하지만 이 이야기의 주인공은 여전히 나이고 게임에서 내가 도와준 사람들에게 나는 용사이고 영웅이 아니었을까 싶습니다. 누구나 인정하는 주인공이 될 필요가 있을까요? 나 자신이 인정하고 내 주변에서 인정해주는 사람이 된다면 그 역시 멋지고 성공한 인생 아닐까요? 이처럼 게임을 통해 한 남자의 인생을 체험하고 이를 통해 성숙해질 수 있습니다.

저는 이 게임이 리메이크될 때마다 다시 해봅니다. 나이가 들어감에 따라 같은 장면과 같은 선택들이 다르게 느껴집니다. 10대에 체험한 [드래곤 퀘스트 5]의 인생과 20대, 30대에 체험한 [드래곤 퀘스트 5]의 인생은 분명 같은 이야기인데도 더 많은 것이 보입니다. 만약 이 게임이 나 자신의 이야기가 아닌 주인공을 지켜보는 이야기였다면 같은 감동을 느낄 수 있었을까요? 저는 아마 평생에 걸쳐 이 게임을 여러 번 플레이하게 될 것 같습니다. 몇 번이고 같은 인생을 반복해서 살아갈 가치가 있다고 느끼니까요. 40대의 플레이, 50대의 플레이에서 얼마나 다른 많은 것을 보고 느끼게 될지 벌써 기대됩니다. 이것이 진정한 게임의 몰입이 아닐까요?

Lesson 8

학습의 게임 기획

튜토리얼은 필수인가?

세상에는 다양한 게임이 존재하며 각각의 게임은 플레이하는 방법도 다릅니다. 그렇기 때문에 각각의 게임을 처음 접하는 사람에게 사용 방법을 설명할 필요가 있습니다. 이것을 튜토리얼이라고 하는데요, 1970~1990년대 사이에 출시된 대부분 게임은 이런 요소가 존재하지 않았습니다. 게이머들 스스로 게임하는 방법을 찾아내기도 하고 사용법을 몰라도 곧바로 플레이가 가능한 수준의 게임도 많았으니까요.

하지만 게임이 점점 복잡해지면서 더 많은 기능을 담게 되었고 게이머들의 선택 기준도 넓어졌습니다. 게임을 조금 해보다가 마음에 들지 않으면 그만두는 경우도 많아졌습니다. 게임이 넘쳐나는데 이 게임 하나만 할 이유가 없겠죠. 이를 붙잡기 위해 튜토리얼의 중요성이 대두되었습니다. 처음 게임을 하는 사람에게 이 게임이 어떤 게임인지를 알려주며 동시에 기대하게 하는 것이죠. 즉 게이머가 초반 튜토리얼까지는 해보고 게임을 판단하도록 궁금증을 유발합니다. 이는 게임 기획자에게 굉장히 중요한 부분이에요. 튜토리얼은 단순히 게임하는 방법을 줄줄이 나열하는 것이 아니라는 말입니다.

게임에 따라서는 차라리 튜토리얼이 없는 것이 더 명확한 게임이 있습니다. 하지만 개발사나 투자사, 혹은 플랫폼 홀더◆의 품질 관리 기준에 튜토리얼 여부가 체크 리스트에 있어 억지로 만드는 경우가 생깁니다. 이는 해당 플랫폼 및 각 회사의 정책이니 뭐라고 할 수는 없지만 아쉬운 부분이 아닐 수 없습니다. 튜토리얼이 필요 없는 경우는 다음의 두 가지입니다.

게임 방법이 누가 봐도 명확할 때

테트리스라는 게임이 그렇습니다. 별다른 설명이 없어도 금방 익숙해져서 플레이하게 됩니다. 이런 게임에는 튜토리얼이 오히려 방해가 될 수 있습니다.

타깃 게이머층이 이미 게임 방법을 알고 있을 때

예를 들어 비행기 슈팅 게임이나 레이싱 게임의 플레이 패턴은 기존 게임에서 크게 벗어나지 않습니다. 슈팅 게임이라면 상하좌우로 움직이며 총알을 발사해 적을 격파하면 됩니다. 적의 탄환을 잘 피해 다

◆　플랫폼 홀더 : 플랫폼을 운영하는 회사. 구글, 애플, 소니, 마이크로소프트 등

튜토리얼이 필요 없는 게임들

[스트라이커즈]　　　　　[테트리스]　　　　　[아스팔트]

녀야 하고 위기 상황에서는 화면 전체를 공격하는 폭탄을 사용합니다. 레이싱 게임이라면? 액셀과 브레이크가 있을 것이고 방향을 조절할 수 있을 것입니다. 상대보다 빨리 골인 지점에 도달하면 됩니다. 이런 부분들 또한 게임 장르의 규칙이나 문법이라고 할 수 있습니다. 간혹 이 방식에서 벗어나거나 기존 방식을 비트는 경우도 있기는 하지만, 튜토리얼은 이렇게 다른 경우에만 사용하는 것으로도 충분합니다. 이미 알고 있는 내용인데 다시 설명을 들어야 한다면 게이머 입장에서는 짜증 나는 일일 수 있으니까요.

만약 튜토리얼이 필요한 게임이라면 한꺼번에 설명하기보다는 게임을 진행하면서 순차적으로 학습시키는 편이 바람직합니다. 잘 만들어진 게임은 진행할수록 게이머가 할 수 있는 일이 늘어납니다. 어떤 순간에는 새로운 스킬을 익힐 것이고 새로운 아이템을 얻거나 캐릭터가 추가될 수도 있습니다. 대작 게임 중에는 이런 요소들이 튜토리얼과 엮이면서 게임의 중반 정도를 진행해야 온전히 즐길 수 있는 경우도 있습니다. 급하게 모든 것을 가르치려 하기보다 처음에는 기본만을 알려주고 게임을 진행하면서 하나씩 추가하는 것이 게이머 입장에서도 스트레스가 적고 자연스럽게 몰입할 수 있습니다.

정리하자면 튜토리얼은 초기 게이머를 붙잡아두는 역할을 하지만, 과할 경우 지쳐서 게임을 그만두게 할 수도 있습니다. 결국 튜토리얼은 적당히 흥미를 느끼는 수준에서 조금씩 더해가는 것이 바람직합니다. 게이머마다 성향이 다르므로 이 수준을 파악하는 것이 쉬운 일은 아닙니다. 그렇다면 어떻게 해야 할까요? 게임을 즐기게 될 타깃을 명확히 한다면 조금은 수월할 것입니다. 튜토리얼 기획은 항상 게임의 타깃을 기준으로 해야 합니다.

게임을 잘한다는 것의 의미

게임을 하는 사람들은 '잘한다'라거나 '못한다'는 말을 들을 때가 있습니다. 프로게이머처럼 게임을 특별히 잘하는 직업군도 있습니다. 그렇다면 '게임을 잘한다'는 것은 어떤 의미일까요?

사람에 따라 의미가 다를 수는 있지만 대개는 '게임의 규칙과 조작에 능숙한 사람'을 의미합니다. 이는 게임을 반복하면서 얻게 되는 학습 요소입니다. 반복해서 게임을 하다 보면 처음에는 모르던 요소를 하나하나 알게 되고 일부 요소는 자연스럽게 암기가 됩니다. 또한 반복 플레이를 하다 보면 조작에도 익숙해집니다. 분석형 플레이를 하는 사람들은 게임을 해나가면서 정보를 얻고 게임 세계의 지식을 쌓아갑니다. 정보의 목적 역시 게임을 보다 효율적으로 하기 위함이므로 주위에서 볼 때는 게임을 잘하는 것으로 보입니다.

결국 반복되는 게임 플레이는 사용자에게 학습 효과를 준다고 볼 수 있습니다. 여기에 재미있는 사실이 있습니다. 보통 '학습'이라고 하면 제일 먼저 떠오르는 것이 '공부'입니다. 공부에 흥미와 재미를 느끼는 사람도 있지만, 많은 사람이 공부를 기피하고 싫어합니다. 그렇다면 게임과 공부의 차이는 무엇일까요? 여러 가지 답변이 나올 수 있겠지만 저는 자의성과 타의성에 관한 이야기를 하고 싶습니다.

게임은 대부분 강요되지 않습니다. 하지만 공부는 반드시 해야 하는 것으로 강요되지요. 세상에는 셀 수 없을 만큼 많은 게임이 존재합니다. 그중 어떤 게임을 할지 선택하는 것 또한 자유의지입니다. 친구들이 하기 때문에 혹은 다른 이유로 하는 경우도 있지만 하지 않는다고 해서 비난받거나 창피를 당하지는 않습니다. 반면 공부는 어떤가요?

어릴 적부터 공부를 안 하면 큰일 날 것처럼 교육을 받고 학교에서는 시험 성적으로 존재를 평가받습니다. 점수는 틀린 점수를 기준으로 발표합니다. '20문제 중 12개를 맞았으니 60점'이 아니라 '8개를 틀렸으니 40점을 감점해서 60점'이 되는 것이지요. 그뿐만 아니라 성적 1등은 한 사람만 차지할 수 있습니다. 이런 사회 구조에서라면 공부는 잘하는 사람보다 못하는 사람이 훨씬 많을 수밖에 없습니다. 고백하자면 저도 중고등학교 시절에는 성적이 심각하게 나빴습니다. 대학에 들어가서야 공부의 재미를 알게 되었죠. 대학은 내가 가고 싶은 학과를 선택했고 내가 듣고 싶은 과목을 신청해 들었습니다. 스스로 선택한 공부를 하게 되니 재미있더군요. 물론 대학에 가서도 공부보다 노는 것이 더 즐거운 사람도 있고 공부에 끝까지 흥미를 느끼지 못할 수도 있습니다. 하지만 이것은 본인의 자유의지로 선택한 것입니다.

게임을 하는 사람은 수많은 게임 중 하나를 스스로 선택해서 플레이합니다. 그 와중에 흥미를 느끼면 게임에 몰입합니다. 여기에서 학습이 시작됩니다. 따라서 게임의 학습 요소는 항상 스스로 선택할 수 있어야 합니다. '여기에서는 무조건 이 버튼을 눌러야 해!'보다는 '네가 원하는 어떤 버튼을 눌러도 괜찮아!'가 되어야 하는 것이죠. 물론 어떤 버튼을 누르는지에 따라 결과가 달라질 것입니다. 하지만 사용자들은 더 좋은 결과를 얻기 위해 기꺼이 이 상황에 필요한 버튼이 무엇인지 학습할 것입니다. 중요한 것은 자유의지입니다. 스스로 이 게임을 좀 더 알고 싶게 하는 것. 그래서 여러 시도를 해볼 수 있게 하는 것이 중요합니다.

요즘에는 학습을 위해 게이머가 할 수 있는 시도가 생겨나고 있습니다. 영상이나 공략을 보는 형태가 그중 하나입니다. 이런 부분까지 감안해서 학습 요소를 기획하는 것이 좋습니다. 특히 정답이 명확한 퀴즈 형태의 게임이나 퍼즐은 누구나 쉽게 답안지를 찾을 수 있는 세상입니다. 이 또한 시대의 흐름이고 이를 통해 사라지는 장르도 생겨나고 있습니다. 그러므로 시대에 맞는 학습 방법을 게임에 어떻게 녹여낼지 생각해봅시다. 첨언하자면 2020년 무렵에는 랜덤성이 중요한 로그라이트 장르의 게임이 크게 유행했습니다. 지금은 또 트렌드가 달라지고 있지만 저는 로그라이트의 유행을 보며 이것이 학습의 재미를 살리기 위한 하나의 방법이 아니었나 하는 생각해보곤 합니다.

스키너의 상자와 행동 강화

행동 심리학은 게임 기획을 하는 데 있어서 제가 가장 권하는 학문입니다. 지금까지 말한 행동 유도나 동기부여, 피드백의 자극 등이 모두 포함된 학문이지요. 행동 심리학에서 가장 유명한 것은 '파블로프의 개' 실험입니다. 종을 치고 먹이를 주는 것을 반복하다 보면 나중에는 종을 치기만 해도 입에 침이 고이는 것을 발견한 실험이지요.

파블로프의 개가 조건 반사에 가깝다면 스키너의 상자는 행동 강화에 대한 실험과 이론입니다. 여기에 조작적 조건 형성이라는 것도 포함됩니다. 간단히 설명하면 이렇습니다. 상자 안에 쥐를 넣고 지렛대를 설치합니다. 이것을 누를 때마다 먹이가 떨어집니다. 지렛대를 누르는 행위에 의미가 부여되자 쥐는 반복해서 몇 번이고 누릅니다. 이것이 행동 강화입니다. 그렇게 계속 누르다 보면 어느 순간 배가 부릅니다. 배가 부른 쥐는 지렛대 누르기를 멈춥니다. 그리고 배가 다시 고파지면 누르지요. 이것이 조작적 조건 형성입니다. 물론 쥐의 행동을 인간의 행동과 비교하기에는 부족한 부분이 많습니다. 하지만 게임 전체가 아닌 게임 속 하나의 시스템이나 오브젝트에 한정하면 의미가 있습니다.

예를 들어 [슈퍼 마리오]에는 점프해서 닿을 때마다 코인을 주는 벽돌이 있습니다. 하지만 첫 코인을 얻고 일정 시간이 지나면 더 이상 코인을 주지 않습니다. 게이머는 시간 안에 최대한 많은 코인을 얻기 위해 제자리 점프를 반복합니다. 게임 기획자는 그 타이밍에 맞추어 몬스터를 배치합니다. 코인을 많이 얻으려고 제자리 점프를 반복하고 있으면 몬스터가 점점 다가옵니다. 이런 방식으로 몬스터에게 죽는 경험을 반복하면 그다음에는 코인을 많이 주는 벽돌을 만나도 경계하게 됩니다. 내가 현재 필요한 코인의 개수가 위험을 감수할 만큼의 가치가 있는지를 판단하게 되겠지요. 이처럼 게임 기획자는 게이머의 단기 행동을 강화하거나 이를 활용해서 게이머의 사고 조건을 형성시킬 수 있습니다. 게임 속의 모든 요소는 아무렇게 배치되지 않습니다. 이런 부분을 깊이 디자인할수록 게임은 조금 더 재미있고 의미 있는 형태가 됩니다.

예측을 유도하라

게임을 잘한다는 의미가 반복 학습을 통한 조작 등에 관한 것임을 설명했습니다. 하지만 이것만으로는 게임을 잘한다고 말하기 어렵습니다. 조작의 익숙함을 기반으로 한 가지가 더 필요한데, 바로 '예측'입니다. 고전 슈팅 게임을 잘하는 사람들의 이야기를 들어보면 종종 암기했다는 이야기를 듣습니다. 어느 타이밍에 어느 위치에서 적이 나오는지를 안다면 당연히 쉽게 플레이할 수 있으니까요. 숨겨진 아이템의 위치를 알고 있어도 마찬가지죠. 이렇게 암기한 내용은 바꿔 말하면 100%의 예측으로 볼 수 있습니다. 완벽한 100%의 예측은 게임을 잘하게 할 수는 있지만 재미를 주지는 못합니다. 그런데도 이런 플레이를 시도하는 것은 게임을 잘하게 된다는 쾌감이 있기 때문입니다. 아케이드 게임 센터에서는 이런 암기형 플레이를 남에게 보여주는 형태로 리듬 게임이 발달하기도 했습니다.

자, 여기서 극단적인 반대 상황을 가정해봅시다. 0%의 예측입니다. 아무것도 알지 못하는 상황입니다. 어떤 느낌인가요? 아마 둘 중 하나일 것입니다. 모르는 만큼 설레거나 모르기 때문에 불안하거나.

예측은 미래에 대한 것입니다. 지금 당장 HP가 부족한데 조금만 더 가면 회복약을 얻을 수 있다는 희망적인 예측도 있습니다. 하지만 똑같은 상황에서 바로 다음 방에 강력한 보스 몬스터가 등장할지도 모른다는 절망적인 예측도 있습니다. 게이머는 게임을 진행하며 자신이 예측한 상황을 경험하게 됩니다. 게임을 진행하는 동안 게이머는 항상 이 패턴을 반복합니다. 예측하고 확인하고 피드백을 받고 다시 예측하고 확인하고 피드백을 받고. 완벽하게 암기된 형태의 게임에서는 이런 예측이 없습니다. 그래서 요즘 같은 시대에는 조작의 난도와 함께 엮어 남에게 과시하는 형태로만 나오게 됩니다.

아무튼 게이머의 행동 패턴이 반복된다는 점은 게임 기획자에게는 좋은 소스가 될 수 있습니다. 이 예측하는 부분에 무엇을 넣을지에 따라 게이머의 감정이 크게 달라지니까요. 게임 시스템이나 몬스터 숫자, 스테이지 크기, 아이템의 개수와 효과 등 다양한 요소가 영향을 받게 됩니다.

게임 기획자는 게이머가 어떤 생각을 하고 무엇을 위해 행동하는지를 늘 관찰해야 합니다. 그리고 가장 재미를 느낄 수 있는 형태대로 움직일 수 있게 유도해야 하지요. 그것이 예측을 기획하는 방법입니다.

예측 기획 예시

이 게임은 몬스터와 싸울 때 속성이 맞아야 이길 수 있습니다.

적의 속성은 불, 물, 바람입니다. 불은 물로, 물은 바람으로, 바람은 불로 이길 수 있습니다. 몬스터가 들어있는 던전의 문 앞에 게이머가 서 있습니다. 게이머는 예측합니다. '몬스터의 속성은 불 또는 물 또는 바람일 것이다.' 여기에 예측이 더해집니다. '조금 전에 불 몬스터가 나왔으니 이번에도 불 몬스터일 것 같다.' 혹은 '이번에는 배경이 달라졌으니 불이 아닌 다른 몬스터일 것 같다.' 게이머는 자신이 예측한 몬스터에 맞는 속성을 준비합니다.

위의 예시에서는 몬스터 속성을 세 개로 분류했습니다. 이 정도면 게이머의 예측도 크게 무리가 없는 수준입니다. 이것을 극단적으로 높여봅시다. 몬스터 속성이 100개이고 속성에 맞는 공격으로만 쓰러뜨릴 수 있습니다. 이 상태로 위와 같은 상황이 된다면 게이머는 예측을 할까요? 아니면 운에 맡길까요? 가벼운 예측은 게이머에게 즐거움을 주고 그 예측이 맞거나 틀렸을 때의 자극 또한 게임에 긍정적으로 작용할 수 있지만 그렇지 않은 경우 그 반대로 작용할 것입니다.

앞선 예시는 몬스터 속성이었지만, 한정된 인벤토리에 아이템을 준비할 때도 어느 아이템이 필요한지 예측할 수 있습니다. 또 상황마다 짧은 예측을 시키는 게임도 있습니다. 바로 격투 게임입니다. 매 순간 상대 캐릭터의 움직임을 예측하며 그에 맞게 행동해야 합니다. 반면 예측이 거의 들어가지 않는 게임도 있습니다. 이를 잘 모르겠다면 게임을 직접 플레이하면서 자신이 어떤 예측을 하고 있는지 적어보기를 바랍니다. 저는 게임을 기획할 때 게이머의 예측 순서와 거기에서 기인한 예상 행동들을 먼저 구성합니다. 그리고 그 기준에 맞추어 여러 콘텐츠를 배치합니다. 이해를 돕기 위해 벙커라이프의 인지/예측 기획 기준표를 가져왔습니다. 여러분도 시도해볼 만한 방법일 것입니다.

벙커라이프의 인지/예측 기획 기준표

시간	인지요소	인지범위	인지 목표	예측
3분	카드 UI	기본카드 10장 내외	카드의 구성	보유한 카드의 효과들을 예상
5분	생존 자원	식량과 물	생존에 필수인 식량과 물이 매 턴 감소	식량과 물을 확보하는 플레이가 될 것
7분	카드 사용	보유한 기본 카드	카드를 사용해서 효과를 받음	카드를 누구에게 사용해야 좋을까?
10분	카드 획득	최초 탐사 1회	지역을 탐사해서 카드를 획득한다.	새로운 카드를 탐사를 통해 획득
12분	카드 능력	새로 획득한 카드들	아직 모르는 카드가 많음	더 좋은 카드가 있을 것 같다.
15분	지역 선택	주변 탐사 지역 4군데	지역에 따라서 다른 카드를 획득	지역에 따라서 다른 카드가 나옴
20분	카드 획득	지역 별 획득 카드	카드 획득 전략	이 지역에서는 이 카드가 나오겠지?
25분	이벤트	돌발 이벤트	탐사, 벙커, 맵에서 돌발 이벤트 발생	어떤 이벤트가 나올까?
28분	상태이상	캐릭터 1인의 상태 이상	질병, 상처, 우울 등 다양한 상태 이상	정신, 청결, 체력은 어떻게 관리할까?
30분	탑승물	차량 4종 중 1종 이상	차량 획득 시 탐사 지역 확장	훨씬 다양한 지역을 탐사할 수 있겠다.
35분	설치물	설치물 중 1종 이상	벙커 안에 가구류 설치 가능	지속 효과를 받는 도구들이 존재한다.
38분	성격	캐릭터별 숨겨진 성격	다양한 성격의 발동	어떤 성격일까? 어떻게 알 수 있을까?

예측이 꼭 어려운 것만은 아닙니다. 예를 들어 게임을 처음 시작했는데 주인공이 점프를 할 수 있다면 점프로 올라가야 하는 지형이 나올 거로 예측할 수 있습니다. 게임을 시작했는데 주인공의 HP가 하트 3으로 표시된다면 세 번까지는 맞아도 죽지 않는다고 예측할 수 있죠. 이런 가벼운 예측부터 복잡한 예측까지 게임에는 다양한 형태로 예측이 들어가며 이는 기획자가 설계해야 할 가장 큰 부분입니다.

운과 실력 - 불확정 요소로 더해지는 재미

게임을 잘한다는 것은 결국 반복 학습에 의해 이루어진다는 것을 설명했습니다. 다만 게임은 단순하게 실력만으로 정복되어서는 곤란합니다. 물론 100% 실력만으로 정해지는 게임도 있기는 합니다. 대개는 암기를 요구하는 형태의 게임이고 아케이드 게임 센터에 있는 리듬 게임도 이 중 하나입니다. 이런 게임들은 다른 사람에게 과시함으로써 만족감과 자극을 높입니다. 이를 지켜본 게이머들은 노력하면 저 정도는 할 수 있겠다고 생각하지요. 난도가 엄두가 나지 않을 만큼 높지만 않다면 말입니다(난도가 너무 높아 보이는 게임이 실력만으로 이루어지고 있다면 그만큼 포기하는 사람도 많을 것입니다). 여기에 중요한 포인트가 있습니다. 게임을 포기하려는 사람에게 희망을 주려면 무엇이 필요할까요? 바로 '운'입니다.

많은 게임에서 게이머의 '학습된 실력'과 더불어 '운'의 요소를 추가합니다. 이를 통해 실력이 부족한 게이머도 도전할 의미가 생기고 실력이 좋은 게이머도 실패하는 확률이 생깁니다. 운의 비율이 어느 정도가 될지는 게임에 따라 다르며 이 비율에 따라 게임의 타깃층이 극명하게 갈라질 수 있습니다.

'운'이 극대화된 것이 경쟁형 온라인 게임과 가챠 게임*입니다. 경쟁형 온라인 게임에서 난도를 결정하는 것은 대전 상대입니다. 게임을 잘하는 사람과 다른 팀이 되면 난도가 올라가지만, 한 팀이 되면 난도가 내려가겠죠. 반대로 게임을 못 하는 사람과 한 팀이라면 난도가 올라가지만 다른 팀이 되면 난도가 낮아질 것입니다. 초기의 온라인 대전 게임은 이러한 운의 요소가 강했습니다. 하지만 이를 통해 초보 게이머들이 게임에 점점 들어오지 않게 되자 초보끼리 매칭하는 시스템을 만들었고, 현재는 비슷한 수준의 게이머끼리 매칭하는 형태로 발전했습니다. 하지만 여전히 어떤 사람을 만나게 될지는 운이 작용합니다. 최근의 게임들은 예전처럼 극단적으로 매칭하지는 않고 사용하는 캐릭터 사이의 조합 요소 등을 넣어 운이 작용하게 하고 있습니다.

가챠 게임은 조금 더 이해하기 쉽습니다. 돈을 내고 뽑기를 하는 것을 가챠라고 하는데요, 좋은 아이템이나 좋은 캐릭터가 나오면 게임이 쉬워질 것이고, 가격에 비해 좋지 않은 것을 뽑게 되면 그렇지 않을 것입니다.**

운은 게임 콘셉트나 장르에 있어서만 의미가 있는 것이 아닙니다.

◆ 　경쟁형 온라인 게임은 다른 사람들과 온라인으로 경쟁하는 게임으로 [LOL], [배틀그라운드] 등이 있다. 가챠 게임은 뽑기를 중심으로 구성된 게임으로 [퍼즐 앤 드래곤], [페이트 그랜드 오더] 등이 있다.

◆ ◆ 　가챠가 난도에만 작용하지는 않는다. 게임 콘셉트에 따라 다양하게 작용하기 때문에 여기서 모두 다룰 수는 없지만 각 게임의 핵심 가치가 무엇인지 생각해보는 것이 좋다.

세부 게임 시스템에도 의미를 부여합니다. 일례로 게임 중에 등장하는 적이나 탄환의 패턴은 일부 랜덤성을 부여합니다. 모두가 랜덤인 경우도 있고 아예 랜덤이 없는 경우도 있습니다. 다만 이러한 운의 요소가 어느 수준인지에 따라 게임을 플레이하는 사용자의 느낌이 상당히 달라질 수 있습니다. 게임에서 패턴이란 게임 속에 지정된 움직임을 말하는데요, 어떤 게임이라도 패턴을 파악하면 쉬워집니다. 하지만 여기에서의 변수가 운입니다. 예상하고 학습했던 것과 다른 패턴이 나오는 순간 게임은 암기가 아닌 게이머의 순발력을 요구합니다. 랜덤 요소가 많아서 패턴을 파악하기 힘든 게임은 그만큼 어렵게 느껴지지요.

이처럼 게임 속 운의 요소는 게임을 어렵게 만들기도 하고 쉽게 만들기도 합니다. 이에 대해 더 자세히 알아볼 수 있는 것이 아케이드 게임 센터용 게임의 '컨티뉴(이어 하기)'입니다. 아케이드 게임은 게이머를 평균 3~5분 정도 붙잡아 둡니다. 그보다 게임이 빨리 끝나면 돈이 아깝다고 느끼고 그 이상 게임을 하게 되면 게임 센터 입장에서 손해가 될 수 있기 때문입니다. 게임은 점점 어려워지다가 3~5분 사이에 게임이 끝날 수준으로 난도가 높아집니다. 이때 게임 센터가 조금 더 수익을 얻으려면 어떻게 해야 할까요? 동전을 넣고 게임을 이어 하도록 하는 겁니다. 이미 높아진 난도에서 게임을 계속하기 때문에 이전보다는 게임이 빨리 끝날 가능성이 높습니다. 이를 위해 고전 아케이드 게임은 컨티뉴를 위한 다양한 연출을 추가했습니다. 이후 내용이 궁금하게 만들기도 하고 카운트다운을 넣기도 했습니다. 심지어 카운트다운 상황에서 주인공 앞에 폭탄을 둠으로써 추가로 동전을 넣어야 주인공이 죽지 않는다는 무언의 협박(?)을 하기도 했지요.

[파이널 파이트] 게임 오버 화면

처음에는 먹히던 이런 노력은 시간이 갈수록 의미가 없어졌습니다. 게이머들은 이제 동전을 추가로 넣어도 어려워진 게임을 감당할 수 없다고 생각하기 시작했습니다. 격투 게임이 한참 꽃피던 시절, 일본의 어느 게임사는 여기에 가챠의 요소를 추가했습니다. 동전을 넣으면 컨티뉴 보너스라는 것이 더해지는데, 보너스 중 어떤 것이 될지는 랜덤이었습니다. 적의 HP가 줄어들 수도 있고, 나의 게이지를 MAX로 한 채게임을 시작할 수도 있었습니다. 동전으로 운을 사는 요소를 넣은 것이지요. 현재는 이 시스템에서 한발 더 나아가 운이 아닌 보너스를 사는 개념이 되어버렸지만 당시에는 참신하고 놀라운 발상이었습니다.

반복 학습의 힘! 대마계촌

초등학생 시절, 정말 좋아했지만 너무 어려워 중도에 포기했던 게임이 있습니다. 한 대 맞으면 속옷 차림이 되는 야한 게임입니다. 게임을 시작하면 벌거벗은 수염 기른 남자가 공주와 들판에 앉아서 노닥거리고 있습니다. 그때 붉은색 마귀가 나타나서 공주를 채어가고 남자는 갑옷을 입고 공주를 구하기 위해 달려갑니다. 캡콤의 명작인 [마계촌]입니다. 주인공보다 다양한 몬스터들이 인기가 많았던 독특한 게임이었죠.

[대마계촌]

플레이하면서 새로운 적을 만나면 여러 번의 도전을 통해 극복하고 또 새로운 적이 나타나면 죽게 되는 일이 반복되었습니다. 결국 수없이 많은 반복으로 차근차근 학습해야 끝을 볼 수 있는 전형적인 고난도 게임. 이렇게만 말하면 그저 그 시절에 있던 수많은 게임 중 하나라고 생각할 수도 있을 것입니다. 하지만 이 게임에는 또 하나의 함정이 있습니다.

사실 [마계촌]은 어린 나이의 실력으로는 클리어할 수 없는 고난도의 게임입니다. 어려운 게임들을 클리어하면서 친구들 사이에서 영웅이었던 제게도 [마계촌]만큼은 무리였습니다. 그렇게 포기하면서 이 게임은 제 기억에서도 서서히 잊혔습니다. 중학생이 된 뒤 메가드라이브라는 기기를 통해 후속작인 [대마계촌]을 접하게 되기까지는요.

중2병 덕분이었는지 근성이 더 붙어서인지 잘 모르겠지만 수없이 많은 도전 끝에 결국 마지막 스테이지에 도달했습니다. 그리고 드디어 마왕의 방에 들어서서 공주를 구하려는 비장한 각오를 했지요. 그때 들려오는 한마디.

"대마왕은 사이코 캐논이 아니면 물리칠 수 없어."

그 한마디를 남긴 채 게임은 저를 다시 첫 스테이지로 돌려보냈습니다. 엄청난 좌절감이 몰아쳤습니다.

'얼마나 힘들게 마지막 스테이지에 도달했는데 남은 목숨도 몇 개 없는데 다시 1스테이지라니…'

스테이지를 시작함과 동시에 사이코 캐논이라는 무기를 얻습니다. 들뜨긴 했지만 문제는 또 있었습니다. 무기의 성능이 최악이었던 것. 안 그래도 어려운 게임인데 무기까지 안 좋은 것을 들고 대마왕의 방까지 다시 가는 것은 엄두가 나지 않았습니다. 바로 무기를 단검으로 바꾸고 플레이를 재개했습니다. 진행하다가 사이코 캐논을 다시 얻으면 된다는 생각이었죠. 하지만 1스테이지 이후 그 어디에서도 사이코 캐논은 나오지 않았습니다. 결국 마왕의 방문 앞까지 갔다가 또다시 1스테이지로 튕겨 나왔습니다. 어쩔 수 없다는 생각에 이번에는 사이코 캐논으로 플레이했습니다. 그리고 놀랍게도 라이프◆ 하나만으로 마왕에게 도달할 수 있었습니다. 이 어려운 게임의 전 스테이지를 이미

◆　　　라이프 : 실패할 때마다 하나씩 줄어들고 모두 소진되면 게임이 종료된다. 이른바 '목숨'으로 부르기도 한다.

세 바퀴나 돌고 온 상황. 겁 없이 마왕에게 도전했지만 결과는 참패. 억울하고 화가 나서 한동안은 [대마계촌]을 거들떠보지도 않았습니다.

화가 어느 정도 가라앉아서일까? 며칠이 지나고 다시 [대마계촌]을 시작했습니다. 그런데 신기한 일이 벌어졌습니다. 몸이 기억하고 있었던 것인지 크레디트◆를 한 개만 쓰고 마지막 스테이지에 도착한 것입니다. 그리고 사이코 캐논을 찾으려 다시 1스테이지부터 마왕의 방까지 진행. 두 바퀴를 돌아 생각보다 싱겁게 [대마계촌]의 엔딩을 볼 수 있었습니다.

이 순간의 기억은 굉장히 각별합니다. 수없이 죽고 반복하고 학습했던 게임이 어느새 쉬워지고 흥미로워진 것이지요. 문득 생각이 나서 패미콤의 [마계촌1]을 다시 시도했습니다. 어릴 때 기억하던 것보다 훨씬 쉽게 진행할 수 있었습니다. 덕분에 전 [마계촌]에 이어서 슈퍼 패미콤으로 발매된 [초마계촌]까지 연달아 클리어했습니다. 그리고 이때 이후로 어려움에 대한 두려움이 사라졌습니다.

'어려우면 반복하면 된다. 외우고 학습하면 된다. 결국 근성일 뿐이다.'

반복하다 보면 머리와 몸이 기억하면서 점점 체감 난도가 낮아진다는 것. 그러다 보면 남들은 어렵다고 손대지 못하는 것의 끝을 볼 수 있다는 것. 이렇게 한 가지 일의 끝을 보고 나니 자신감이 붙어 비슷한 다른 일에도 겁 없이 달려들 수 있게 되었고 다양한 도전을 할 수 있게 되었습니다. 이것이 게임을 통해 체험했던 반복 학습의 힘입니다.

◆　　크레디트 : 아케이드에서 파생된 단어로 기계에 들어간 동전의 개수를 의미했다. 동전을 사용하지 않는 가정용 게임에서는 이어 하기 회수를 표시하는 용어로 사용된다.

Lesson 9

체험의 게임 기획

게이머에게 주체성 부여하기

게임이 다른 콘텐츠와 가장 다른 점은 능동적으로 참여한다는 것입니다. 영화나 애니메이션 등의 영상 콘텐츠는 수동적으로 보는 것이라서 '감상한다'고 표현합니다. 음악을 듣거나 책을 읽는 것도 마찬가지입니다. 하지만 게임은 그렇지 않습니다. 본인이 직접 게임 속의 캐릭터나 오브젝트를 조작하지 않으면 아무것도 이루어지지 않습니다. 그래서 게임 기획자는 끊임없이 행동을 유도하고 그 행동에 대한 피드백을 기획해야 합니다.

여기에서 주의할 점이 있습니다. 게이머가 게임이나 게임 기획자의 의도에 끌려가는 느낌을 받게 해서는 안 된다는 점입니다. 정해진 스토리대로 흘러가더라도 내가 직접 선택한다는 느낌이 필요합니다. 게임의 여러 장르 중 감상 콘텐츠에 가까운 비주얼노블*조차 선택지를 제공하고 그에 따라 스토리가 달라지는 것으로 게이머가 주체적으로 참여하고 있다고 느끼게 합니다. 이처럼 단순한 형태로라도 게이머에게 정해진 대로 플레이하는 것이 아니라 자유롭게 플레이하는 느낌을 주는 것이 좋습니다.

여기에서의 팁을 주자면 제약의 강도입니다. 제약이 강할수록 강요받는 느낌을 받기 때문에 갑갑한 게임이 될 수 있습니다. 예를 들어 네 방향 이동할 수 있는 게임이 있다면 당연히 네 방향으로 이동하는 게임이 주체적이겠지요. 게임을 하다 보면 의미 없어 보이는 요소들이 눈에 띄는 경우가 있습니다. 분위기나 콘셉트를 살리기 위한 부분도 있지만 때로는 주체성을 주기 위한 부분이기도 합니다. 또 게임을 하다 보면 아무것도 없는 막힌 골목에 도달하는 경우가 있습니다. 역시 쓸데없어 보이지만 게이머가 스토리를 진행하다가 스스로 선택해서 샛길로 빠졌고 막힌 골목을 발견했다는 주체적인 행동을 위한 장치일 수 있습니다. 게임 기획자가 아니라면 이런 부분을 비효율적인 리소스 낭비로 판단할 수 있습니다. 어디까지가 주체성을 느끼게 하는 요소인지 고민해보기 바랍니다.

◆　　비주얼노블 : 화면의 캐릭터 등 그래픽을 보며 소설을 읽듯 플레이하는 게임 장르

행동의 자유, 역할의 자유

일반적으로 자유도가 높은 게임이라고 칭해지는 게임이 있습니다. 배를 만들거나 집을 짓고 스테이지를 변형시키기도 하고 지나가는 자동차를 세워 빼앗거나 굉장히 넓은 오픈 월드를 스토리와 무관하게 돌아다니는 등 생각해보면 할 수 있는 일이 많은 게임입니다. 게이머들은 선택지가 늘어나면 자유도가 높아진다고 착각합니다. '이 퀘스트를 할까? 말까?'의 선택과 '수십 개의 퀘스트 중에서 어떤 퀘스트를 할까?'를 생각해보면 당연히 후자의 자유도가 높습니다. 하지만 이는 행동의 가짓수가 많고 선택이 다양해지는 '행동의 자유'일 뿐입니다.

'역할의 자유'는 게이머들이 스스로 옭아매는 부분입니다. 게다가 게임 기획자도 이것을 인지하지 못하는 경우가 많습니다. 즉 역할의 자유가 있다는 것조차 모르거나 혹은 고정관념처럼 박혀 있는 것이죠. 예를 들어 보겠습니다.

예 1

TRPG를 할 때의 경험입니다. 파티원들이 모여 있고 촌장이 말합니다.
"우리 마을의 아이들이 괴물에게 잡아갔네. 구해주게."
이때 게이머들에게 '구원자'라는 역할이 지정된 것입니다. 그런데 그 누구도 이 사실에 대해 의문을 품지 않습니다. 이때 저는 실험 삼아 다른 행동을 해보았습니다. 당시 비열한 성격의 음유시인 캐릭터를 담당했던 저는 마법의 자장가를 불렀습니다. 동료들과 촌장, 마을 사람들 모두를 재워버렸습니다. 그리고 마을과 파티원들의 돈을 훔쳐 달아났습니

다. 더 이상 저는 '구원자'라는 역할에 속하지 않게 되었지요. 그러자 다른 플레이어들이 저에게 화를 냈습니다. 저는 제 캐릭터에 맞게 행동했을 뿐인데 말입니다.

예 2

MMORPG◆를 하면서 동료들과 함께 던전을 돌 때였습니다. 저는 당시 도적이었기에 은신해서 지나가 버릴 수도 있었지만 파티원이라는 역할 때문에 느릿느릿 조금씩 몬스터를 쓰러뜨리며 진행했습니다. 은신해서 퀘스트 아이템을 가져오면 쉽게 끝날 것을 모두와 함께 이동하느라 데미지 딜러◆◆ 역할을 해야 했던 것입니다. 게임이 끝나고 던전 플레이에 대한 토론이 이루어졌지만 누구도 파티원의 역할에 대해 의구심을 갖지 않기에 제가 물었습니다.

"이렇게 하는 것이 재미있습니까?"

그때 들은 답변은 이랬습니다.

"원래 파티 플레이는 이렇게 하는 겁니다."

여기에서 '원래'를 정한 것은 게임 기획자가 아닐 겁니다. 어느 정도 의도하거나 유도했을 수는 있지만 이것을 정한 것은 게이머들이고 스스로 정한 규칙에 얽매이게 된 것이죠. 그 점이 가장 확연하게 나타나는 것이 바로 캐릭터의 능력치입니다. 레벨이 오를 때 능력치를 찍는 형태의 게임을 할 때 가장 많이 듣는 말이 "저는 ○○ 직업인데 어떤

◆   MMORPG : 온라인으로 여러 사람이 함께 즐기는 RPG
◆◆   데미지 딜러 : 여럿이 함께하는 게임에서 적을 공격해 데미지를 주는 것을 주로 하는 맴버

능력치부터 찍어야 되나요?"였습니다. 어떤 능력치를 찍든 기본 역할이 바뀌는 않습니다. 단지 그 안에서 작은 차이가 생길 뿐이죠. 생각하기에 따라서 이는 캐릭터의 개성이 될 수도 있습니다. 하지만 게이머들은 그것을 거부합니다. 그리고 스스로 규칙을 만들어 속박합니다. 규칙에서 어긋나면? "잘못 키우셨네요."라는 말을 서슴없이 합니다.

그렇다면 이런 역할의 자유는 왜 없는 걸까요? 어려운 퀘스트를 마치고 보상을 받기 전 게이머 중 하나가 배신자가 되어 동료를 몰살시키고 보상을 독점하거나, 힐러 직업을 가진 게이머가 동료를 치료해줄 때마다 돈을 받거나, 고독한 검사가 되어 어려운 미션을 혼자 클리어하는 등의 다양한 역할들 말입니다.

첫 번째의 경우는 한 사람 때문에 여러 사람이 피해를 보므로 게임 기획자라면 당연히 막아야 할 것입니다. 두 번째의 경우는 무료로 치료해주는 다른 힐러를 찾으면 되므로 이런 역할을 연기하는 게이머는 동료를 찾기가 힘들 것입니다. 마지막 경우는 파티(party)가 아니면 거의 클리어하지 못하는 경우가 많으니 힘들 것입니다.

결국 역할의 자유를 누리지 못하는 것은 룰을 파괴함으로써 타인이나 자신에게 부차적인 피해를 주기 때문입니다. 왜 역할의 자유를 주지 못하는지 생각해보는 것과 그냥 당연한 사실로 받아들이는 것은 다릅니다. 일반적으로 게임에서 말하는 자유는 '행동의 자유'뿐입니다. 역할의 자유는 시스템으로 구성하더라도 결국 게이머에게 외면받는 경우가 훨씬 많습니다. 특히 멀티 플레이가 이루어지는 게임일수록 더욱 그렇습니다. 물론 앞서 언급한 주체성을 위한 장치로써는 의미가 있겠지만 말이지요. 자유도에 관심이 많은 기획자라면 '내가 생각하는 자유도는 행동의 자유 이상인가?'를 생각해보길 바랍니다.

인벤토리는 왜 항상 부족할까?

인벤토리란 게임 안에서 얻는 아이템을 보관하는 가방이나 상자를 말합니다. 대부분의 게임은 이 안에 넣을 수 있는 아이템의 개수가 정해져 있습니다. 그리고 인벤토리가 있는 게임을 하는 사람들은 누구나 인벤토리 공간이 부족하다고 입을 모읍니다. 그 이유는 무엇일까요?

예상했겠지만 부족한 인벤토리는 당연히 게임 기획자의 의도입니다. 만약 인벤토리에 제약이 없다고 상상해봅시다. 어떤 일이 벌어질까요? 게이머들이 모든 아이템을 아무 제약 없이 담을 수 있다면 스트레스 없이 게임을 할 수 있을까요? 그렇지 않습니다. 오히려 게임은 더 어려워지거나 밋밋해질 것입니다.

인벤토리에 제약이 있기 때문에 게이머는 아이템에 대한 가치를 생각하게 됩니다. 공간이 부족할 때 먼저 버려야 할 아이템을 정하는 것이죠. 여기에는 해당 아이템의 능력치나 가격 같은 1차원적인 가치뿐 아니라 이를 얻기 위한 난도나 희소성, 기타 개인적인 플레이 스타일까지 각자마다 다른 판단 기준이 세워집니다. 이는 게임 기획자가 정해둔 아이템의 등급이나 가치와는 다를 수도 있고 상황에 따라 달라질 수도 있습니다.

즉 인벤토리에 제약이 없다면 게이머는 아이템의 중요도를 따질 것도 없이 쌓아둘 것입니다. 그러다가 가짓수가 너무 많아지면 보유한 아이템을 기억하지 못할 수도 있고 필요할 때 찾기 힘들 수도 있습니다. 아이템에 대한 게이머의 판단 가치는 사라지고 게임 기획자가 설정한 판단 기준만이 남겠죠. 이렇게 되면 주체성은 사라집니다. 정해진 답을 찾아야 하는 게임이 되어버리니까요.

이 외에도 인벤토리 제약은 게임의 재미를 위해서도 중요한 부분입니다. 전설적인 게임 개발자인 시드 마이어는 게임을 정의하면서 "흥미로운 선택의 연속"이라고 했습니다. 저도 이 말에 크게 공감하는데요, 인벤토리의 제약은 아이템 하나하나에 대한 선택을 던져줍니다. 인벤토리가 가득 찼을 때 어떤 아이템을 보존할지, 쓸모없어진 아이템은 버릴지 사용할지, 중요한 타이밍에 필요한 아이템을 획득하기 위해 인벤토리를 미리 비워둘지 말지, 게임에 따라서는 인벤토리를 확장하며 다른 것을 포기할지 말지의 여부를 선택하기도 합니다. 만약 인벤토리가 제약 없는 아이템 보관소라면 이런 흥미로운 선택 모두가 사라지겠죠.

결국 인벤토리의 제약은 게이머의 주체성과 게임의 재미, 아이템의 가치 판단과 밸런스 등 다양한 이유로 필요합니다. 물론 게임에 따라서는 인벤토리의 제약이 없는 경우도 있습니다만, 그런 게임들도 무언가 게임 기획과 연관된 이유가 있을 테니 한번 생각해보기 바랍니다.

보드게임에서의 주체성 발달

게임에서의 주체성은 시대에 따라 큰 차이를 보입니다만, 전반적으로는 점점 더 주체성이 강화되어가는 형태를 취하고 있습니다. 이는 온라인 게임에서도 확인할 수 있지만 보드게임에서 더욱 명확하게 드러납니다.

조선 시대에 존재했던 게임인 [남승도 놀이]는 윤목이라고 불리는 주사위 같은 도구의 숫자에 따라 진행됩니다. [윷놀이]도 마찬가지입니다. 나온 숫자만큼 이동하는 단순한 게임으로 팀을 이루어 한다거나 잡아먹는 등의 규칙이 더해졌지요. 1970년대에 유행한 [뱀주사위 놀이]도 주사위를 굴려 나온 숫자로 진행하는 게임이었습니다. 1980년대에 들어서며 보드게임에 카드가 접목되기 시작했습니다. 이를 통해 카드 사용에 대한 주체성이 더해졌습니다. [모노폴리]나 [부루마블] 등에서 사용하는 가짜 화폐도 카드라고 볼 수 있지요.

1970년대 유행한
[뱀주사위 놀이]

오늘날 유행하는 [뱅]

이후 보드게임은 추리 게임인 [클루]나 개척 게임인 [카탄] 등을 통해 게이머 간의 대화나 합의 등의 요소를 더했습니다. 게임 규칙 이외에 사용자의 개성을 게임에 반영하기 시작한 것입니다. 게이머에게 역할을 부여하기도 하고 룰보다 게이머의 재치에 의존하는 게임도 나왔습니다. 지금으로부터 10~20년 전에 했던 보드게임을 다시 플레이해 보면 그 차이가 명확하게 느껴질 것입니다.

앞서 언급한 TRPG도 마찬가지입니다. 예전의 TRPG는 다양한 콘텐츠로 나오기는 했지만 규칙에 대한 의존도가 높았습니다. 룰 북은 두껍고 암기해야 할 요소도 많았지요. 하지만 최근의 TRPG는 간략한 룰을 사용하거나 아예 룰을 수정할 수 있는 형태를 취하기도 합니다. 이는 시대에 따른 변화라고 볼 수 있습니다. 더 이상 복잡하고 어려운 규칙을 원하지 않는 세상이 된 것입니다. 오늘날은 규칙보다는 게이머 개개인의 개성과 주체성을 발휘하는 재미를 원합니다. 오픈 월드 게임이나 메타 버스 게임의 유행이 기술의 발달에 따른 변화라고 생각할 수도 있지만 그 이면에는 게이머들의 주체성에 대한 인식의 변화가 있음을 알아야 합니다.

나의 추억 속 판타지 라이프, 마비노기

온라인 게임이 유행하면서 저 역시 MMORPG에 몰입했습니다. 다양한 게임 중 저에게 가장 특별한 추억을 선사한 게임이 있습니다.

처음 게임을 하던 날, 마을 광장에 덩그러니 떨어진 저는 주위를 둘러보았습니다. 다른 게이머들은 나무를 때리고 있었습니다. 왜 저러나 싶어서 마을을 돌아다니며 구경했습니다. 마을 밖으로 나가보니 여우와 곰도 보이고 무기를 들고 싸우는 게이머들의 모습도 보였습니다. 일단 무기를 얻어야 할 것 같았습니다. 상점에 가서 확인해보니 나무 막대기 가격이 생각보다 비쌌습니다. 나무에서 떨어진 열매를 주워서 갖고 있었는데 상점에 팔아 돈을 마련했습니다. 하지만 나무 막대기를 사기에는 부족했습니다. 그제야 저는 사람들이 왜 나무를 때리는지 알았습니다. 빈 나무에 가서 열매가 떨어질 때까지 주먹질을 했습니다. 이런 저의 플레이를 지켜보던 사람이 다가오더니 말을 걸었습니다.

"이 게임 처음 하세요?"

"네, 오늘 처음입니다."

"그럼 가지세요."

그 사람이 저에게 검 하나를 건네주었습니다. 그러고는 제 옆에서 류트를 꺼내 짧은 곡을 연주하고는 게임에 온 것을 환영한다며 사라져 버렸습니다. 갑자기 받은 선물에 어리벙벙하기도 했지만 감사했습니다. 게임이 아주 맘에 든 것은 아니었는데 선물을 준 사람의 마음에 보답하기 위해 계속 접속했었죠. 뒤

늦게 ID를 기억해둘 걸 그랬다는 생각이 들었지만 이미 지난 일이었습니다. 그때부터 제 머릿속에는 이름 모를 그 사람이 존재했습니다. 선물 받은 검을 잘 사용하기 위해 전투 연습을 하기도 하고, 그 사람이 했던 악기 연주를 시작하기도 했습니다. 유행하는 곡을 만들어서 연주하기도 하고 다른 게이머들과 광장에 모여 합주 음악회를 열기도 했습니다. 밤에는 캠프파이어를 하며 음식을 나누어 먹었습니다. 당시 이 게임은 하루에 단 두 시간만 플레이할 수 있는 제약이 있었는데 던전에 들어가면 강제 종료가 되지 않았습니다. 그래서 종료 시각이 임박하면 게임을 하며 만난 친구들이 다 같이 던전에 들어갔습니다. 던전에 모닥불을 피우고 둘러앉아 도란도란 이야기를 나누었습니다. 그렇게 2년 가량 플레이를 했습니다. 정말 특별하면서도 평화로운 판타지 라이프가 가득한 시간이었지요.

[마비노기]

그러던 어느 날. 길을 가던 저는 왠지 낯익은 한 사람을 발견했습니다. 그는 마을 근처 밭에서 감자를 캐고 있었고 저는 그 앞에 앉아 감자 캐는 모습을 구경했습니다. 그러다 문득 게임을 처음 하던 날 저에게 검을 준 그 사람이 떠올랐습니다. 외모는 변했지만 스쳐 지나친 아이디를 기억하고 있어서였을까요? 얼른 마을로 뛰어가 은행에 보관해두었던 오래된 검을 꺼냈습니다. 그리고 그 사람 옆에 가서 조용히 감자 캐는 일을 도왔습니다. 제가 수확한 감자를 건네자 그는 감사하다고 말했습니다.

"혹시 이 칼을 초보자에게 준 적 있나요?"

첫날 받았던 칼을 그 사람 앞에 떨어뜨리며 물었습니다. 그렇게 2년여의 세월이 흐른 뒤 은인과 재회했습니다.

그분과 함께 게임 속 나무 그늘에 앉아 이야기를 나누었습니다. 그리고 다시 쿨하게 헤어졌습니다. 연락처를 묻지도 친구 등록을 하지도 않았습니다. 오늘처럼 언젠가 다시 인연이 되면 만나자는 이야기를 남긴 채.

고백하자면 저는 온라인 게임에 대해 다소 부정적인 견해를 가지고 있었습니다. 하지만 이때의 추억은 온라인 게임만이 줄 수 있는 로망이 있다는 것을 알게 했습니다. 현재의 온라인 게임은 게이머들의 접속을 유도하고 접속시간을 늘리며 결제를 유도하는 형태가 많습니다. 그러면서 어느 정도 변질된 로망이 있을지도 모르겠습니다. 하지만 게임 자체를 파고들어 그 세계를 즐기자는 마음으로 대한다면 얼마든지 멋진 경험을 만들 수도 있지 않을까 생각해봅니다.

편안하게 즐겨요, 동물의 숲

2001년에 처음 발매된 [동물의 숲]은 새로운 닌텐도 기기가 나올 때마다 새 작품을 발매하는 인기 시리즈입니다.

[동물의 숲]

동물들과 함께 마을에서 살아가는 이야기를 담고 있으며 어린아이부터 90세 할머니까지 즐길 수 있는 게임입니다. 이 게임은 게이머들이 모두 다른 방식으로 즐깁니다. 그 이유는 게임의 공통 목적이 없기 때문이지요. 누군가는 넓은 집을 갖는 것을 목표로 합니다. 다른 누군가는 마을 주민과 친해지는 것을 목표로 하고요. 예쁜 꽃으로 마을을 꾸미는 사람도 있고 친구들과 놀 수 있는 놀이터를 만드는 사람도 있습니다. 꽃을 심을 수도 곤충을 잡을 수도 낚시를 할 수도 있습니다. 가구를 만들어 집을 꾸미거나 동물 친구에게 선물을 줄 수도 있습니다. 생일이나 새해 등 특별한 날에는 모든 마을 주민이 모여 인사를 나눕니다.

특별한 목적이 없기에 게이머가 조작할 주인공 캐릭터에게는 개성이 필요하지 않습니다. 주인공은 곧 나이며 게임 속 동물 친구들은 나의 친구가 됩니다. 이를 보다 현실적으로 다루기 위해 각 게이머의 마을에는 무작위로 동물 친구가 배치됩니다. 마을의 형태와 거기에 사는 동물 친구가 동일한 게이머는 거의 없습니다. 모두 각자의 마을을 갖고 각자의 친구들과 살아가는 게임인 것이죠. 게이머들은 서로의 마을에 놀러 갈 수 있습니다. 놀러 올 친구들을 위해 마을을 꾸미고 선물을 준비하기도 합니다. 현실과 흡사한 평화로운 게임입니다.

게임의 특성상 감동적인 사연이 종종 전해지기도 합니다. 소아마비인 어머니에게 [동물의 숲]을 권한 아들이 있었습니다. 어머니는 온종일 휠체어에 앉아 생활했고 외출도 불가능했으므로 [동물의 숲]에 빠져들었다고 합니다. 어머니는 몇 년간 게임을 하다가 돌아가셨고 어머니의 게임 속 마을은 1년 반 동안 방치되었습니다. 1년 반 뒤 우연히 게임에 접속한 아들에게 동물 친구들이 다가와 어머니의 안부를 물었습니다. 그리고 아들이 게임 속 편지함을 열었는데 그 안에는 어머니가 생전에 아들에게 보낸 편지와 선물들이 가득했다고 합니다. 아들에게 선물을 주기 위해 어머니는 게임을 끊임없이 플레이했던 것이지요.

88세가 된 오드리 할머니의 사연도 유명합니다. 이 할머니는 [동물의 숲]을 3,500시간 이상 플레이했습니다. 혼자 지내는 할머니가 순수하게 게임을 즐기는 모습에 많은 게이머가 응원했고 할머니의 사연이 알려지면서 개발사에서도 도움을 주었다고 합니다.

이런 게임들을 일상 게임으로 분류합니다. 그리고 많은 사람이 이런 게임에서 힐링을 받는다고 말합니다. 평온한 전원생활, 스트레스 없는 교감을 사람들은 힐링이라고 부르지요? 하지만 현실에서 이를 경험하는 것은 어렵습니다. 무엇보다 돈을 벌어야 살 수 있으니까요. 그렇기에 게임을 통해 대리 만족하는 것이 아닐까 싶습니다.

저는 언젠가의 해넘이를 [동물의 숲]에서 했습니다. [동물의 숲]은 현실 시간과 연계되는 게임이라서 현실에서도 해가 넘어가는 순간이었습니다. 카운트다운을 하고 연도가 바뀌는 순간, 게임 속 동물들과 함께 불꽃놀이를 벌이고 시청 앞에 모여 하늘을 바라봤습니다. 그 순간 뭉클했습니다. 지난 몇 개월을 함께한 동물 친구들과 맞이하는 해넘이. 내년에도 이 친구들과 이런 순간을 보낼 수 있을까? 아마 그때는 다른 게임을 하고 있겠지. 영원히 함께할 수 없기에 그 시간이 소중했습니다. 만약 지금 이 게임을 다시 켜보면 동물 친구들이 저를 계속 기다렸다고 말해줄 것입니다. 비록 게임 속 캐릭터이지만 동물 친구들의 마음속에 제가 남아있다는 것만으로도 위안을 받습니다. 게임 플레이에 저장된 데이터가 지워지지 않는 한 그 마을 동물들은 나를 평생 기억할 테니까요.

어떤 게이머들은 이 게임을 선택하지 않습니다. 명확한 목표가 주어지지 않는 게임은 선호하지 않는 게이머도 많으니까요. 특히 한국 게이머들은 [동물의 숲]을 시작하면 대출부터 빨리 갚아버리고 주어진 목표에 맞추어 집중력 있게 플레이한다고 합니다. 여유 없이 주어진 일에만 집중해서 살고 있기 때문인 걸까요? 휴식을 위한 게임에서조차 자신을 몰아세우며 빠르게 목표를 달성할 필요는 없습니다. 가끔은 느긋하고 편안한 마음으로 게임을 즐겨도 좋습니다. 게임을 하는 행위 자체에서 새로운 무언가를 느껴보세요.

Lesson 10

시나리오와 연출의 게임 기획

게임 시나리오 기획에 대해서

게임 기획 지망생 중에서도 게임 시나리오 기획을 지망하는 사람이 상당히 많습니다. 이에 대해 질문을 해보면 시나리오 기획이 가장 창의적으로 보인다거나 자신만의 세상을 창조하고 싶다는 등의 답을 하더군요. 하지만 이런 답변 밑에 깔린 불편한 진실은 게임 시나리오 기획이 가장 쉬워 보인다는 것입니다. 시스템 기획자는 프로그램을, 콘텐츠 기획자는 그래픽을 어느 정도 알아야 기획서를 쓸 수 있지만 시나리오 기획자는 아무것도 몰라도 소설 쓰듯 상상을 펼치면 될 것 같아 보이거든요. 그러나 이는 매우 큰 착각입니다. 그렇기 때문에 시나리오 기획자를 지망하는 사람은 많아도 제대로 게임 시나리오를 쓰는 사람을 찾기는 어렵습니다. 대부분 소설을 쓰는 수준에서 그치고 말지요. 자신만의 세상을 창조하는 글쓰기를 하고 싶다면 소설을 쓰면 됩니다. 게임 시나리오는 소설과는 상당히 다른 영역입니다.

게임 시나리오를 쓰려면 기본적으로 게임 콘셉트를 알아야 하며 현재 개발하려는 게임에서 표현하는 수준이나 형태, 게임에 따라서는 다른 게임에 없는 독특한 시스템과 마케팅적으로 좀 더 부각해야 할 요소 등을 확인해야 합니다. 이 정도 고려로 끝난다면 역시 소설 작가와 다를 바 없을지도 모릅니다. 그들도 때로는 의뢰받아 정해진 테두리 안에서 글을 쓰곤 하니까요. 게임 시나리오가 소설과 가장 크게 다른 점은 게임의 템포(빠르기)를 고려해야 한다는 점입니다. 플레이 중 텍스트가 길게 나오면 게이머는 점점 읽지 않게 됩니다. 버튼을 누를 때마다 텍스트만 바뀌고 글자만 스크롤 된다면 게이머는 쉽게 질릴 것입니다. 짧은 피드백이나 연출로 지루함을 줄여야 합니다. 텍스트로 어디까지 전달하고 어떤 부분을 연출할 건지 각 구성은 어떻게 배치할지가 중요합니다. 때로는 연출 신이나 텍스트가 아닌 게임상의 퀘스트나 플레이 배치로 시나리오를 전달해야 할 수도 있습니다. 즉 게임 시나리오는 텍스트 형태의 스토리뿐만 아니라 이를 게이머에게 전달하는 방법까지도 고민해야 하는 것입니다. 다른 매체의 시나리오는 작가가 집필하는 순간 확정되는 데 비해 게임 시나리오는 결국 게이머가 플레이함으로써 완성되는 것입니다.

여기에서 조금 더 들어가면 텍스트가 표시되는 창의 크기에 맞추어 글자 수도 조절해야 합니다. 해외 버전을 번역해서 출시한다면 글자 수에 맞게 번역을 해야 하지요. 이 외에도 게임은 캐릭터나 배경이 시각적으로 전달되는 데다 영화나 드라마와 달리 게이머가 캐릭터를 직접 조작하고 상호작용하여 스토리를 전개해나가므로 스토리를 일방적으로 전달하는 어타 콘텐츠와 차이가 날 수밖에 없습니다.

결국 게임 시나리오 기획은 스토리뿐만 아니라 게임의 거의 모든 부분과 연관되는 분야입니다. 게임 기획 내에 있는 다른 직군만큼이나 복잡하고 연구할 것이 많으므로 쉽게 보지 말고 연출이나 배치, 구성과 피드백 등 다양한 부분과 연관 지어 생각해야 할 것입니다.

감정과 행동을 유도하는 연출 기획

게임 시나리오를 표현하는 방법의 하나로 게임 연출이 있습니다. 그렇다면 게임 연출은 게이머에게 어떤 식으로 시나리오를 전달할까요?

게임 연출은 다양한 목적으로 기획됩니다. 그중 시나리오와 연관되는 목적은 게이머의 감정과 행동을 유도하는 부분입니다.

감정을 유도하는 게임 연출

먼저 게이머의 감정을 유도하는 연출에 대해 살펴봅시다. 기획할 때는 게이머의 감정 곡선을 예측하여 그리고 그 곡선에 맞게 게이머를 유도하는데요, 슬픈 장면에서는 슬픈 느낌을, 쾌감을 주는 대목에서는 짜릿한 느낌을 줘야 합니다. 이런 감정 유도가 제대로 일어나지 않으면 게임이 밋밋해집니다. 또 감정 유도가 제대로 일어나더라도 한 가지 감정을 오래 끌고 가면 지루하게 느껴질 수 있습니다. 이를 위해 어려운 스테이지에서는 낮고 무거운 음악을 깔고 어두운 배경을 연출합니

[저니] 막막한 사막에서 카메라와 빛으로 방향을 유도해준다.

다. 스테이지를 클리어하거나 보너스를 얻는 부분에서는 밝고 경쾌한 음악을 들려주고, 긴장을 완화할 때는 코믹한 요소를 넣기도 합니다.

예를 들어 소설에서 '긴장감이 가득했다'는 표현이 있다고 해봅시다. 게임에서 이를 구현하려면 배경 그래픽과 음악, 등장하는 인물의 대사와 카메라 뷰, 조명 등 다양한 요소를 활용합니다. 가령 영화에서 연인이 이별하는 장면을 찍는다고 가정해보면, 연인의 감정을 보여주기 위해 두 사람의 옆모습을 가까이에서 찍고, 한 사람의 앞모습과 돌아서 가는 다른 한 사람의 뒷모습을 찍고, 마지막으로 아예 높은 하늘에서 두 사람이 다른 방향으로 걸어가는 모습을 찍는 식으로 연출을 할 수 있겠죠. 하지만 이런 방식만 있는 건 아닐 것입니다. 이처럼 똑같이 이별하는 장면이라도 찍는 방식에 따라 느껴지는 감정은 조금씩 차이가 납니다. 그리고 게임 연출을 기획한다면 이런 부분들을 감안해야 합니다. 영상 연출을 공부하거나 가급적 많은 영화나 애니메이션 등을 감상하며 다각도로 분석해봐야 하는 이유입니다.

행동을 유도하는 게임 연출

게임 시나리오와 연결되는 두 번째 게임 연출의 목적은 행동을 위한 연출입니다. 게임은 책이나 영화와 달리 직접 조작해서 체험해야 합니다. 누군가가 일방적으로 전달하는 내용은 전혀 와닿지 않습니다. 즉 게임은 정해진 이야기에 끌려간다는 느낌보다 내가 진행한 이야기라는 착각을 할 수 있게 해야 합니다.

예를 들어보겠습니다. 거대한 도깨비가 한 마리 있습니다. 도깨비의 뿔이 빛나면 내 캐릭터가 서 있는 자리에 불길이 솟아오릅니다. 게이머는 당연히 도깨비의 뿔이 빛나는 순간 자리를 피할 것입니다. 이는 앞서 '예측을 유도하라' 부분에서 이야기했던 것과도 연결됩니다 (139쪽 참조).

또 다른 예를 들어보겠습니다. 캐릭터가 걷기 시작할 때 카메라는 하늘에서 내려다보는 시점을 갖고 있습니다. 그러다가 북쪽으로 이동하면 카메라가 캐릭터의 등 뒤로 서서히 내려옵니다. 남쪽으로 이동하면 카메라가 캐릭터의 정면으로 서서히 내려옵니다. 동쪽과 서쪽으로 이동하면 카메라는 점점 더 멀어집니다. 이 경우 게이머는 자연스럽게 북쪽으로 향할 것입니다. 카메라 시점 이동으로 행동을 유도하는 것이죠.

이 외에 아이템이나 오브젝트 배치를 통해서도 게이머의 행동을 유도할 수 있으며 이펙트(효과)를 통해서 유도할 수도 있습니다. 한밤중에 빛이 나오는 곳으로 향하게 하는 것처럼 말입니다.

이처럼 게임 연출은 게이머의 감정과 행동을 유도합니다. 이를 통해 시나리오는 더욱 깊게 게임에 녹아들 수 있습니다. 물론 이런 연출이 모든 게임에서 가능한 것은 아닙니다. 그러므로 게임 기획자는 현재 개발 중인 게임 프로젝트에서 가능한 수준의 연출을 파악하여 그 안에서 감정과 행동을 유도할 수 있어야 합니다.

인지를 위한 연출 기획

게임 연출에는 행동과 감정을 유도하는 것보다 더 큰 목적이 있습니다. 바로 게임 정보의 인지인데요. 행동 및 감정 유도를 위한 기반이 되는 부분이기도 합니다. 게이머는 게임 속에서 자신이 현재 처한 상황이나 상태, 예를 들면 캐릭터의 체력이 얼마나 남았는지, 총을 쏘는 게임이라면 남은 탄환 수는 몇 발인지, 내가 서 있는 곳이 얼음인지 흙인지 등을 알아야 합니다. 그런 다음 아이템의 출현을 알아차리거나 앞으로 무엇을 해야 할지를 스스로 깨달아야 합니다.

사실 인지를 위한 연출은 기본이 되는 부분임에도 행동 및 감정 연출보다 복잡하고 어렵습니다. 다른 영상 콘텐츠에서는 나의 현재 상황이나 상태를 알 필요가 없습니다. 익숙하지 않은 이런 요소를 게임 연출에서는 기본으로 배치해야 하니 어려울 수밖에요. 물론 헤비 게이머를 타깃으로 한다면야 연출을 통한 감정이나 행동 전환이 익숙할 테니 인지 전달 역시 조금은 자연스럽겠지만 타깃이 비 게이머라면 그 난도는 훨씬 높아집니다.

이런 이유로 인지를 위한 연출은 심플해야 합니다. 숫자나 게이지 형태의 막대로 표시하고 캐릭터의 상태는 아이콘으로 표기합니다. 예를 들어 캐릭터 머리 위에 보라색이나 녹색 해골이 그려져 있다면 중독 상태라는 것을 쉽게 생각할 수 있겠지요? 그렇지 않더라도 상태가 좋지 않다는 것은 알 수 있을 것입니다. 대부분 캐릭터의 상태는 이와 같은 UI를 통해 표현됩니다.

인지를 위한 연출은 감정 및 행동을 위한 연출에 비해 조금 더 타깃을 중요하게 봐야 합니다. 초보 게이머를 타깃으로 한다면 시선을 어디에 둘지 학습하는 단계를 넣어야 하지만 헤비 게이머를 위한 게임이라면 이런 단계를 간소화해도 되기 때문이죠. 즉 게임을 많이 해보지 않은 게이머는 시선이 계속해서 자기 캐릭터에게 머뭅니다. 누르는 대로 움직이는 직관적인 대상이니까요. 그래서 게임에 익숙하지 않은 초보자를 타깃으로 하는 게임이라면 모든 인지 연출은 캐릭터 주변에서 일어나도록 하는 것이 좋습니다. 다만 화면에 캐릭터가 등장하지 않는 일인칭 슈팅 게임의 게이머 시선은 화면 중앙에 있는 조준점을 향하므로 이는 다른 기준을 세워 인지 연출을 해야겠죠.

이처럼 게임과 게이머에 따라서 게이머의 시선 방향 기준이 다르기 때문에 인지 연출을 할 때는 어떤 장르의 게임인지 어느 수준의 게이머가 타깃인지를 분명히 정해야 합니다.

넛지와 인터페이스 기획

넛지라는 말을 들어본 적 있나요? 팔꿈치로 꾹꾹 찌른다는 표현으로 행동 심리학에서 나온 개념이 경제학과 사회학으로 널리 쓰이고 있습니다. 가장 유명한 일화는 남자 화장실 소변기에 파리를 그렸던 것. 오줌이 튀어 지저분한 화장실 소변기 중앙에 파리를 그렸더니 오줌이 튀지 않았다는 사례입니다. 자기도 모르게 파리를 겨냥해 소변을 본 것이지요. 편의점에서 눈높이와 비슷한 매대에 진열한 상품이 더 많이 팔리는 것도 넛지 사례입니다. 이처럼 넛지는 의식하지 않고 자연스럽게 행하게 하는 행동 유도 장치라고 보면 되겠습니다.

게이머가 게임에 접속하면 인터페이스를 접합니다. 캐릭터의 체력이나 보유하고 있는 재화 등을 보여주는 상태창을 비롯해 어떤 버튼을 누르라고 표시되기도 하고 앞서 말한 연출들을 활용한 화면이 나오기도 합니다. 어떤 게임에서는 캐릭터의 체력이 떨어져서 위험해지면 화면 주변이 붉어지면서 겁을 주기도 합니다. 이처럼 게임에서 접하는 인터페이스를 UI라고 하며 게임 기획자 중에는 이를 전문으로 하는 UI 기획자도 있습니다.

UI는 당연히 필요한 정보를 주고 올바른 행동 유도를 하는 것이 중요합니다. 다만 UI는 게임의 몰입을 해치는 경우가 많습니다. 게임 화면은 현실 같은 느낌을 주는데 평면 창이 떠 있으면 어색할 수밖에 없고 게이머는 모니터를 통해 게임 속을 바라보는 느낌을 받으니까요. 그래서 많은 게임이 UI를 최소화하려고 시도합니다. 단순히 삭제하는 것과는 다릅니다. 없는 것처럼 보이지만 기존에 알려주던 정보는 게이머가 알 수 있어야 하죠. 그래서 넛지를 활용합니다.

예를 들어 화면에 스테미나 게이지가 길게 표시되어있고 달리기를 하면 점점 줄어듭니다. 스테미나 게이지가 다 떨어지면 더 이상 달리기를 할 수 없습니다. 이런 UI에서는 게임을 하면서 게이지만을 바라보게 됩니다. 정보를 표시하는 측면에서는 명확하고 좋지만 게이머의 몰입에는 좋지 않죠. 그런데 만약 오래 달릴수록 게임 캐릭터가 지친 모습을 하고 숨을 몰아쉬면 어떨까요? 게이머는 화면에 길게 표시되는 게이지가 없어도 잠시 쉬어야겠다고 생각할 것입니다. 이처럼 캐릭터의 모션으로 표현하는 게임도 많고 두 가지 방식을 혼용하는 게임도 이미 있습니다.

게임이 점점 체감형이 되어가고 그래픽 스펙이 올라가면서 UI의 다양한 활용 방법이 시도되고 있습니다. 이 부분에서 넛지는 상당히 중요한 요소입니다. 그러니 인터페이스 기획을 한다면 알아둘 필요가 있습니다.

몬스터의 성격을 표현하는 여러 방법

게임 시나리오와 관련한 예시를 하나 소개하려고 합니다. 게임 시나리오 기획자가 설정한 몬스터의 성격은 게임 속에서 어떻게 표현될까요? 단순하게 생각하면 외모로 판단할 수 있습니다. 일반적으로 작고 귀여운 몬스터는 약하고 크고 무섭게 생긴 몬스터는 강하다는 식으로요. 공격적인 몬스터나 민첩한 몬스터, 방어를 잘하는 몬스터 또한 여러분 머릿속에 상상되는 이미지가 있을 것입니다. 그렇다면 외모 말고 어떤 것이 몬스터의 성격을 표현할 수 있을까요?

게임에 등장하는 몬스터의 외모가 모두 똑같다고 상상해봅시다. 눈매나 색상마저 동일합니다. 그렇다면 캐릭터의 동작이나 목소리, 이펙트 효과 등으로 구분할 수 있을 것입니다. 하지만 이 종족의 몬스터는 목소리와 효과가 모두 같다면요? 어떻게 표현할 수 있을까요?

바로 몬스터의 행동 패턴입니다. 똑같이 생긴 몬스터라도 겁이 많아 쉽게 도망치는 몬스터가 있을 수 있고, 숨어 있다가 기습하거나 무언가 소중한 것을 지키는 몬스터도 있을 수 있습니다. 게임에 따라 단순 패턴으로 움직이는 몬스터도 있지만, 최근 게임은 단순한 형태의 AI를 사용합니다. 게임의 구조가 달라지면서 몬스터의 성격을 알고리즘으로 표현하는 것이 훨씬 쉬워진 덕분이죠. 다만 이를 제대로 활용하려면 개발하고 있는 게임의 AI가 어떤 형태이고 무엇을 적용할 수 있는지 알아야만 합니다.

행동 패턴을 통해 표현하는 것이 어려운 게임 프로젝트라면 몬스터를 처치했을 때 나오는 아이템이나 몬스터 주변에 있는 문서, 혹은 NPC와의 대화를 통해 간접적으로 드러낼 수도 있을 것입니다. 아예 로딩 화면이나 도감 등의 메뉴에서 몬스터의 설정을 대놓고 표현하는 게임들도 있지요.

이런 다양한 방법이 존재할 수 있긴 하지만, 게임에 따라서는 사용이 불가능하거나 여기 없는 방법이 가능할 수도 있습니다. 이처럼 게임 시나리오 기획자는 게임 안에서 게이머에게 가장 잘 전달할 수 있는 방법을 찾아야 하며 그에 맞추어 시나리오를 작성해야 합니다. 소설을 먼저 쓰고 나서 이를 게임에 넣는 것과는 다른 형태의 작업이라는 것을 꼭 명심했으면 합니다. 게임 시나리오 기획자가 글만 쓰는 직군이 아니라는 적절한 설명이 되었기를 바랍니다.

삶의 무게를 느끼다, 용사 죽다

힘든 일이 있고, 생을 포기하고 싶을 때마다 떠오르는 게임이 있습니다. 본인의 의지와 무관하게 점점 죽어가는 한 사람의 이야기를 그린 [용사 죽다]라는 게임입니다. 게임을 시작하면 용사는 마왕을 쓰러뜨리면서 생을 마감합니다. 세계 평화는 지켜졌고, 용사는 마왕과 함께 사라졌습니다. 세계를 구한 보상일까? 천사가 나타나 용사에게 일주일간 자기 삶을 정리할 시간을 줍니다. 그리고 이 시점에서 게임이 시작되지요.

이 독특한 게임은 그 일주일간의 여정을 그리고 있습니다. 누구를 만나든 어디로 향하든 자기 선택입니다. 세상을 구한 영웅으로 사람들에게 환대받고 명예와 영광의 시간을 보낼 수도 있고, 누군가를 도와주며 생애 마지막 일주일을 보낼 수도 있습니다. 유흥으로 시간을 보내거나, 처절한 결전 끝에 생을 마감했던 마왕성을 다시 방문할 수도 있습니다. 여자를 만나 자손을 남길 수도 있고, 제자를 양성할 수도 있죠. 공주와 결혼해서 이름을 남길 수도 있습니다. 그리고 이 일주일간의 시간을 통해 용사, 즉 게임을 하는 나는 깨닫게 됩니다. 나의 생애가 다른 이에게 어떤 의미였는지를 말이지요. 많은 사람이 용사를 추앙하지만 반대로 비판하는 사람을 만날 수도 있습니다. 괴물이라는 편견으로 해치워진 야수들의 마을은 용사를 원수로 생각하기도 합니다. 이처럼 나의 생애도, 나의 존재도 각자의 입장에 따라 다르게 바라볼 수 있지 않을까 하는 생각을 하게 됩니다.

다른 게임들은 플레이할수록 캐릭터가 강해지지만, 이 게임의 주인공은 플레이할수록 약해집니다. 수명이 다 되어가기 때문입니다. 처음에는 마왕도 무찌르던 강력한 용사가 7일째가 가까워져 오면 제일 약한 몬스터조차 이길 수 없습니다. 더는 힘이 없어 갑옷도 입지 못하고 검도 휘두를 수 없게 되죠. 점점 약해지기 때문에 마지막 날이 다가옴이 더욱 직접적으로 느껴집니다. 그래서 빠르게 행동해야 합니다. 아직 힘이 남아있을 때, 누군가를 도울 수 있을 때, 돌아다닐 수 있을 때 후회가 없도록.

[용사 죽다]

죽고 나서 받게 된 7일간의 소중한 시간. 내가 만약 그 상황이라면 어떻게 사용할지 생각해보았습니다. 7일이 지나면 용사는 죽고, 7일간의 행동에 따라 장례식의 모습이 엔딩으로 나옵니다. 이때 남겨진 사람들의 이야기는 죽음에 대한 충동이 일 때마다 다시 한번 생각해보게 됩니다. 사람들에게 떠밀려 일생을 사는 것이 옳은지에 대해서도요.

이 게임은 비록 흥행은 하지 못했지만, 저처럼 감명을 받은 이가 많을 거로 생각합니다. 지금 내가 원하는 일을 하는 것일까? 내가 생각하고 느끼는 선악의 기준은 나의 주관이 확실한가? 나는 오늘 후회 없는 시간을 보내고 있는 걸까? 일주일이라는 최후의 시간이 주어진다면 어떻게 보낼까? 이런 생각이 나의 하루하루를 돌아보게 해줍니다.

세상에는 좋은 메시지를 담은 책이 많습니다. 하지만 책을 통해 자신을 돌아보는 사람이 얼마나 될까요? 직접 체험한 7일간의 여정은 그 어떤 책보다 더욱 와 닿았습니다. 이 게임은 시작하면서, 플레이하면서, 엔딩을 보면서 많은 생각을 하게 합니다. 그리고 다시 한번 게임을 붙잡게 됩니다. 게이머는 어떤 7일을 보내는 것이 가장 만족도가 높을지 끊임없이 탐구하게 되죠. 그리고 이것을 가능하게 해준 것은 결국 시나리오와 연출이었습니다. 연출을 통해 게이머에게 어떤 것을 전달할 수 있는가? 나는 이 게임으로 어떤 것을 어떻게 전해주고 싶은가? 게임 기획자라면 깊이 고민해볼 부분이 아닐까 싶습니다.

Lesson 11

밸런스 기획

밸런스 기준을 정하는 방법

아무리 단순해 보이는 게임이라도 그 안에는 수십 개의 숫자로 된 변수가 존재합니다. 게임 밸런스 기획자는 이 변수 사이의 상관관계를 확정하고 때로는 공식을 만드는 일을 합니다. 그래야 게임이 원활히 돌아가고 난도와 조작, 게임의 템포 등 많은 부분이 조절됩니다.

게임 밸런스를 쉽고 가볍게 여기는 경우가 많습니다. 수치만 적당히 넣으면 될 것 같기 때문이죠. 게이머뿐 아니라 게임을 개발하는 다른 직군, 심지어 같은 게임 기획자들도 그렇게 생각합니다. 이런 취급을 받다 보니 경영진이나 마케팅 담당자들이 손을 대거나 수정을 요청하는 경우도 많습니다. 이는 밸런스 담당자에게 큰 스트레스가 되지요. 개발 중인 게임이라면 틀림없이 밸런스 담당 기획자가 자신만의 규칙에 따라 변수를 정리하고 있을 것입니다. 누군가에게 설명할 수 있는 수준이면 다행이지만 규모가 큰 게임이라면 전달이 불가능할 수도 있습니다. 그러니 이를 함부로 수정하고 뒤엎는 것은 위험한 일입니다.

　게임 밸런스 기획을 처음 할 때 가장 막막한 부분은 기준을 어떻게 잡느냐 하는 것입니다. 여기에서 말하는 기준은 어느 변수를 중심으로 수치를 조절하는 것이 효율적일지에 대한 판단입니다. 게임 속에는 수십에서 수백 개의 변수가 연관되어있는 데다가 시시각각 변화하기 때문에 기준을 정해두지 않으면 애초에 작업이 불가능합니다. 그런데 어떤 변수를 기준으로 잡는 것이 좋을지는 쉽게 답이 나오질 않습니다. 밸런스 기획자마다 자신만의 노하우를 만들어나갈 수밖에요. 제가 밸런스의 기준을 정하는 방법은 두 가지입니다.

상급자나 책임자에게 물어본다

　상급자가 밸런스 경험이 있다면 명쾌하게 기준을 정해줄 수 있습니다. 하지만 그렇지 못한 경우가 대다수이지요. 그렇다면 우리가 개발하는 게임, 즉 현재 프로젝트에서 가장 중요한 요소를 물어보십시오.

　최근에는 성장 시간을 중심으로 비즈니스 플랜을 잡는 게임이 많습니다. 스마트폰 게임 기획에서는 접속 유지 시간이나 재접속 확률, 사용자의 과금 비율이 기준이 되는 프로젝트도 많고요. 혹은 무기 시스템이 중요한 게임일 수도 있고 친구 숫자가 중요한 게임일 수도 있습니다. 예를 들어 [슈퍼 마리오] 시리즈에서는 점프 높이와 속도가 가장 중요하다고 합니다. 조작감이나 타격감 같은 애매한 답변을 들을 수도 있겠지만 그래도 상급자가 말한 게임의 가치와 관계성에서 좀 더 깊은 변수를 찾을 수 있을 것입니다. 그것을 밸런스의 기준으로 삼으면 됩니다.

스스로 찾는다

첫 번째 방법이 통하지 않거나 애초에 물어볼 사람이 없다면 스스로 찾아야 합니다. 이때는 게임 내 있는 수많은 변수 중 가급적 고정되어 있거나 변화 폭이 가장 적은 수치를 기준으로 하면 됩니다.

일반적으로 공격력이나 이동속도 등은 무기나 장비를 통해 변경되기 쉬운 항목입니다. 이런 요소보다는 시야 범위나 참가 인원 등 고정된 숫자를 기준으로 잡는 것이 좋습니다. 때에 따라서는 현실의 시간을 기준으로 잡아도 됩니다. 중요한 점은 기준이 움직이지 않거나 확실해야 나머지 부분을 잡기가 수월하다는 것입니다. 앞서 말한 [슈퍼마리오]는 점프 높이를 기준으로 스테이지를 배치하거나 적 캐릭터의 크기와 속도, 이동 패턴을 구현한다고 합니다.

게임 기획자는 항상 다양한 게임 내 요소를 고려하며 이를 조율하고 조합해나가야 합니다. 당연히 게임 밸런스도 다양한 수치 요소를 고려하고 조율하며 조합해나가야 합니다. 단순하고 쉬운 게임부터 연습해 보세요. 수치 몇 개만 달라져도 완전히 다른 게임으로 바뀌는 신기한 체험을 하게 될 것입니다.

게임 밸런스의 감을 잡아라

기준은 잘 정했는데 이제부터 어떻게 해야 할지 막막하다면 게임 밸런스를 스스로 판단해보세요. 그 뒤는 술술 풀리게 됩니다. 잘 되어가는 것인지 잘못되어가는지는 모르지만 최소한 작업에 막힘은 없을 것입니다. 만약 게임 밸런스를 잡지 못한다면 아직은 스스로 판단하기가 모호한 상태입니다. 다른 이유도 있겠지만 제 경험으로 보자면 이는 변수들의 상관관계를 제대로 파악하지 못한 경우가 많았습니다. 앞서 기준을 정할 때 판단했겠지만 그것은 머리로 익힌 기준입니다. 머리로 익힌 기준만으로 부족하다면 감각을 동원해야 합니다.

방법은 간단합니다. 기준으로 잡은 변수의 최대, 최소치를 먼저 정합니다. 아주 극단적인 수치까지 생각하세요. 그리고 기준이 최대인 경우와 최소인 경우 연관된 다른 변수들의 최대치와 최소치를 정하세요. 이렇게 하면 변수의 연결과 흐름을 파악하기 쉬워집니다. 다 해봤다면 이렇게 나온 온갖 변수의 최대, 최소 수치 중 게임에서 사용할 수 없는 부분을 조절하면 됩니다. 사용할 수 없는 이유는 UI에 표시되는 자릿수 문제일 수도 있고, 게이머의 인지 문제이거나 게임 내 경제◆ 등 다양한 이유가 있을 것입니다. 이렇게 조절해보면 이미 모든 수치가 연관되어있기 때문에 전체적으로 최대치와 최소치 숫자가 달라질 것입니다. 이를 미리 엑셀로 만들어두면 이후 밸런스 조정을 할 때도 수월

◆ 게임 내 경제 : MMORPG 같은 다중 접속형 게임에서는 게이머들이 벌게 되는 돈을 중심으로 현실 사회와 같은 경제가 돌아가게 된다. 게임 세계의 경제 균형을 잡는 것 또한 밸런스 기획자의 중요한 업무이다.

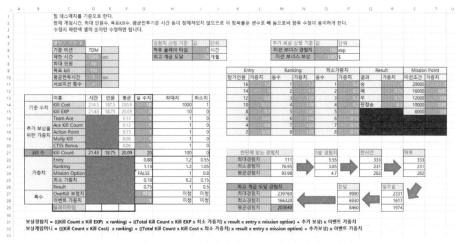

밸런스 시트 작업물, 최대치와 최소치를 반영하고 있다.

해집니다. 말로 들으면 어려워 보이지만 실제로 해보면 매우 단순합니다. 밸런스를 잡을 때는 무조건 최대치와 최소치를 먼저 정하세요. 그렇게 수치의 범위를 정하는 것이 우선입니다. 이때 0에서 100까지의 숫자 중 적절한 값을 찾는 것보다 0에서 10까지의 숫자 중 적절한 값을 찾는 것이 훨씬 수월합니다.

　최댓값과 최솟값을 넣어보는 것은 변수의 범위를 좁히는 것 이외에도 다른 의미가 있습니다. 예를 들어 점프력의 최솟값을 넣어보면 한 번에 올라갈 수 있는 언덕의 최대 높이를 알 수 있습니다. 공격력의 최댓값을 넣어보면 어느 정도의 방어력과 체력을 넣어야 보스 몬스터◆가 한 번에 죽지 않을지 기준이 됩니다. 저는 밸런스 기획자로 오래 일

◆　　보스 몬스터 : 던전이나 에피소드의 마지막에 등장하는 강한 몬스터

해 왔고 지금도 종종 밸런스 작업을 합니다. 과거에도 지금도 극단적인 최댓값과 최솟값을 사용하는 것만큼 판단 기준을 세우고 변수를 이해하기에 효율적인 방법은 없었습니다.

레벨 디자인에 대해서

레벨 디자인을 캐릭터의 경험치 밸런스 기획으로 오해하는 사람이 많습니다. 아무래도 레벨이라는 단어가 캐릭터의 성장치를 일컫는 단어로 많이 쓰이기 때문입니다. 보통 게임 기획에서 말하는 레벨 디자인은 캐릭터가 움직이는 스테이지 기획을 일컫는 말입니다. 과거에는 배경 그래픽 디자이너가 담당하기도 했습니다만, 이 부분은 본래 게임 기획자가 해야 하는 일이 맞습니다. 게임 속에 등장하는 스테이지나 지형은 캐릭터의 이동 속도에 영향을 줄 수도 있고 방향 유도나 게임 내 이벤트 인지에도 중요한 부분이기 때문이지요. 그렇기에 게임 안에 있는 각각의 요소나 기능들, 어떤 동선을 유도해야 할지를 종합적으로 판단하는 게임 기획자가 하는 편이 마땅하지요.

MMORPG 같은 게임에서는 레벨 디자인을 할 때 몬스터의 배치 등도 함께 작업하며 때에 따라서는 적의 AI나 패턴까지 지정하기도 합니다. 레벨 디자인에서 이것까지 하는 것이 이상할 수도 있지만 몬스터의 배치 역시 캐릭터의 성장에 영향을 주기 때문에 게임 기획자가 하는 것이 좋습니다. 성장 밸런스 및 의도한 플레이 타임에 맞추어 배치해야 하니까요. 레벨 디자인도 앞서 말한 밸런스와 마찬가지로 기준이 중요합니다. 기본적으로는 게임의 의도에 충실해야 하죠. 그러다 보니 MMORPG 등 일부 장르에서는 레벨 디자이너의 역량에 밸런스 기획자의 스킬까지 필요합니다. 게임의 장르에 따라 차이가 크긴 하지만요.

레벨 디자이너의 전문성이 가장 크게 발휘되는 장르는 슈팅 게임입니다. 실시간으로 움직이면서 원거리에서 공격하고 상대의 공격도 원거리에서 날아오기 때문에 시야와 캐릭터의 크기, 벽의 높이까지 치밀하게 계산해야 합니다. 탄창을 갈아 끼우는 시간이 긴 게임이라면 안전한 엄폐 장소가 필요하며 저격 총이 강력한 게임이라면 저격 총에 닿지 않는 사각지대가 필요합니다. 게임에 따라, 의도에 따라 기준이 다르고 해야 할 업무 스타일도 다르기 때문에 여기서 모두 다룰 수는 없지만 독특한 전문성이 필요하다는 것만은 알아두길 바랍니다.

레벨 디자인을 전문으로 하는 게임 기획자가 되려면 3D 툴을 다룰 줄 알아야 합니다. 프로토타입의 스테이지를 직접 만들어 테스트해볼

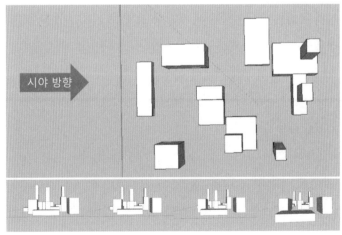

같은 맵이라도 시야각에 따라서 다르게 보인다.

수 있기 때문입니다. 게임에서 보이는 시야는 상상만으로는 확인하기 힘들고 오류가 많습니다. 심지어 같은 스테이지라도 시야각(FOV)에 따라 다르게 보일 수도 있으므로 단순한 스테이지는 직접 만들 수 있어야 효율적입니다. [메탈기어] 시리즈로 유명한 코지마 히데오가 [메탈기어 솔리드]를 개발하던 당시 레고를 사용해서 스테이지를 만든 기사를 본 적이 있습니다. 3D 툴을 사용할 수 없다면 다른 대체품을 통해서라도 직접 만들어보기를 적극 권합니다.

확률 기획 - 주사위와 카드

게임을 어느 정도 해본 사람에게 '확률'은 익숙합니다. 게임 안에서의 수없이 많은 처리는 확률로 이루어지기 때문이지요. 명중률이나 뽑기 확률 등 직관적인 확률에서부터 적의 AI 패턴이나 날씨 등 스테이지의 변화까지 다양합니다. 확률은 크게 두 가지로 분류됩니다. 주사위식 확률과 카드식 확률입니다. 게임 안에 확률을 기획하려면 어느 쪽을 사용할 것인지부터 정해야 합니다.

주사위식 확률

6면체 주사위를 굴리면 1~6까지의 숫자 중 하나가 나옵니다. 매번 굴릴 때마다 각 숫자가 나올 확률은 1/6로 동일합니다. 어쩌면 100번 굴렸는데 100번 모두 같은 숫자가 나올 수도 있습니다. 매번 달라지며 예측하기 힘든 방식입니다.

카드식 확률

1에서 10까지 숫자가 적힌 카드를 섞어서 쌓아둡니다. 그중 한 장을 뽑습니다. 1이 나왔습니다. 남은 카드는 9장입니다. 그중에 다시 한 장을 뽑으면 1에서 10까지가 아닌 2에서 10까지 중 하나가 나올 것입니다. 이 카드로 10번을 뽑으면 1부터 10까지의 숫자가 고르게 나올 것입니다. 다른 예로 100장의 카드 중에 단 하나에만 O를 그리고 나머지 99장에는 X를 그려두고 섞습니다. 카드를 뽑으면 100번 중 한 번은 반드시 O가 나올 것입니다. 카드식 확률은 예측이 가능합니다. 그것을 게이머에게 공유할지 게임 기획자만 알고 있을지는 또 다른 선택입니다.

두 방식 중 하나만을 선택하지 않는 경우도 있습니다. 어떤 게임에서는 난수표를 사용하기도 하고 하나의 확률에 두 가지를 섞기도 합니다. 하지만 기본은 이 두 가지라는 것을 알아두어야 기획에 활용할 수 있습니다. 어떤 확률을 사용할지의 선택은 게이머로서의 감각이 중요합니다. 뽑기를 하는데 주사위식 확률로 1%인 것과 카드식 확률의 1%인 것은 느낌이 상당히 다릅니다. 현금을 사용하는 뽑기라면 더욱 민감할 것입니다. 어떤 확률을 사용할지 정했다면 수치를 넣을 차례입니다. 명중률을 10%로 지정하면 열 번의 공격 중 한 번만 적을 때릴 수 있으니 게임이 지루해질 수 있습니다. 반대로 명중률이 90%라면 열 번의 공격 중 단 한 번만 적을 때릴 수 없게 됩니다. 후자가 더 좋아보이지만 대신 공격력이 너무 강하지 않도록 조절해야 하겠죠? 만약 명중률이 1%이거나 0.1%라면 이 게임은 아무도 하지 않을 것입니다.
스마트폰 수집형 RPG가 범람하는 요즘, 서비스 중인 게임 하나를 들여다보았습니다. 좋은 카드의 뽑기 확률은 0.0025%입니다. 이 확률은 4만 번 중 한 개가 나온다는 말입니다. 과하게 느껴지죠? 하지만 이런 게임이 수없이 많습니다. 과하면 게이머에게 외면받을 것 같은데 충분히 인기가 있고 매출도 좋습니다. 왜 그럴까요? 플랫폼의 특징이 여기서 힘을 발휘합니다. 스마트폰에 서비스되는 게임은 불특정 다수가 함께 게임에 참여합니다. 그 수는 적게는 수십 명에서 많게는 수십만 명이 됩니다. 뽑기는 나 혼자 하는 것이 아닙니다. 그렇기에 실패에 대한 스트레스가 훨씬 낮아집니다. 이에 더해서 최근에는 유튜브나 트위치 등 게임 스트리밍을 하는 사용자도 많습니다. 뽑기에 성공했을 때 쉽게 알려질 수 있는 시대인 것입니다. 즉 게임 내의 확률은 단순히 재미의 수준이나 매출 등의 기준만으로 정해서는 안 됩니다. 게임의 플랫폼이나 형태, 더 나아가 게임에 참여하는 게이머의 숫자와 SNS에 공유되는 비율까지 모두 고려해야 합니다. 다만 사전 공지한 확률에 손을 대는 것은 위험한 행위이므로 꾸준한 뽑기 항목의 추가 업데이트를 통해 조절해야 할 것입니다.

확률은 매력적인 요소이지만 밸런스 작업에 있어서는 가장 까다롭습니다. 앞서 이야기한 뽑기 이외에 게임에 들어가는 확률 요소를 조절하려면 엑셀로 간단한 시뮬레이터를 만들어 사용하기를 권합니다.

밸런스에 영향을 주는 요소들

밸런스 기획자는 시야가 넓어야 합니다. 게임 안의 모든 것이 밸런스에 영향을 주기 때문입니다. 캐릭터의 크기와 카메라 각도, 조작하는 방식과 적 캐릭터의 움직임, 화면의 색상까지도 영향을 미칩니다. 온라인 게임이라면 서버 지연도 영향을 미칠 수 있습니다. 예를 들어 레벨과 경험치 밸런스를 조절한다면 경험치 몇에 레벨이 오르는지를 정하기보다 경험치를 획득할 수 있는 요소들에 대한 배치와 거기까지 소요되는 이동 시간, 게이머가 해야 하는 일의 난도 등을 종합적으로 검토해야 합니다. 당연히 이동 시간도 가변적일 수 있고 게이머가 느끼는 난도도 여러 변화가 있을 수 있습니다. 이런 다양하게 변화하는 요소들을 기준으로 잡아야 하므로 밸런스 기획이 어려운 것입니다.

밸런스 기획에 처음 입문할 때는 단순히 수치만 조절할지 몰라도 조금씩 시야를 넓혀가야 가장 어려운 플레이어 간 대전하는 형태를 조절할 수 있습니다. 각 게이머의 실력 차를 가급적 좁혀서 초보자도 고수를 이길 수 있게끔 만들어야 하지요. 하지만 이것에 너무 치우쳐버리면 헤비 게이머는 게임을 학습할 동기를 잃게 되겠죠. 아무리 열심히 해도 초보자에게 질 가능성이 높으니까요. 그 중간 어딘가를 찾는 것이 밸런스 기획입니다. 밸런스는 불만이 있는 사람들이 주로 언급하기 때문에 부정적인 말도 많이 듣게 되고 지시받아 억지로 수정하는 경우도 생깁니다. 사업성이나 마케팅을 위해 조절하기도 하고 언론이나 게이머들의 의견, 이벤트 등으로 변경되는 경우도 많습니다. 게임 내적인 요소뿐만 아니라 게임 외적인 요소들에도 영향을 많이 받는 것입니다. 이 과정에서 잦은 충돌이 있습니다. 이때 게임 기획자는 스스로 시야가 부족함을 인지하고 각자가 말하는 이유에 귀를 기울일 필요가 있습니다.

너무 쉬운 게임의 쾌감, 무쌍 시리즈

　적절한 난도는 게임의 재미를 살리는 중요한 요소입니다. 하지만 난도를 차별화 요소로 내세우는 게임도 있습니다. 즉 너무 쉬운 게임이거나 너무 어려운 게임이면서 성공한 사례도 있습니다.

　쉬운 게임 중에서 성공한 대표작은 [무쌍] 시리즈입니다. 삼국지를 소재로 한 [삼국무쌍]을 시작으로 일본의 전국 시대를 소재로 한 [전국무쌍], 건담을 소재로 한 [건담무쌍], 인기 만화 〈원피스〉 시리즈를 소재로 한 [해적무쌍] 등 다양한 종류가 있으며 현재도 계속 새로운 시리즈가 나오고 있습니다.

[진 삼국무쌍 8]

　[무쌍] 시리즈는 조작부터 쉽습니다. 게임의 난도는 조절할 수 있지만 기본적으로는 쉽게 설정되어있습니다. 애초에 [무쌍] 시리즈의 장르적 특성이 '일기당천'이기 때문입니다. 혼자서 수십 또는 수백의 적과 맞서며 수많은 적을

과장된 연출로 날려 보내는 형태를 취합니다. 가급적 적은 스트레스로 쾌감에만 집중하고 있습니다. 시리즈가 반복되면서 조금씩 추가사항이 생기긴 했지만 적을 날려 보내는 쾌감이 핵심이므로 기획도 타격감에 집중하고 있습니다. 이 장르의 게임 기획은 다른 액션 게임들과 기준이 다른 셈이지요.

지금까지 난도와 행동 유도 스트레스 등 다양한 요소를 설명했지만 [무쌍] 시리즈는 이 모든 것이 필수는 아니며 절대적 진리 또한 아니라는 것을 보여줍니다. 이처럼 한 가지 강렬한 감각이나 감정의 피드백에만 집중하는 게임도 있기 때문에 게임 기획에 정답이 없다는 것입니다. [무쌍] 시리즈는 이를 증명하는 좋은 작품입니다. 스트레스가 쌓이는 일이 있다면 [무쌍] 시리즈를 플레이하면서 날려 보내면 어떨까요?

너무 어려운 게임의 쾌감, 소울라이크

[무쌍] 시리즈가 스트레스 해소에 최고라면, 반대로 스트레스를 부여하는 게임 시리즈가 있습니다. 제가 정말 좋아하는 게임들인데 이를 통칭 [소울라이크]라고 합니다. 프롬 소프트웨어의 [데몬즈소울], [다크소울], [블러드본], [세키로], [엘든링] 등이 이 시리즈의 대표 게임입니다.

이 게임에서 게이머는 수없이 죽습니다. 죽어서 망자가 되고 그 상태로 플레이하다가 또 죽습니다. 그만큼 쉽게 죽는 게임입니다. 아무리 약한 적에게라도 한두 번 맞으면 죽기 때문에 항상 긴장한 채 플레이하게 됩니다. 한 걸음 한 걸음 천천히 걷고 항상 주위를 의식하며 조마조마한 마음으로 화면을 바라봅니다. 갑자기 무언가 튀어나오면 재빠르게 반응하기 위해 손에 땀이 날 만큼 컨트롤러를 쥔 손에 힘을 주게 됩니다. 왜 이런 엄청난 스트레스를 받으며 게임을 하는 걸까요? 성취감 때문입니다. 어려운 것을 극복했을 때의 성취감은 다른 무엇보다 큽니다. 셀 수 없는 죽음 사이에 철학이 담겨있고 메시지가 담겨있지만 이 부분은 건너뛰고 좀 더 심플하게 생각해봅시다. 이 게임을 하는 게이머들은 실패를 반복하며 그저 나아갈 뿐입니다.

제 이야기를 하자면 아이러니하게도 이 시리즈를 찾는 시기는 힘든 나날이 계속될 때입니다. 단기적인 분노는 [무쌍] 시리즈 같은 형태로 해소할 수 있지만 장기적인 압박과 스트레스는 그것만으로 해소되지 않습니다. 이럴 때 오히려 현실보다 더 큰 스트레스를 주는 게임을 합니다. 높은 난도의 게임은 완전한 집중을 요구하기 때문에 현실을 잠시 잊고 게임에 몰두할 수 있습니다. 그뿐만 아니라 현실과는 궤가 다른 큰 고난을 극복함으로써 현실의 고통에 맞설 마음가짐을 주기도 합니다.

　[소울라이크] 시리즈는 고난도 게임의 대명사로 불리기 때문에 애초에 도전할 엄두조차 내지 않는 사람이 많습니다. 신규 게이머의 유입이 적은 시리즈이지요. 그래서 이 게임을 하는 게이머들은 어떻게든 새로 시작하는 게이머를 도와주려고 합니다. 그들이 느낀 성취감을 다른 이에게도 느끼게 해주고 싶다는 선한 마음이죠. 어쩌면 어려운 난도가 게이머를 뭉치게 하는 것인지도 모르겠습니다.

　어려운 게임은 또 다른 즐거움을 줍니다. 진한 몰입과 집중력을 주고 때로는 현실을 극복할 용기를 줍니다. 이 게임에 좌절할 무렵 저를 지켜보는 수많은 다른 게이머들이 손을 내밀고 응원해주었습니다.

　게임을 기획하는 데 있어 적절한 난도 밸런스가 기준이 되어야 하는 것은 맞지만 이처럼 극단적으로 쉽거나 어려운 게임 또한 그에 맞는 기획을 잘한다면 얼마든지 좋은 결과를 낼 수 있습니다. 게임 기획에는 절대 정답이 없습니다. 다각도로 생각하고 응용해봅시다.

[데몬즈 소울]

Lesson 12

지속의 게임 기획

게임 기획자가 알아야 하는 게슈탈트 이론

게슈탈트 이론은 오스트리아-헝가리의 심리학자인 베르트 하이머가 창시했습니다. 이 이론은 디자이너에게 많이 알려졌고 그들에 의해 사용되는 경우가 많습니다. 하지만 게임 기획자에게도 알아두어야 할 필수 이론입니다. 이름이 다소 생소할 순 있지만 내용을 듣고 나면 무엇을 말하는지 쉽게 이해될 것입니다.

종이에 동그라미 하나를 그려봅시다. 여러분은 이 동그라미가 무엇으로 보이나요? 누군가는 보름달이라 할 것이고, 또 다른 누군가는 하늘에서 내리는 눈이라거나 햄버거 빵 혹은 공이라고 할 수도 있습니다. 이렇게 다양한 시각을 갖게 되는 데는 두 가지 이유가 있습니다.

첫 번째는 개인의 성격이나 경험이 다르기 때문이고 두 번째는 주변의 시각 정보나 환경, 혹은 학습에 의해 달라지기 때문입니다. 잘 생각해보면 우리는 게임에서도 이런 경험을 하고 있습니다. 비행기 슈팅 게임에서는 작은 동그라미 형태의 탄환이 날아옵니다. 이것은 피해야 하는 요소입니다. 하지만 [팩맨]에서 작은 동그라미는 남김없이 먹어야 하는 목표입니다. 어떤 게임에서는 작은 동그라미 여러 개를 붙여서 가이드 선을 만들어주기도 합니다. 눈에 보이는 것은 모두 작은 동그라미이지만 우리는 게임에 따라서 이것을 다르게 인지합니다.

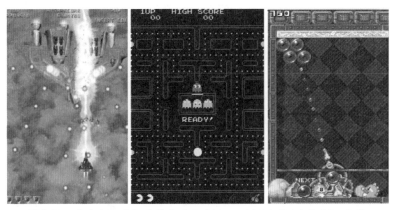

같은 동그라미라도 사용 방법이 다르다(왼쪽부터 [라이덴], [팩맨], [버즐버블]).

다른 예시를 들어보겠습니다. [슈퍼 마리오]의 하늘 스테이지에 가면 밟을 수 있는 구름이 있고 밟을 수 없는 구름이 있습니다. 게임을 하면서 이 두 가지를 혼동한 적이 있는지 생각해봅시다. 아마 전혀 없을 것입니다. 이것이 게슈탈트 이론의 기본입니다. 게임 속에 들어가는 오브젝트나 아이콘, 이펙트 등이 어떤 의미인지를 게이머에게 전달해야 하며 같은 형태 안에서도 의미가 있는 것과 없는 것을 구분할 수 있게 해야 합니다. 이 부분 역시 게임 기획자가 해야 할 역할입니다. 게슈탈트 심리학에는 다양한 법칙이 있지만 그중에서 게임 기획자가 연출이나 UI 기획을 위해 활용하기 좋은 다섯 가지 법칙을 소개합니다. 대부분 의식하지 않아도 자연스럽게 활용하고 있겠지만 한번 짚어보길 바랍니다.

근접성의 법칙

가까이 있는 것을 보다 밀접하게 느낀다.

예 세 사람 중 가까이 있는 두 사람을 친구라고 생각한다.

예 보물 창고 밖에 있는 보물 상자에는 다른 보물이 들어있을 것으로 생각한다.

폐쇄성의 법칙

완성되지 않은 모습에서 완성된 것을 연상한다.

예 실제로는 존재하지 않는 삼각형 두 개와 원 세 개를 본다.

대칭성의 법칙

인간은 대칭된 형태에서 안정감을 느낀다.

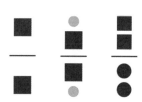

예 세 번째 형태는 불안정하게 느껴진다.

연속성의 법칙

뇌는 되도록 선이 부드럽게 연속됨을 추구한다.

예 끊어져 있는데도 부드러운 연결로 보인다.

친숙성의 법칙

인간은 형태를 받아들일 때 자기 경험을 통해 친숙한 형태로 받아들인다.

예 트릭아트. 실제로는 평면이지만 입체로 받아들인다.

위 다섯 가지 법칙은 게임 기획에 무의식적으로 자주 활용되는 게슈탈트 이론입니다. 이 외에도 다양한 법칙이 있으니 관심이 생긴다면 한번 찾아보기 바랍니다. 게임 기획자에게 시각과 관련한 이론은 어떤 것이든 도움이 되니까요.

게슈탈트 이론을 언급하는 이유는 이런 기본적인 내용 때문만은 아닙니다. 앞서 말한 행동과 감정 및 인지 연출에도 활용할 수 있기 때문입니다. 게슈탈트 이론은 행동으로 전이되기도 합니다. 이에 대한 연구도 많이 있으니 심리학 분야의 책을 찾아보는 것도 좋습니다. 비슷한 이론으로 깁슨이나 노먼의 행동 유도성 이론이 있습니다. 어포던스(Affordance)라고 부르기도 하는데요, 여기서는 자세히 다루지 않겠습니다.

행동으로 유도하는 가장 대표적이고 익숙한 예시는 모든 칸을 채우고 한 칸만 비워두는 것입니다. 게이머는 자연스럽게 비어있는 한 칸을 채우고 싶어집니다. 이는 폐쇄성의 법칙과 대칭성의 법칙을 함께 활용한 것입니다. 예를 들어 [포켓몬GO]는 처음 시작할 때 비어있는 도감을 줍니다. 게이머는 이 도감을 채우고 싶어지고 이는 게임의 강력한 동기가 됩니다.

게슈탈트 이론은 행동뿐 아니라 감정에도 영향을 미칩니다. 흐름을 유지하거나 대칭을 맞추려고 하거나 친숙한 형태로 간주하는 것은 결국 불완전한 것을 완전하게 만들려는 심리라고 볼 수 있습니다. 이를 통해 게이머의 행동뿐 아니라 감정을 유도할 수 있으며 연출을 통해 인지의 수준을 조절할 수도 있습니다. 알게 모르게 많은 부분에서 활용되는 이론이니 꼭 짚어보길 바랍니다. 의식하며 사용하는 것과 그렇지 않은 것은 응용 면에서 큰 차이가 있으니까요.

자이가르닉 효과와 단계별 목표

피드백 기획 부분에서 게이머의 목표를 장기, 중기, 단기로 다양하게 나누어야 한다고 했습니다. 그리고 조금 전 게슈탈트 이론을 이야기하며 인간은 불완전한 것에서 완전을 추구한다고 했습니다. 이 두 가지에 더해 자이가르닉 효과까지 이해하면 게임을 지속하게 하는 기획을 하는 데 도움이 됩니다.

자이가르닉 효과를 한마디로 말하자면 불완전한 것이 기억에 잘 남는다는 것입니다. 이를 가장 잘 활용하는 분야가 웹소설이나 웹툰 등의 연재형 콘텐츠입니다. 드라마에도 자주 활용됩니다. 소위 '절단신공'이라고 부르는데요, 절묘한 장면에서 이야기를 멈춤으로써 다음 편을 기다리게 하지요.

게임에서는 이를 어떻게 사용하면 좋을까요? 앞서 말한 것처럼 피드백을 위한 목표에는 여러 단계를 두며 동시에 진행해야 합니다. 이중 장기 목표일수록 아슬아슬한 불완전함을 주어야 합니다.

예를 들어 세계를 구하기 위해 전설의 보물을 모아야 하는 게임이라고 생각해봅시다. 전설의 보물 세 개를 모아야 하는 목표와 전설의 보물 열 개를 모아야 하는 목표는 집중도에 있어 현저한 차이가 납니다. 왜냐하면 그 아래에 중간 목표와 단기 목표가 자리하기 때문이지요. 첫 번째 보물을 얻으려면 던전을 클리어해야 한다는 중간 목표가 있다고 간주하고 던전을 클리어하려면 레벨을 올리는 단기 목표가 있다고 가정해봅시다. 보물의 개수가 많을수록 장기 목표는 흐릿해질 것입니다. 가장 좋은 장기 목표는 시나리오상으로 이미 다른 보물은 다 찾아서 한 개만 더 찾으면 된다는 목표입니다. 아주 명확해지니까요.

정리하자면 아슬아슬하게 불완전할수록 기억은 더욱 강렬해집니다. 따라서 피드백이 먼 장기 목표일수록 아슬아슬한 불완전성을 추구하며 명확한 형태가 좋습니다. 단기 목표는 현재 행동을 하는 동기가

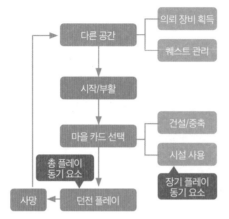

던전 림버스의 단계별 기획 의도

(불완전한 요소를 여러 단계로 배치한다)

다른 공간 → 의뢰 장비 획득	◦ 이전 방문 시 의뢰한 장비 획득 ◦ 획득 후 다음 장비 제작을 의뢰해둠 ◦ 다음 플레이를 위한 기대 요소가 됨
다른 공간 → 퀘스트 관리	◦ 퀘스트 완료 처리 및 보상 획득 ◦ 다음 퀘스트 의뢰 확인 및 수락 ◦ 3~5회 분량 중기 플레이 목적이 됨
마을 카드 선택 → 건설/증축	◦ 새로운 시설의 건설 ◦ 혹은 기존 시설의 레벨 상승 ◦ 이를 위해 던전에서 재료 수집 필요 ◦ 재료가 있어도 마을 카드가 나와야 가능한 랜덤 요소가 있음(랜덤 요소는 로그라이크의 필수 요소)
마을 카드 선택 → 시설 사용 (장기 플레이 동기 요소)	◦ 마을 시설을 사용해 이번 탐사를 준비 ◦ 시설이 존재하더라도 마을 카드가 나와야 사용 가능하다는 랜덤 요소가 있음(랜덤 요소는 재플레이 요소가 되며 전략의 판단을 명확히 해주는 요소)

되기 때문에 기억에 남는 것이 중요하지 않습니다. 최종 목표는 게임을 하는 내내 이를 추구할 수 있어야 하므로 명확해야 합니다. 이 목표들을 조절하면서 게이머의 다양한 행동을 유도하는 것이 게임 기획 직군이 갖는 전문성이라고 할 수 있습니다.

자극과 시간 밸런스

게임을 기획하는 데 있어 시간은 굉장히 중요한 요소입니다. 시간은 자극과 연관되는데 '새로운 자극이 돌아올 때까지의 시간 간격'과 '자극이 유지되는 시간'으로 분류할 수 있습니다.

자극이 돌아올 때까지의 시간 간격

게임에서 자극은 재미일 수도 있고 가벼운 동기부여일 수도 있고 감동이나 성취감일 수도 있습니다. 적절한 시기에 자극을 주지 못하면 지루한 게임이 되며 포기하는 사람도 생길 것입니다.

극단적인 예시를 들어보겠습니다. 게임을 처음 시작하면 게임 캐릭터가 사막 한 가운데에 있습니다. 우선 가까운 오아시스까지 걸어가야 게임이 진행됩니다. 여기에서 오아시스까지의 거리는 어느 정도가 적당할까요? 1초만 이동해도 오아시스가 있다면 애초에 사막에서 시작할 이유가 없습니다. 반대로 5시간을 걸어가야 한다면 아무도 이 게임을 하지 않을 것입니다. 5시간이 아닌 10분이나 5분만 되어도 많은 게이머가 이 게임을 포기할 가능성이 높습니다. 물론 사막을 걷는 동안 다른 요소들이 나타날 순 있지만 우리는 자극에 대해 이야기하고 있으므로 아무것도 없는 허허벌판인 것을 전제로 하겠습니다.

다른 예시를 들어보죠. 자극의 종류는 다양합니다. 그중 대표적으로 언급되는 것이 레벨입니다. MMORPG를 하는 게이머에게 레벨 업은 큰 자극이자 중간 목표 지점이 됩니다. 레벨 1등급을 올리기에 얼마나 많은 시간이 필요할지는 필요 경험치뿐만 아니라 경험치 획득 방법과 그와 관련한 모든 것이 함께 고려되어야 합니다. 이를테면 경험치를 주는 몬스터가 인근 지역에 얼마나 있는지, 거기까지 가는 이동 거리, 몬스터와 싸우는 시간, 몬스터가 재생성되는 시간, 게임 캐릭터가 갖고 있을 무기의 최대 수치와 최소 수치, 컨트롤이 중요한 게임이라면 게이머의 컨트롤 실력까지 많은 부분이 엮이게 되지요. 복잡한 수치들이 한데 섞여 들어가기 때문에 이 부분은 밸런스 기획자가 담당하는 경우가 많습니다. 게임에 등장하는 자극의 크기 또한 다양하기 때문에 이를 잘 구성하고 배치하면 끊임없이 재미있는 게임이 될 수 있고 이 부분을 놓치면 지루한 게임이 될 수 있습니다.

자극이 유지되는 시간

두 번째 중요한 시간은 '자극이 얼마나 오래 유지되는가'입니다. 쉽게 생각하면 연출을 예로 들 수 있습니다. 레벨이 오를 때 몸에서 빛이 난다거나 좋은 아이템을 얻었을 때 특별한 효과음이 나오는 부분 등입니다. 여기에서 시간이 중요한 이유는 게이머의 성취감에 적당히 맞는 수준이어야 하기 때문입니다. 시간에 한해서는 극단적인 예시가 이해하기 쉬우므로 다시 예를 들어보겠습니다.

여러분이 하는 게임에서 레벨이 오를 때의 연출을 떠올려보세요. 어떤 게임에서는 1초도 되지 않는 짧은 표현을 하기도 하고 어떤 게임에서는 10초에 가까이 연출을 하기도 합니다. 두 게임의 차이는 무엇일까요? 어떤 게임을 떠올렸을지는 모르지만, 짧은 연출이라면 아마 게임 플레이 도중에 나오는 연출일 것입니다. 액션이나 슈팅 등 컨트롤이 중요한 게임이라면 더 짧을 것입니다. 반면 레벨 업 연출이 길다면 한 판의 게임이 끝난 결과 창일 가능성이 높습니다. 그렇지 않다면 턴제 게임*이나 전략 게임 같이 컨트롤보다 머리 쓰는 것이 중요한 게임일 가능성이 높습니다.

아무리 뿌듯하고 좋은 일이라도 게임에 방해가 된다면 부정적인 느

◆　　턴제 게임 : 서로 순서를 번갈아가면서 하는 게임

낌이 들 수 있습니다. 예전에 저는 어떤 게임을 하면서 '제발 지금 레벨이 오르지 말았으면' 하고 바란 적이 있습니다. 레벨 업 표시가 화면을 가려서 위험해질 수 있었거든요.

유지 시간에 있어 연출 이외에 중요한 것은 성취감의 유지입니다. 예를 들어 레벨이 올랐는데도 등장하는 적들이 너무 강해서 레벨 상승의 의미가 없다면 레벨 업이라는 자극이 크지 못하지요. 게임을 진행하면서 치음으로 불을 쏘는 미법을 배웠는데 직후에 등장하는 적이 불을 먹는 도마뱀이라면 성취감을 맛보기 힘들 것입니다. 불 마법을 익혔다면 한동안 얼음으로 된 몬스터들이 나옴으로써 성취감을 유지해줘야 합니다.

시간을 통한 피로도

위 두 가지를 종합해서 한 가지 더 신경 써야 할 부분이 있습니다. 피로도 문제인데요, 자극이 너무 자주 일어나거나 너무 드물게 일어나도, 자극 시간이 너무 길거나 너무 짧아도 게이머는 피로를 쉽게 느낍니다. 게임을 하다 보면 금방 지치는 게임이 있고 오랜 기간 집중해도 지치지 않는 게임이 있습니다. 기획할 때 피로도를 감안하는 부분은 상당히 어려운데요, 게이머에 따라서 천차만별이기 때문입니다. 이에 대해 조언을 하자면 최대한 게임의 타깃을 명확하게 잡고, 그들이 즐기는 게임들을 해보면서 적절한 시간 배분을 분석해보라는 겁니다.

예전에 FPS 게임◆을 기획할 때 저는 인기 있는 FPS 게임 열 가지를

◆　　FPS 게임 : 일인칭으로 진행하는 슈팅 게임

골라 플레이해보면서 모든 동작과 시스템, 총기의 격발 시간과 적을 처음 마주하는 시간 등을 체크한 적이 있습니다. 언뜻 그게 무슨 의미가 있을까 싶겠지만, 속는 셈 치고 예상 수치를 먼저 적어두고 한번 해보세요. 예상 수치와 실제 수치의 간극에서 깨닫는 부분이 분명히 있을 것입니다.

적절한 휴식을 기획하라

게이머는 게임을 하면서 다양한 자극과 피드백을 받습니다. 의외로 이것은 게이머 입장에서도 상당히 힘든 일입니다. 우리는 즐겁고 재미있으면 웃습니다. 하지만 몇 시간 동안 계속 웃기만 한다면 어떨까요? 아마 체력이 소진되고 힘들겠지요. 게임도 마찬가지입니다. 학교 수업도 시간마다 10분 정도의 휴식이 주어지듯이 게임에도 휴식 시간이 주어져야 합니다. 그리고 이것은 게임 기획자가 아니면 그 누구도 챙겨주지 않는 부분입니다.

게임에서의 휴식은 완전한 휴식을 의미하지 않습니다. 아무것도 안하고 멍하니 누워서 시간을 보내는 것이 아닙니다. 여전히 게이머는 게임을 바라보고 때로는 조작을 하기도 합니다. 옆에서 지켜보는 사람은 휴식을 취한다고 느끼지 못할 수도 있지만 게이머는 게임 속에서 휴식을 취하는 것입니다.

만약 게임을 종료하고 휴식을 한다면 이는 게임과 별개의 것이 되겠지요. 물론 강제로 이런 형태를 취하는 게임도 있습니다. 하루에 플레이할 수 있는 횟수가 정해져 있거나 실제 시간을 연동해서 하는 게임들이 그렇습니다. 하지만 일반적으로 게임 기획자가 구성해야 하는 휴식은 이런 방식과는 차이가 있습니다.

게임 속에서의 휴식은 심리적인 휴식을 의미합니다. 예를 들어 치열한 전투가 끝난 뒤 본부로 돌아온다거나, 힘든 일을 마치고 모닥불 앞에서 오늘의 성과를 정산한다거나, 마을을 위기에서 구해주었더니 축제를 열어준다거나 하는 등 어떤 방식이든 게이머가 긴장을 이완시키며 편안하게 시간을 보낼 수 있는 형태가 필요합니다. 이런 요소가 없다면 게임을 할 때마다 지치기 때문에 점점 하기 싫어지는 게임이 될 수 있습니다.

조금 더 1차원적인 고전 게임도 플레이하다 보면 적의 탄환이 쏟아져 나오다가 한동안 소강 상태가 되는 부분이 있습니다. 스테이지를 클리어했을 때 나오는 점수 계산 화면을 스킵 되지 않게 하고 오히려 스토리나 게임 콘셉트를 재미있는 연출로 보여주어 휴식 시간을 주는 게임도 같은 이유입니다. 아예 로딩 시간을 고의로 더 넣거나 화면 전환 연출로 시간을 끄는 경우도 있습니다. 이와 관련해서는 1980년대 초기에 세계를 석권한 [팩맨]에서도 찾아볼 수 있는데요,《팩맨의 게임학》이란 책에 의하면 스테이지 중간에 나오는 짧은 애니메이션이 성공의 비결 중 하나였다고 합니다.

한 가지 특이점은 휴대용 게임기나 모바일 게임에서는 휴식의 타이밍이 다를 수 있다는 것입니다. 현실과 맞닿은 플랫폼이기 때문에 기본적인 집중도나 피로도가 낮습니다. 최근에는 멀티 플랫폼으로 게임을 출시하는 경우가 많은데요, 하나의 게임을 개발해서 수정 없이 여러 플랫폼에 출시하는 것을 말합니다. 이런 경우 휴대용 게임으로 잘 맞는 게임과 거치형 게임으로 잘 맞는 게임으로 나누곤 하는데 보통 조작성이나 각 플랫폼의 특징에 따라 나눌 것이라 생각하겠지만 게임 내 휴식 타이밍도 그 이유가 될 것입니다. 그러니 게임 내 휴식을 기획한다면 현재 기획하고 있는 플랫폼도 감안해서 구성하길 바랍니다.

게임 속에 휴식 시간을 넣는 방법은 다양합니다. 짧은 주기로 작게 넣을 수도 있고 크고 긴 긴장감을 유지하다가 장시간의 휴식을 넣을 수도 있습니다. 규모가 큰 게임일수록 후자 쪽이 많지만 스마트폰 게임이라면 전자를 선호합니다. 게임마다 천차만별이므로 별다른 요령을 언급할 수는 없습니다. 하지만 이런 요소가 필수라는 점은 꼭 알아두길 바랍니다.

게임 안에서의 시간 밸런스는 굉장히 중요합니다. 반면 극단적으로 시간 밸런스를 붕괴시키는 형태로 차별화를 주는 게임도 있습니다. [용사 30]이라는 게임입니다. 이를 게임 사례로 다루어보겠습니다.

용사30의 세 가지 인사이트

게임 하나에 얼마나 많은 시간을 보낼까요? 대결 또는 경쟁하는 형태의 게임은 무제한으로 즐길 수 있지만, 스토리가 있고 끝이 있는 게임이라면 플레이 시간이 대체로 정해져 있습니다.

여러 장르 중 그나마 오랜 시간 플레이하는 장르 중 하나가 RPG입니다. 고전 게임 시절부터 RPG는 다른 장르에 비해 긴 시간을 플레이해야 했으며, 요즘 나오는 RPG는 길게는 100시간 이상을 해야 마지막을 볼 수 있습니다.

이에 반하는 엉뚱한 콘셉트의 게임이 있습니다. [용사30]이라는 게임입니다. 이 게임을 시작하면 마왕은 세계를 멸망시키는 주문을 외웁니다. 세계 멸망까지 30초가 남은 상황에서 게이머는 용사가 되며 게임이 시작됩니다. 즉 30초 안에 마왕을 무찌르고 세계를 구해야 하는 것이지요. 앞서 말한 연출도 들어가야 하고 자극의 간극도 고려해야 할 테니 그렇다면 게임 속 자극이 적진 않을까 싶을 수 있지만 30초라는 짧은 시간 안에도 있을 것은 다 있습니다. 필드에서 약한 몬스터를 쓰러뜨려서 레벨을 올리고 돈을 획득합니다. 이 돈으로 마을에서 무기를 삽니다. 마을 사람의 부탁을 들어주기도 하고 그렇게 강해져서 마왕성에 가서 최후의 전투를 벌입니다. 30초라는 시간은 생각보다 많은 것을 할 수 있는 시간입니다.

[용사30]을 하면서 얻은 첫 번째 인사이트는 아무리 짧고 의미 없어 보이는 시간이라도 사실은 많은 것을 할 수 있는 시간이고, 이를 최대한 효율적으

[용사30]

로 사용해야 한다는 것이었습니다. 실제로 [용사30]의 많은 스테이지를 클리어하면 [기사30], [공주30], [마왕30] 등 다양한 30초 게임들이 나왔습니다. 30초라는 시간에 얼마나 다양한 일을 할 수 있는지를 확인할 수 있지요.

후반부 스테이지에서는 여신에게 30초씩 시간을 구매하기도 하는데요, 30초 리미트가 다가올 때의 긴장감과 더불어 고작 30초가 늘어났음에도 안도감이 드는 것 또한 신선합니다. 여기에서 두 번째 인사이트를 얻을 수 있습니다. 사람은 누구나 자기 환경 안에서의 기준을 잡게 되고 그 기준의 상대치로 감정을 느낀다는 것입니다.

리미트가 1시간인 상황에서 30초를 추가로 얻는 것과 리미트가 30초인 상태에서 30초를 추가로 얻는 것은 받아들이는 느낌이 굉장히 다르죠. 게이머에게 리미트 타임을 주는 것은 스트레스 요소일 수도 있지만, 이처럼 자극으로 활용할 수도 있습니다. 어떤 일이든 하찮고 작게 느껴질 때는 기준을 바꿔 다시 생각해봐야 하죠. 내 기준이 다르더라도, 다른 사람의 기준에서도 여전히 이것은 하찮고 작은 것인가? 이 부분은 게임을 기획하는 입장에서 굉장히 중요합니다. 아마도 게임 마니아 수준일 기획자 본인의 기준으로 게임을 개발한다면 당연히 복잡하고 어려운 게임을 만들 테니까요.

마지막 세 번째 인사이트는 30초라는 시간에 대한 가벼움에서 얻을 수 있었습니다. 게임을 플레이하면서 '여기까지만 하고 그만해야지'라는 생각을 자주 하는데, 이 게임은 도무지 제어되지 않는 거예요. 그 이유는 가볍기 때문입니다. '고작 30초인데, 한 스테이지만 더하자'라는 생각으로 30초의 반복이 1분이 되고 10분이 되고 1시간이 되어버립니다. 1시간을 오버해서 한 뒤에도 '30초니까 한 스테이지만 더하고 끝내자'라는 생각을 다시 하게 됩니다. 이 짧고 가벼운 시간이 얼마나 무서운 것인지, 그렇기에 접속 유지 시간이 중요한 MMORPG에서는 짧은 자극을 반복적으로 주며 게이머를 붙잡아두려고 합니다. 이 부분은 게이머 입장에서도 게임을 기획하는 입장에서도 깊이 생각해봐야 할 부분입니다.

[용사 30]은 시간 밸런스가 극단적인 게임입니다만, 이런 극단화를 통해 새롭게 배우고 알게 되는 것들이 있었습니다. 꼭 이 게임이 아니더라도 여러 게임을 해보면서 게임의 시간 밸런스를 체크해보는 것은 큰 도움이 될 것입니다.

Lesson 13

그 밖의 게임 기획

로제 카이와의 놀이의 분류

만약 학교나 학원을 통해 게임 기획을 학습했다면 로제 카이와의 '놀이의 분류'는 익숙한 이론일 것입니다. 프랑스 사회학자인 로제 카이와는 인간의 놀이를 두 가지 기준으로 분류했습니다. 바로 '규칙'과 '의지'의 유무입니다. 이를 통해 놀이는 총 네 가지로 분류됩니다.

- **아곤** : 규칙이 있으며 의지를 갖추고 행하는 것. 경쟁 형태의 놀이들이 이쪽에 포함됩니다. 체스나 바둑, 스포츠나 가위바위보 같은 것들이지요.
- **알레아** : 규칙은 있지만 의지가 작용하지 못하는 것. 운에 의지하는 것들이 여기에 속합니다. 예를 들면 주사위나 동전 던지기 등이 그러합니다.
- **미미크리** : 규칙은 없고 의지만 있는 것. 역할극 형태의 놀이가 여기에 속

로제 카이와-놀이의 4분류

합니다. 소꿉놀이나 연날리기 같은 것들입니다.

◦ **일링크스** : 규칙도 없고 의지도 없는 것. 놀이공원의 어트렉션이나 미끄럼틀 등이 여기에 속합니다.

우리가 개발하는 게임들은 이 중 어디에 속할까요? 여러분이 좋아하는 게임들을 이 네 가지 중 어디에 속하는지 표시해보십시오. 명확하게 구분되는 게임도 있지만 애매한 경우도 있을 것입니다. 사실 오래전 게임들은 어느 부류에 속하는지가 명확했습니다. 하지만 최근 게임들은 그렇지 못합니다. 게임 하나에 둘 이상의 요소를 갖고 있기 때문입니다. 심하면 네 가지 요소 모두를 가지고 있기도 합니다. 그렇기 때문에 위 도표는 현재 게임에는 맞지 않습니다. 그렇다면 왜 저는 지면을 할애해가면서 로제 카이와의 놀이의 4분류를 설명하는 걸까요?

과거 이 도표는 게임 자체의 포지션을 정하는 목적으로 활용했습니다. 하지만 조금 전에 기술한 대로 현재는 게임 하나에 모든 요소가 들어있습니다. 비중은 각기 다르지만요. 현재 이 도표는 게임 속에 있는 시스템들을 기획하고 게임의 구성 요소를 나열할 때 사용됩니다.

현재 기획하고 있는 게임이 경쟁형 게임이라면 아곤 요소의 시스템이나 콘텐츠의 비중이 강해야 할 것입니다. 스트레스 받지 않고 마음껏 꾸미고 놀 수 있는 게임이라면 미미크리의 비중이 강해야 할 거고요. 예를 들어 미미크리 요소로 오픈 월드를 도입한 게임에서 아곤이 강하다면 항상 긴장감을 느끼게 될 것이고, 일링크스가 강하다면 놀거리를 찾아 돌아다니는 느낌을 받을 것이며, 알레아가 강하다면 랜덤으로 스테이지나 콘텐츠가 구성되어 할 때마다 새로운 느낌을 받게 될 것입니다.

이처럼 로제 카이와의 놀이의 분류는 과거에는 게임 자체의 방향과 시장에서의 위치 등을 판단하는 데 사용되었다면 현재는 게임 내부에

예시 - 몬스터 헌터 게임에 들어있는 놀이의 4분류

분류	내용
아곤	몬스터 사냥, 무기 제작, 퀘스트 진행
	몬스터 헌터 게임 진행을 위한 핵심 요소들
알레아	소재 획득
	사냥 후 얻는 소재 및 보상은 확률 랜덤으로 제공된다.
미미크리	세계관, 디자인 콘셉트, 자유도, 집 꾸미기, NPC와 대화 등
	헌터로 살아가는 삶을 연기한다.
일링크스	다양한 화면 연출들
	거대한 몬스터의 등장 연출 및 몬스터 이펙트와 모션 등

있는 시스템과 콘텐츠의 배치와 비중을 조율하는 데 활용되고 있습니다. 이에 대한 학습이 필요하다면 본인이 좋아하거나 최근 즐기는 게임의 요소들을 네 가지로 분류해보고 비슷한 장르의 게임을 하나 선정해 똑같이 분류해보길 바랍니다. 어느 부분에서 미묘한 차이가 나는지 눈에 보일 것입니다.

마법의 숫자 7

테트리스라는 게임 아시죠? 러시아의 알렉세이 파지트노프가 개발한 세계적인 퍼즐 게임입니다. 이 게임에는 큰 비밀이 숨겨져 있습니다. 테트리스라는 제목의 의미는 라틴 그리스 숫자의 4를 의미하는 '테트라'에서 나왔습니다. 테트리스는 '테트라들'이라는 뜻이죠. 테트리스에 등장하는 모든 블록은 네 개의 작은 사각형으로 이루어져 있습니다. 그리고 이 네 개의 작은 사각형의 조합으로 만들어지는 블록은 정확히 일곱 가지입니다.

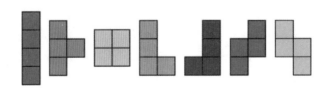

[테트리스] 블록 7가지

여기에서 7이라는 마법의 숫자가 등장합니다. 오래전부터 인간은 7이라는 숫자에 익숙합니다. 세계 7대 불가사의도 있고 전화번호도 7자리였습니다. 주민등록번호 뒷자리도 놀랍게 7자리입니다. 왜 7이 중요한 걸까요?

하버드대학의 심리학자인 조지 A 밀러는 인간이 동시에 기억하며 응용할 수 있는 가짓수가 일곱 개라는 논문을 발표했습니다. 단순히 기억만 하는 것이라면 그보다 많을 수 있겠지만, 게임에서는 이를 조합하고 활용해야 합니다. 극단적으로 가정해봅시다. 만약 테트리스에 등장하는 블록이 100종류였다면 지금처럼 재미있었을까요? 가짓수를 줄여서 20개였더라도 지금과 같은 인기를 끌 수 있었을까요? 저는 테트리스가 세계적인 성공을 거둔 데는 블록의 가짓수가 일곱 개라는 분석을 여러 곳에서 볼 수 있었습니다. 이는 개발자 본인의 발언이 아니기 때문에 정답이라고 할 수는 없습니다. 그런데도 저는 이 분석에 동의하는 편입니다. 그래서 기획할 때 한 번에 인지하는 요소를 가급적 일곱 개 정도로 맞추려고 합니다. 그래야 게이머가 큰 스트레스 없이 다룰 수 있다고 생각하기 때문입니다. 어쩌면 테트리스와 숫자 7의 관계는 크지 않을 수 있습니다. 하지만 게임 기획자라면 숫자에 대한 기준을 가질 필요가 있습니다. 슈팅 게임에서 한 스테이지에 등장하는 적기의 종류를 세어본 적 있나요? 한 화면에 등장하는 적기의 숫자를 세어본 적은요? 틀림없이 이런 요소들은 그 게임 기획자가 가진 기준에 따라 정해졌을 것입니다. 결국 이를 배치하는 것은 기획자의 일이니까요. 숫자가 너무 과하면 엄두가 나지 않을 수 있습니다. 숫자가 너무 적다면 시시하고 단순하게 느낄 수 있습니다. 게임을 기획해가는 과정에서 자신만의 기준을 세워보고 타깃 사용자에게 적절한 숫자는 무엇일지 찾아보길 바랍니다.

감정 그래프와 흥미 그래프

2009년 부산에서 열린 '지스타 콘퍼런스'에 참여했습니다. 그곳에서 [프라임골]과 [패미스타] 등의 개발자인 카와시마 켄타로의 강연을 듣고 크게 감동을 받았습니다. 당시의 저는 게임 기획에 한계를 느끼고 있었는데 이날부터 게임 기획의 깊이를 다시 느끼게 되었죠. 카와시마 켄타로의 강연은 RPG 제작에 관한 내용이었지만 저에게 와 닿았던 부분은 인간의 감정을 데이터화해서 기획에 활용한다는 부분이었습니다.

인간이 느낄 수 있는 기쁨, 슬픔, 쾌감, 분노 등 다양한 감정을 키워드로 삼아서 게이머의 감정 곡선을 그립니다. 처음에는 호기심을 유발하고 그다음에는 쾌감을 준다거나 하는 형태로 이 게임을 하며 게이머가 느끼게 되는 감정을 기획하는 것입니다. 부정적인 감정은 짧고 강렬하게 주고 긍정적인 감정으로 이를 재빠르게 덮습니다. 은근한 감정으로 분위기를 고조시키기도 합니다. 그때부터 10여 년이 지난 지금도 저는 이런 감정 흐름도를 요구 받는 경우가 가끔 있습니다. 물론 이야기를 들었던 당시의 것보다는 조금 더 단순화된 내용이거나 구매 유도 혹은 접속 시간을 위한 흥미 유지에 초점을 맞춘 요구가 많지만요.

게임 기획을 다룬 2부 마지막에 이 이야기를 하는 이유는 어느 정도 경험이 쌓이기 전까지는 쉽게 와 닿지 않는 이야기이기 때문입니다. 당장 게이머의 감정 등을 고려하며 게임을 기획하기는 힘들 것입니다. 20년간 게임 기획을 해온 저에게도 힘든 일이기 때문입니다. 하지만 이런 부분이 있다는 것을 인지해두고 게임을 기획한다면 생각보다 깊이 있는 접근이 가능해집니다. 게임 기획은 여전히 정립되지 않았으며 게임의 변화 속에서 계속해서 발전해야 하는 분야입니다. 이 책에서 언급한 인간의 감정이나 심리뿐 아니라 다양한 분야와도 게임 기획을 접목해보길 바랍니다. 게임 기획을 발전시켜나가는 것은 연구하는 학자들이 아니라 실제 일을 하는 우리이니까요.

어딘가에 존재하는 소통의 존재, 저니

당신은 사막 한가운데 서 있습니다. 주변에 건물도 나무도 없는 황량한 모래밭. 그리고 그 너머로 보이는 빛. [저니]는 이 막막한 장면에서부터 시작합니다.

[저니]의 시작 장면

게임 속에서 유일하게 보이는 것은 아주 먼 곳에 있는 것 같은 빛 하나뿐. 그 빛은 사막을 건너 유적을 지나 설산까지 이어집니다. 게이머는 그것을 향해 그저 걸어갈 뿐입니다. 고작 한 시간 반 정도의 짧은 게임. 하지만 이 게임을 플레이한 게이머들은 모두 큰 감동을 받았고 그 해 최고 게임상까지 수상했습니다.

게이머가 할 수 있는 일은 걷는 것과 공명하기라는 이상한 기능과 빛이 모인 장소에서만 할 수 있는 점프뿐. 한참 동안 사막을 헤매다 보면 나와 똑같이 생긴 캐릭터가 지나가는 것을 볼 수 있습니다. 그 캐릭터는 앞서거니 뒤서

거니 하며 제가 가는 길을 함께 나아갑니다. 처음에는 언젠가 저 캐릭터와 연관된 이벤트가 나오겠거니 하며 큰 관심을 두지 않고 플레이했습니다. 하지만 그 캐릭터의 행동이 어딘가 이상했습니다. 프로그래밍된 행동으로 보기에는 주저함도 많았고 주변을 둘러보며 무언가를 생각하는 것 같았습니다. 그 캐릭터에게 다가가서 공명하자 상대도 공명을 했습니다. 주변을 빙빙 돌자 상대도 빙빙 돌았습니다. 이런 반응들로 알게 되었습니다. 이 캐릭터는 다른 게이머였던 것입니다.

대화도 통하지 않고 서로가 누구인지도 모르는 두 여행자가 사막 한가운데서 만납니다. 막막한 공간에서 만난 누군가라는 존재가 처음에는 특별하게 느껴지지 않습니다. 같이 돌아다니며 발견한 것은 두 캐릭터가 함께 있으면 머플러에서 빛이 나온다는 것뿐. 그리고 이해했습니다. 빛이 있는 곳에서만 점프할 수 있음을 말입니다. 두 사람이 힘을 합쳐야만 넘어가는 부분이 존재하는 듯했습니다. 그렇게 함께 게임을 진행하다 상대와 헤어지게 되었고 어느 순간 저 멀리 보이다가 마지막 설산의 눈보라 속에서 다시 만났습니다. 두 캐릭터 모두 쓰러질 듯 위태위태했지만 제 눈에는 제 캐릭터보다 상대 캐릭터만 보였습니다. 똑같은 모션을 취하고 있었는데도 상대의 위태로움이 더 걱정되었던 거죠. 그리고 감동의 엔딩에 도달했습니다.

이 게임은 함께 플레이한 게이머가 누구인지 알려주지 않습니다. 상대도 저를 알지 못합니다. 모르는 사이지만 우리는 서로를 의지했고 함께 여행했으며 눈에 보이지 않으면 걱정하기도 했습니다. 대화를 나눌 수도 없고 할 수 있는 것은 같이 있을 때 점프하는 것과 이상한 소리를 내는 것뿐이었습니다. 하지만 이것만으로도 충분했습니다. 온갖 SNS를 하며 소통하고 있다고 생각했지만 그보다 더 깊은 소통이 이 게임에 존재했습니다. 게임을 끝내고 한참 동안 여운이 남았습니다. 그리고 소통이라는 것에 대해 다시 한번 생각하게 되었습니다.

우리가 현실에서, 삶 속에서 만나고 대화하는 사람들. 그들과 정말 마음으로 소통하고 있는가? 말에 휘둘리고 상황에 휘둘려서 겉으로만 대하고 있지는 않은가? 짧은 한 시간 반의 여정을 함께한 그 게이머보다 깊이 마음을 나누고 있는가? 이와 동시에 [저니]에서 길을 걸어간 것처럼 세상 어딘가에는 나와 같은 길을 걷고 있는 누군가가 있을 거라는 생각도 들었습니다. 이 길을 꾸준히 걸어간다면 언젠가는 그 사람과도 마주할 수도 있지 않을까? [저니]는 짧은 플레이를 통해 이런 굵직한 깨달음을 던져주었습니다. 이 게임이 잊힐 때쯤 언젠가 다시 한번 해보고 싶습니다. 그때는 또 다른 느낌으로 다가오지 않을까요?

GAME PROJECT GUIDE

MORE GAMES

PLAY

▶ OPTIONS

RANKING

CLASS 3

게임 기획자로
살아남기

게임 기획자도 결국은 회사에 소속된 직업인입니다.
게임 기획이 아닌 게임 기획자로서 갖춰야 할 마음가짐과
사회 생활의 팁을 다룹니다.

Lesson 14

게임 개발팀에서의 게임 기획자

게임 개발은 혼자서 하는 것이 아니다

게임 개발과 관련된 만화 〈기가 도쿄 토이박스〉에 이런 문구가 나옵니다.

"혼자서 마왕을 잡는 것은 [드래곤 퀘스트 1]까지였다."

과거의 게임은 한 사람이 모든 것을 개발할 수 있었지만 현대의 게임은 그럴 수 없다는 의미를 담고 있습니다. 물론 현재도 혼자 게임을 개발하는 1인 개발자들이 없지는 않습니다. 다만 상업 게임의 기준이 높아지면서 혼자서 모든 것을 하기는 점점 더 어려운 것도 사실입니다. 이를 보조하기 위해 사용하기 쉽고 강력한 기능을 더해주는 게임 엔진이 나오고 있지만 과거만큼 큰 반향을 일으키기는 쉽지 않습니다.

게임은 여러 직군의 사람들이 어우러져 개발합니다. 하지만 쉬운 일은 아닙니다. 각각의 직군은 서로 다른 시야로 게임을 바라보고 구성하며 이야기를 하거든요. 다양한 직군 사이에서 커뮤니케이션이 원활히 이루어질 수 있도록 하는 것이 게임 기획자의 중요한 업무 중 하나입니다.

개발을 막 시작한 게임은 망망대해에 던져진 것처럼 막연합니다. 아마 게임뿐 아니라 거의 모든 창의적인 일이 비슷할 것입니다. 아무튼 개발을 시작하려면 방향을 정할 필요가 있습니다. 그것이 기획의 시작이 됩니다. 정해진 방향으로 배가 잘 나갈 수 있어야 원하는 목적지에 도달할 수 있습니다. 이를 위해서는 배 안에 있는 여러 선원이 각자의 업무를 할 수 있도록 지원해주고 보조해주어야 합니다. 그렇게 나아가다 보면 때로는 내가 가려는 방향이 틀렸음을 알게 되기도 하고, 동료들이 더 나은 방향을 제시하기도 합니다. 여기에서 중요한 것은 '나아가다 보면'이라는 대목입니다. 망망대해 한가운데에서는 누구도 섣불리 행동하기 어렵거든요. 게임 기획자는 개발의 처음과 마지막을 책임져야 하며, 이를 위해 다른 사람들의 의견을 경청하고 조율하며 때로는 동기부여를 해야 합니다. 또한 그 과정이 즐거워야 하며 이 즐거움을 만들어가는 것도 게임 기획자의 중요한 직무임을 잊어서는 안 됩니다.

물론 큰 개발 조직에서는 이러한 배려나 조율이 나쁜 영향을 초래하기도 합니다. 철저하게 세분되고 구조화된 조직이라면 자기 일에 집중하는 편이 더 효율적일 수 있으니까요. 인원이 많을수록 모든 사람의 의견을 담기가 힘듭니다. 이런 경우에는 다른 사람의 의견을 받아들이거나 조율하는 행동이 오히려 혼란을 일으키는 경우도 많지요. 그럼에도 게임 기획자라면 게임을 만드는 여러 직군의 동료와 그들의 생각을 담아두려고 노력해야 합니다. 게임은 혼자 만드는 것이 아니니까요.

직급이 동일하다면 모든 직군은 평등하다

게임 기획 지망생이 착각하는 것이 있습니다. 게임 기획자가 다른 직군보다 상위에 있을 거라는 생각입니다. 사실은 전혀 그렇지 않습니다. 직급이 동일하다면 모든 직군은 평등합니다. 이런 오해가 생기는 이유는 게임 기획서 때문입니다. 기획서를 통해 방향을 먼저 제시한다는 이유로 상위 직군으로 착각하는 것이지요. 이를 간과한 채 나의 기획을 상대에게 강요하거나 고집을 부리면 감정이 틀어질 수도 있고 그 결과가 안 좋은 방향으로 돌아올 수도 있습니다. 물론 기획을 관철해야 한다는 확신이 들거나 반드시 통과시켜야 하는 상황도 있습니다. 그럴 때도 우기고 고집부리기보다는 설득하려는 노력을 해야 합니다.

한 사람의 기획이 모두에게 강요하는 형태로 개발되는 게임이 없지는 않습니다. 다만 그런 경우 그 사람이 게임 디렉터나 책임자인 경우가 많습니다. 개발팀 내에 있는 게임 기획자가 아니라는 거죠.

이러한 오해는 개발팀 밖에서도 일어납니다. 게임과 관련한 직군 중에는 직접 개발에 관여하지 않는 부서들이 있습니다. 게임 운영자와 QA, 마케팅 및 사업과 로컬라이징 등이 그러하죠. 간혹 게임 기획자 중에 이런 직군을 무시하는 경우가 있습니다. 본인이 만든 게임 기획서를 기반으로 업무를 진행하는 부서이기 때문이지요. 하지만 앞서 말한 것처럼 그 어떤 직군이든 같은 직급이라면 평등합니다. 각 직군의 업무들은 개별 전문성을 지니고 있으며 이 중 누구 하나라도 부족하면 게임의 가치는 크게 떨어질 수 있습니다. 앞서서 업무를 진행한다고 해서, 혹은 내가 작업한 문서를 기반으로 작업을 한다고 해서 내가 그들보다 나은 사람이라는 착각을 항상 경계하십시오. 내가 상대를 존중한 만큼 상대도 나를 존중할 것임을 기억하십시오. 상황에 따라서는 다른 직군을 서포트하게 될 수도 있습니다. 게임 기획자는 직군의 전문성이 상대적으로 낮은 대신 여러 직군의 기본을 알고 있기 때문에 좋은 서포터로 활약할 수 있으니까요.

게임 기획자는 다방면의 지식을 갖추어야 합니다. 그래야 기획서를 통해 동료에게 일을 제안할 수 있으니까요. 하지만 각 분야 업무에 대한 전문성은 떨어집니다. 아주 드물게 예외가 있기는 하지만 대체로 기획자는 디자이너보다 디자인 능력이 떨어지고 프로그래머보다 코딩 능력이 떨어집니다. QA보다는 테스트 능력이 떨어지고 마케팅 부서보다는 트렌드에 약하지요. 당연한 일이니 인정해야 합니다. 모든 동료는 각자의 분야에서 게임 기획자보다 능력이 뛰어납니다. 이를 통합하고 조율해서 결과를 만드는 것이 기획자의 역할입니다. 게임 개발 프로젝트를 양몰이에 비유하자면, 게임 기획자는 앞서서 끌어가는 양치기가 아닌 양들이 방향을 벗어나지 않게 종횡무진 뛰어다니며 짖어대는 개에 가깝습니다. 그럼 양치기는 누구냐고요? 아마도 프로젝트를 책임지는 디렉터가 아닐까요?

게임의 재미는 누가 정하는가?

앞서 기획자는 다른 직군을 조율하고 보완해야 한다고 말했습니다. 어쩌면 그 말에 불만이 생길지도 모르겠습니다. 모두 자신의 전문 분야를 갈고 닦을 수 있지만 기획자는 그들을 보조하는 역할밖에 하지 못 하는 것이냐면서요. 그래서 말씀드립니다. 게임 기획자에게도 전문 분야가 있습니다. 바로 '재미를 게임에 넣는 부분'입니다.

디자이너는 시각적으로 멋지고 화려한 그래픽을 만들 수 있습니다. 하지만 잘 생각해보세요. 그래픽이 좋은 게임이 모두 재미있나요? 반대로 그래픽이 좋지 않은데도 재미있는 게임이 있지 않습니까? 프로그래머가 안정적인 게임을 만들거나 기술적으로 우월한 게임을 만들 수는 있습니다. 하지만 그것이 재미를 보장하지는 않습니다. 사운드도 마찬가지고 사업팀이나 마케팅도 마찬가지입니다. 모든 직군은 자신의 담당 분야 안에서 최상의 퀄리티를 내기 위해 노력합니다. 하지만 그 중에 재미를 책임지는 직군은 보이지 않습니다. 그것이 바로 게임 기획자입니다.

재미라고 단정적으로 말했습니다만, 어쩌면 그 또한 과거 이야기일지도 모르겠습니다. 게임에 따라서는 재미가 아닌 다른 것을 추구하는 게임도 분명히 있으니까요. 각 게임이 무엇을 추구하는지는 다를 수 있습니다. 하지만 결국 게임 기획자는 게임을 통해 게이머에게 목표하는 감정을 느끼게 하는 직업입니다. 재미가 아닌 편의성일 수도 있고 그래픽의 기술적인 화려함이나 수집 욕구 혹은 특별한 감정을 추구할 수도 있지만 그 목적을 잊지 않고 방향을 잡아주는 것이 기획자가 해야 할 역할입니다.◆ 그렇기에 이 직업의 전문성은 상당히 어렵습니다. 눈에 보이지 않고 머리로 이해하기 힘든데다 타깃 게이머에 따라 혹은 시기나 지역에 따라 쉽게 변하니까요. 이에 대한 전문성을 갖추더라도 잠시만 방심하면 순식간에 사라질 수도 있습니다. 이를 놓치지 않기 위해 게임 기획자는 끊임없이 새로운 콘텐츠를 체험하고 기사를 체크하며 트렌드를 따라가야만 합니다. 그래서 저는 지난 20년간 항상 새로운 콘텐츠를 즐겨왔습니다. 게임 기획자로서 노력한 것이지요.

안타까운 점은 이러한 게임 기획자의 전문성이 인정받기 쉽지 않다는 것입니다. 눈에 보이지 않는 요소를 다루는 터라 리소스나 코드, 음원이 남는 다른 직군들과는 다릅니다. 그래서 10년 차쯤 되면 기획자들은 한 번씩 허탈감을 겪습니다. 이는 게임뿐 아니라 공연, 전시, 출판, 교육 등 다른 콘텐츠의 기획자들도 마찬가지인데요, 잘못되면 제일 먼저 총알받이가 되지만 잘 되었을 때는 크게 돋보이지 못하기 때문입니다.

10년 차 즈음 그동안 했던 일들을 돌이켜봤을 때 자신의 이름으로 남은 것이 없음을 알게 됩니다. 그런데 여기에서 좌절하고 중단할지 그럼에도 계속 도전할지에 따라 그 이후의 삶이 달라지는 것 같습니다. 저는 허무함을 안은 채 기획을 계속했고 그 결과 디렉터와 프로듀서에까지 올라설 수 있었습니다. 이것이 꼭 옳은 길은 아닙니다. 그 상황에서의 선택은 오롯이 자신의 몫이니까요.

◆　　예를 들면 수년 전에 유행했던 오타쿠들의 '모에'라는 단어처럼 실체가 없는 것을 게임을 통해 달성하는 것이 이에 해당하죠.

타인의 플레이에 주목하자

앞서 게임 기획자는 눈에 보이지 않는 게이머의 감정을 담당한다고 말했습니다. 가장 기본이 되는 재미 외에도 많은 요소를 게이머에게 부여할 수 있어야 한다고요. 여기에서 매우 중요한 사실이 있습니다. 모든 감정적인 요소는 개인차가 있다는 것입니다. 가장 기본이 되는 재미를 예로 들자면, 같은 게임인데도 누군가는 최고라고 극찬하는 반면 다른 누군가는 재미없다며 욕하는 경우가 있습니다. 누구에게나 적당한 재미를 주는 게임도 있고 평가가 매우 나쁜데도 특정 타깃 게이머에게는 최고의 재미를 선사하는 게임도 있습니다. 이러한 개인차 때문에 게임 기획자의 전문성이 필요합니다. 명확한 타깃팅이 필요한 이유 또한 여기에 있습니다. 특정 타깃을 선정했다면 기획에 대해 구상하기에 앞서 타깃층을 조사하고 분석해야 합니다. 그들이 어떤 것에 열광하고 어떤 부분에서 재미를 느끼는지를 알아야 원하는 반응을 끌어낼 수 있기 때문입니다.

수많은 게임 기획자가 빠지는 함정이 여기에 주관적 요소를 개입시키는 것입니다. 초등학생을 위한 게임을 개발하는데, 30~40대 게임 기획자가 재미를 느끼는 것이 중요할까요? 그렇지 않습니다. 타깃 게이머가 초등학생이라면 본인은 재미없더라도 그들이 재미있어 하는 게임을 만들어야 합니다. 이 부분은 머리로는 이해되지만 쉽게 고쳐지지는 않을 것입니다. 대상에 대한 이해가 부족하면 자기 경험이나 감정을 대상과 일치화하는 실수를 범하기 쉽거든요. 초등학교 시절을 상상하며 그 시절의 나는 재미있었을 거라며 기획하지만, 이는 현재의 내 취향이 묻어난 기획일 수밖에 없습니다. 게다가 수십 년 전의 초등학생과 현재의 초등학생은 생각하는 것이 다르겠지요.

대다수의 게임 기획자는 게임을 좋아합니다. 게임 마니아가 많습니다. 그러다 보니 게임 기획자의 기획안에는 어려운 게임이 많습니다. 마니아의 시선에서 쉬울 거라 예상하고 만든 기획이지요. 실제로 주니어 게임 기획자들이 이런 실수를 자주 범하는데요. 저 역시도 그랬고 대부분이 겪는 일인 것 같습니다. 절대로 내가 기준이 되어서는 안 됩니다. 그렇다고 무조건 쉽게 만들어야 한다는 이야기 또한 아닙니다. 나의 주관적인 판단이나 취향을 객관적인 것으로 오해해서는 안 된다는 것입니다. 말했듯이 이 부분은 고치기 쉽지 않습니다. 완전히 익숙해지기 전까지는 자신을 믿지 말고 많이 물어보고 자주 확인하는 수밖에 없습니다.

세계적인 게임 개발자인 스즈키 유는 [버추어 파이터]를 개발하던 당시 건물 청소를 담당하던 중년 여성에게 게임을 시켜보며 반응을 관찰했다고 합니다. 아케이드 게임 센터는 누구나 들어올 수 있는 곳이고 3D 격투 게임은 최초였기 때문에 쉽게 이해하는 게임으로 만들어야 했으니까요. 게임 기획자는 내가 느끼는 재미, 내가 느끼는 편의성, 내가 느끼는 감정을 항상 경계해야 합니다. 이런 주관적인 요소들이 강하게 작용할수록 게임이 본래 가려던 방향에서 멀어질 수 있습니다. 항상 다른 사람의 플레이에 집중하면서 반응을 탐구하길 바랍니다.

게임 기획자의 업무 영역은 어디까지인가?

게임 회사에서 캐릭터 설정 기획을 하는 분이 이런 질문을 한 적이 있습니다.

> "전투에 사용하는 스킬이나 무기를 설정할 때 전투 기획자의 영
> 역과 충돌합니다. 캐릭터 외모를 설정할 때는 그래픽 담당자와 충
> 돌하고요. 인물의 성격을 설정할 때는 시나리오 기획자와 충돌합
> 니다. 업무 영역을 어디까지로 잡아야 할지 고민입니다."

작은 회사에서 소수의 인원이 개발하는 게임이라면 그나마 낫지만 기획자만 수십 명이 되는 대형 프로젝트라면 이런 상황이 심각하게 버러질 수 있습니다. 안타깝게도 이 부분에 대해서는 명확한 가이드라인이 없습니다. 회사마다 팀마다 프로젝트마다 서로 다르며 이 중 어느 것도 틀린 것이 아닙니다. 바로 이런 부분 때문에 게임 기획자의 커뮤니케이션 능력이 필요한 것이기도 합니다.

때에 따라서는 업무 영역을 명확히 구분하고 영역 침범이 되지 않게 하는 '조립식 게임 개발'◆을 하기도 합니다. 업무 영역을 명확히 구분할 수 있다면 이 방식은 효율도 좋고 괜찮은 결과물로 이어질 수도 있습니다. 하지만 업무 영역을 구분하기 쉽지 않은 경우가 있죠. 이럴 때가 애매합니다. 목소리가 크고 기가 세거나 고집이 센 사람을 따라가

◆　　조립식 게임 개발 : 제조품을 만들 듯 각자의 산출물들을 조립해서 제작하는 방식

기도 하고 운이 좋으면 서로 적당한 합의안을 도출해내기도 하지요. '이것이 정답이다'라고 정해진 방법은 없습니다만, 한 가지 확실한 것은 게임을 함께 만드는 사람은 누구나 좋은 결과물을 기대한다는 점입니다. 그렇기에 내가 최선이라고 생각하는 방향을 고집하지 말고 제대로 마주하여 이야기할 필요가 있습니다. 이때 조율해야 하는 것은 업무 영역에 선을 긋는 것이 아닙니다. 현재 직면한 부분에 대한 조율이며 이후 다른 문제가 발생할 때마다 어떻게 논의할지에 대한 해법에 관한 것이어야 합니다.

한 가지 더 생각해볼 점은 '좋은 게임'의 기준 또한 모두 다르다는 점입니다. 누구는 재미를 최우선으로 생각할 수도 있고 편의성이나 감동을 최고로 생각할 수도 있습니다. 매출이나 이슈를 중요하게 볼 수도 있겠지요. 이런 부분에서 충돌한다면 다음과 같은 판단 기준에 따라 해법을 찾아볼 수도 있습니다.

- 업무 영역은 회사에서 명확히 구분해주는 경우도 있다.
- 명확하지 않다면 대화를 통해 이슈에 대해 조율한다.
- 조율이 되지 않거나 기준이 다르면 'Lesson15 중 게임 기획자의 판단 기준(235쪽)'을 참조한다.

기획은 누구나 할 수 있는 일인가?

예전에 어떤 게임의 원화가가 본인이 직접 게임 기획을 한다고 하더군요. 무슨 이야기인지 잘 들어보니 배경, 캐릭터, 아이템 등 무엇을 그릴지를 직접 구상하고 각 요소에 필요한 문서와 데이터 관리까지 하고 있다는 말이었습니다. 이 이야기를 듣고 해당 회사의 업무 할당에 문제가 있다고 생각했습니다. 하지만 주변을 둘러보면 원화가뿐만 아니라 프로그래머나 그래픽 디자이너, 사업 담당자, 운영자, 심지어 사운드 제작자까지 게임 기획에 손을 대고 있음을 쉽게 볼 수 있습니다. 어쩌다가 이렇게 되어버린 것일까요?

이는 일차적으로 게임 기획자의 탓입니다. 예전에 알고 지내던 어떤 게임 기획자는 전투 시스템 기획을 하루 만에 끝냈다며 자랑을 하더군요. 저는 그 게임에 대해 어느 정도 알고 있었기에 아무리 적게 잡아도 일주일은 소요될 텐데 이상하다 싶었습니다.

자세히 물어보니 이 사람은 결국 콘셉트만 잡은 것이었습니다. 실제 기획 작업은 프로그램 팀에서 진행한 것이죠. 이런 식으로 일을 떠넘긴 기획자들이 오히려 게임의 성과를 자신의 성과로 여깁니다. 하지만 이런 상황이 거듭될수록 본인만이 아니라 게임 기획을 하는 수많은 기획자의 밥그릇을 빼앗고 있음을 알아야 합니다.

예전에 제가 다녔던 회사 중 한 곳의 기획 팀장님은 "기획팀의 업무는 프로그램 보조다."라고 했습니다. 앞서 말했던 것처럼 게임 개발에 있어서는 모두가 동등해야 합니다. 게임 기획자가 주도권을 쥘 필요는 없지만 그렇다고 해서 다른 누군가의 보조로 남아서도 안 되지요.

　게임 기획자의 업무와 역할이 애매모호해진 또 다른 이유는 게임 기획자의 실력과 자질에 문제가 있기 때문입니다. 오죽 답답하면 다른 부서에서 기획을 하겠다고 나섰을까요? 차라리 본인이 직접 하는 것이 더 빠르고 속이 편하니 업무 시간을 할애해가면서 기획에 참여하는 것입니다.

　그렇다면 이는 미안하고 부끄러워해야 할 일입니다. 게임 기획자의 업무와 능력은 눈에 보이지 않는 요소를 다루고 있는 만큼 결국은 함께 일하는 사람들의 평가가 기준이 됩니다. 누군가가 나의 일을 대신하고 있다면 감사하고 좋아할 일이 아니라 부끄럽고 미안해야 할 일임을 명심했으면 합니다. 부족하다면 끊임없이 노력하는 것이 당연하며 개발팀원에게 신뢰를 얻는 것 또한 게임 기획자의 중요한 역량입니다.

Lesson 15

회사 생활에서의 게임 기획자

게임 기획자의 판단 기준

게임을 개발하는 과정에서 우리는 수많은 선택을 마주합니다. 그중 어느 쪽이 옳고 어느 쪽이 더 효율적인지 판단하는 것이 게임 기획자의 일이지만 양쪽 모두 예측할 수 없는 경우도 있습니다. 이런 상황은 생각보다 자주 맞닥뜨리기 때문에 모든 게임 개발에는 핵심이 되는 기준이 있어야 합니다. 이는 하나의 이미지일 수도 있고 소재나 단어일 수도 있습니다. 하지만 저는 이것을 문장으로 만드는 것을 권장합니다. 이미지나 단어는 사람마다 해석의 여지가 달라질 수 있으니까요.

게임의 핵심이 되는 문장은 가급적 짧을수록 좋습니다. 미사여구가 들어가고 문장이 길어질수록 불명확해지기 때문입니다. 몇 가지 예를 들어보겠습니다.

- 드리프트를 쉽게 할 수 있는 레이싱

- 타격감이 강렬한 격투 게임

- 스타일리시한 액션을 보여준다.

- 다른 게이머와 함께 협력한다

- 좋은 캐릭터를 뽑기 위해 돈을 번다.

위 문장을 봤을 때 떠오르는 게임이 있나요? 이처럼 핵심 문장이 있다면 선택의 기로에 놓였을 때 어떤 선택이 핵심 콘셉트에 가까운지를 판단하기 수월합니다. 기획자의 판단은 주관적이어서는 안 되며 항상 기준에 의해 내려져야 합니다. 내가 세운 기준일지라도 이는 동일합니다. 기준이 흔들리고 변경되는 순간 개발하던 게임 프로젝트는 붕괴하니까요. 겉으로 드러나든 그렇지 않든 말이지요.

핵심 문장을 만들 수 없는 상황도 있을 수 있습니다. 외부에서 주어진 조건이 있는 상황입니다. 이 조건이 핵심 문장을 대체할 수 있습니다. 하지만 문제는 조건이 여러 개인 경우입니다. 과거에 비해 게임의 개발비가 올라갔고 완성 후에도 퍼블리셔나 플랫폼 사업자를 비롯한 다양한 회사와 사람들이 게임 서비스와 연관됩니다. 연관된 사람이 많아지고 투입되는 자금이 커질수록 요구사항은 더 많아질 수 있지요.

이런 경우 요구사항을 통폐합해야 합니다. 요구사항의 가짓수를 최대한 줄여나가는 것이죠. 여기에서 중요한 점은 요구사항의 수가 홀수여야 한다는 점입니다. 유일무이한 하나의 문장이라면 가장 좋지만 그렇지 못하다면 홀수로 지정해야 적절한 판단 기준이 될 수 있습니다. 선택의 상황에서 이 기준들에 부합하는지를 체크하며 다수결로 판단해야 할 수도 있기 때문입니다.

결론은 게임 기획에 있어 프로젝트 전체에 동일한 판단 기준이 주어져야 하며 이것을 개발 초기에 확정해두어야 한다는 것입니다. 그리고 항상 명심하세요. 프로젝트의 핵심 판단 기준이 망가지면 프로젝트에 균열이 가기 시작합니다. 게임 기획자는 기준에 맞추어 판단하고 게임을 기획하는 한편, 이 기준을 지키기 위해 노력해야 합니다.

기획은 현실적이어야 한다

게임 기획자라면 누구나 멋지고 감탄할 만한 게임을 만들고 싶을 것입니다. 비단 게임이 아니더라도 모든 크리에이터의 욕망은 비슷합니다. 이런 마음은 동기부여가 되므로 권장할 부분이지만, 다만 이 마음이 과해지는 경우가 있습니다. 예를 들어 '집'이라는 단어를 들으면 어떤 모습이 떠오르나요? 초가집이나 벽돌집일 수도 있고 빌라나 아파트를 상상할 수도 있습니다. 산속 동굴이나 나무 위 집을 상상할 수도 있지요. 이번에는 '모험'을 상상해보겠습니다. 동료를 모아 마왕과 싸우는 판타지가 떠오르나요? 하지만 잃어버린 고양이를 찾는 것도, 어린아이가 처음으로 버스를 타고 집에 가는 것도 모험이라고 볼 수 있습니다.

기획자는 상상이 기반이 되는 직군입니다. 게임뿐 아니라 모든 분야의 기획자가 무에서 유를 끌어냅니다. 상상의 영역에 기반을 두다 보니 당연히 더 멋지고 더 크고 더 많은 것을 떠올리게 됩니다.

앞서 말했듯 이는 비판받을 일이 아닙니다. 하지만 기획을 업으로 하고 있다면 이야기가 달라집니다. 기획자의 상상을 현실로 만드는 것은 다른 직군의 동료들입니다. 기획자에게는 상상이지만 동료에게는 현실의 업무가 됩니다. 그래서 과도한 기획에 민감한 반응을 보이기도 하고 때로는 구현 불가능하다고 거부할 수도 있습니다. 물론 낮은 확률로 그저 일이 귀찮아서 못 한다는 동료도 있을 수 있지요. 하지만 대부분은 능력 문제이거나 기술 문제, 회사의 자금이나 기간의 문제일 것입니다. 이에 대한 고려 없이 행해지는 기획은 심하게 말하면 폭력입니다. 동료를 고려하지 않은 채 상상 속의 과도한 기획을 강요하는 기획자라면 결국 모두의 기피 대상이 됩니다.

이런 상황은 대개 신입 기획자에게서 나타납니다. 특히 자신감이 차오르기 시작하는 경력 3년 차쯤에는 자신의 기획과 능력에 확신을 갖기 때문에 이런 모습을 흔히 볼 수 있습니다. 훌륭하고 멋진 기획이라도 현실을 고려하지 않은 기획은 냉정하게 말해 의미가 없습니다. 다른 분야에서는 어떨지 모르지만 게임 기획자라면 기술적인 한계를 비롯해 비용과 동료, 회사의 역량까지 반영한 현실적인 기획을 하길 바랍니다. 게임 기획은 정해진 조건 안에서 상상하는 업무입니다.

게임 기획자 무용론

유명한 게임 개발자 중에는 게임 기획자가 불필요한 직군이라고 말하는 이가 있습니다. 종종 맞는 말이기도 합니다. 이 책을 읽으면서 게임 기획자가 어떤 일을 하는지 이해가 되었나요? 게임 기획자의 전문성을 어디에서 찾아야 하는지 알게 되었나요? 확신을 갖는 분도 있고 여전히 잘 모르겠다는 분도 있을 것입니다. 게임 기획이라는 업무가 그렇습니다. 눈에 명확히 들어오지 않기 때문에 이를 제대로 인지하면 전문성이 짙은 어려운 일이 되지만 이해하지 못한다면 누구나 할 수 있는 가벼운 일로 보일 수 있습니다.

만약 게임 기획자인 본인이 후자의 시선을 갖고 있다면 당연히 주변 사람도 게임 기획자라는 직군을 가볍게 볼 것입니다. 게임 기획자 무용론에 반박하려면 스스로 전문성을 위해 노력하고 발전해야 합니다. 하지만 가슴 아프게도 많은 게임 기획자가 전문성을 위한 노력보다는 닥친 일을 처리하기에 급급합니다. 이런 모습이 반복되다 보니 주변에서 보기에는 언제라도 대체 가능한 인력으로 보는 것 같습니다.

게임 기획자의 필요는 우리 스스로 증명해내야 합니다. 기술 기반의 프로젝트에서 기술 지식이 부족한 게임 기획자는 당연히 필요 없는 존재가 되겠지요. 그럴 때는 해당 지식을 빠르게 학습하고 익혀야 합니다. 트렌드 기반의 프로젝트라 하더라도 해당 지식이 부족하다면 단순히 문서화하는 일밖에는 못 합니다. 역시 해당 지식을 학습하고 익혀야 합니다. 개개인의 노력에 따라 게임 기획자가 필요한지 아닌지가 달라질 수 있습니다. 이것은 개인의 문제가 아니라 게임 기획자라는 직군 전체에 대한 시선으로까지 이어질 수 있으니 항상 새로운 것을 익히고 자신의 쓸모를 증명해내길 바랍니다. 이 책의 서두에서 이야기했듯 게임 기획의 직무와 개념이 계속 달라지기 때문에 이는 피할 수 없는 부분입니다.

때로는 아무리 노력하고 증명하려고 애써도 무시당하는 경우가 있습니다. 이것은 프로젝트 성격 때문일 수 있습니다. 처음부터 다른 게임을 본떠서 만드는 프로젝트라면 기획자의 필요가 낮겠지요. 기존에 있던 게임에서 그래픽만 교체하는 프로젝트여도 마찬가지입니다. 다시 말해 기존에 있던 것을 그대로 가져오거나 단순 조합하는 프로젝트라면 게임 기획자가 필요 없을 수 있습니다. 게임 기획자는 창의적인 일일수록 전문성을 발휘합니다. 서로 영향을 주는 요소가 많을수록 기존과 다른 요소가 많을수록 게임 기획이 중요해집니다. 하지만 대형 게임 프로젝트는 그렇지 못한 경우도 많습니다. 안정성을 위해 검증된 것을 활용하기 때문입니다.

게임 기획자는 이처럼 환경에 따라서는 정말 쓸모없는 존재가 될 수도 있고 가장 필요한 존재가 될 수도 있는 특이한 직군입니다. 게임 기획자 무용론을 무조건 부정할 것이 아니라 그 차이를 명확히 알아둠으로써 노력의 목표를 잘 설정했으면 합니다.

키맨을 찾아라

현실적이고 괜찮은 게임 기획을 했다고 가정해봅시다. 하지만 그 기획을 완전히 동일한 조건에서 개발했더라도 결과물은 달라집니다. 여기에서 조건이 같다는 것은 동료도 같고 비용이나 기간도 동일함을 간주합니다. 그렇다면 그 차이는 기획자 간의 능력 차이일 가능성이 높습니다. 그중에서도 커뮤니케이션 스킬의 차이가 가장 클 것입니다.

커뮤니케이션 능력은 아무리 노력해도 선천적인 부분을 극복하기 어렵습니다. 그래서 필요한 것이 키맨을 찾는 스킬입니다. 현재 여러분이 게임을 만드는 곳은 회사일 수도 있고 특정한 모임일 수도 있습니다. 어느 쪽이든 두 명 이상의 사람이 모이면 자연스럽게 그사이에 힘의 균형이 생깁니다. 이상적인 조직은 모두에게 권한과 역할이 동등하게 배분되는 것이지만 이는 아주 적은 인원에서만 가능한 일입니다. 대부분은 동등한 힘을 가질 수 없습니다. 여기에서 말하는 힘은 영향력을 의미합니다. 실력이 좋은 사람이 영향력이 큰 것도 아니고 직급이 높은 사람이 영향력을 갖는 것도 아닙니다. 이는 한 가지를 특정할 수 없을 정도로 형태가 다양합니다. 사람마다 성격이 다르듯 게임을 개발하는 조직도 그 안에서 사람을 움직이게 하는 요소가 각기 다릅니다.

키맨은 바로 이 영향력을 가진 사람입니다. 천부적으로 커뮤니케이션 능력이 좋은 기획자가 아니라면 모두와 친하게 지내며 개개인을 파악하고 맞춰가기란 어렵습니다. 그러므로 일을 하려면 그룹의 핵심이 되는 사람들을 찾아내 그들과 대화하는 것이 필요합니다. 그를 통해 다른 사람의 의견을 들을 수도 있고, 나의 의견도 한 단계 거쳐 순화되어 전달됩니다. 이들을 통하지 않고 직급이나 실력으로 동료들을 누르는 기획자도 있긴 하지만 조직이 클수록 이런 방식은 결국 한계에 직면합니다.

물론 유명한 게임 기획자 중 일부는 본인의 실력이나 직급으로 동료들을 리드하며 게임을 개발합니다. 하지만 그들은 우리와 다릅니다. 그것이 가능한 이유는 본인이 게임 기획에 있어 키맨이기 때문입니다. 그런 기획자와 함께 개발하는 팀원들은 그를 동경하거나 그의 네임벨

류에 기대를 합니다. 제가 넥슨에서 국민 게임 [카트라이더]를 개발한 본부장님과 함께 일했던 시절, 동료 대부분이 이런 마음을 가졌습니다. 성공한 게임을 기획한 기획자가 높은 대우를 받는 이유는 그의 능력 때문만이 아닙니다. 함께 일하는 동료에게 좋은 영향과 동기부여를 해주며 스스로 키맨이 될 수 있기 때문입니다. 아마 이 책을 읽고 있는 대다수는 아직은 키맨이 될 정도의 사람은 아닐 것입니다. 저 역시 마찬가지입니다. 그렇다면 우리가 해야 할 일은 명확합니다. 우리 개발 팀의 키맨을 찾아 원활하고 효율적으로 게임이 개발될 수 있도록 하는 것입니다. 팀 내의 사람들과 이야기를 나눠보세요. 그들이 누구의 영향을 많이 받는지 확인해보세요. 이 역시 게임 기획자의 역할입니다.

다른 기획자를 향한 험담 듣기

회사 생활을 하다 보면 때때로 타인의 험담을 듣게 됩니다. 그중에는 다른 게임 기획자에 대한 험담도 많습니다. 이런 경우에는 어떻게 반응해야 할지 난감하기만 합니다. 누군가를 욕하는 사람도 험담의 대상이 되는 사람도 같은 동료이기 때문입니다. 이런 상황이 온다면 적어도 한 가지는 안심해도 됩니다. 게임 기획자에게 같은 직군의 다른 사람을 욕한다는 것은 내가 그 대상자보다 낫다고 생각하기 때문이니까요. 물론 누군가는 어딘가에서 나를 헐뜯고 있을 가능성이 있지만 눈앞의 사람에게 나는 그리 나쁘지 않은 게임 기획자일 것입니다.

누군가를 험담하는 데 동참할 필요는 없습니다. 그렇다고 그 사람을 변호할 필요도 없습니다. 다만 중립을 지키면서 어떤 내용이 오가는지는 체크할 필요가 있습니다. 험담의 내용은 각자가 아쉽거나 부족하다고 여기는 부분일 것입니다. 이를 들음으로써 회사 안에서 노력하고 발전해야 할 부분을 알게 됩니다. 앞서 말한 것처럼 회사마다 팀마다 게임 기획자가 해야 할 업무가 모두 다릅니다. 개발팀원들 입장에서 바라는 부분도 모두 다를 것이므로 이를 알게 되는 것은 매우 소중한 기회입니다. 표현이 조금 이상하긴 합니다만, 다른 직군의 동료로부터 게임 기획자의 험담을 많이 들을수록 좋습니다.

그렇다면 어떻게 해야 타인의 험담을 들을 수 있을까요? 가장 중요한 것은 동료에게 신뢰를 쌓는 것입니다. 각자 뿔뿔이 다른 회사로 흩어지더라도 현재 눈앞에 있는 동료들과 신뢰가 유지된다면 동료들이 이직한 여러 회사에서의 게임 기획 지향점까지 알게 될 것입니다.

　신뢰를 쌓기 위해서는 어떻게 해야 할까요? 일을 열심히 잘하는 수밖에 없습니다. 누군가에게 험담의 대상이 아닌 칭찬의 대상이 될 수 있는 게임 기획자를 목표로 하십시오. 이를 위해 타인의 부족함을 듣는 것을 피하지 말고 기회로 받아들이십시오. 그렇다고 험담에 동참하지는 마십시오. 중립을 지킨다는 것이 어렵기는 하겠지만 게임 기획자의 커뮤니케이션은 항상 중립에 있어야 합니다.

Lesson 16

게임 기획서를 위한 팁

게임 기획서의 기준

이 책을 쓰면서 저는 '게임 기획서'에 대한 내용은 가급적 담지 않기로 다짐했습니다. 의미가 없다고 생각했기 때문입니다. 저 역시 20년 가까이 게임을 개발하면서 수없이 많은 게임 기획서를 써왔지만 20년 전의 기획서와 현재의 기획서는 너무 다른 부분을 다루고 있습니다. 게임 기획자의 업무 자체가 변화했고 이전의 게임 개념과 개발의 파이프라인이 변화해왔기 때문입니다. 하지만 게임 기획에 있어 20년 간 변하지 않은 몇 가지 기준이 있습니다. 게임 기획 지망생의 포트폴리오를 지도할 때 이 기준으로 피드백을 주고는 하는데, 그중 중요한 것들만 추려보았습니다.

게임 기획서는 '보는 것'이어야 한다

개발을 진행할 때 담당자들은 기획자가 쓴 기획서를 가이드라인으로 작업을 진행합니다. 정도의 차이가 있고 다루는 내용도 달라지고 있지만 기획서가 가이드라인이라는 것만큼은 변하지 않습니다. 그런데 많은 기획자가 이 같은 불만을 토로합니다.

"사람들이 기획서를 읽지 않아요."

사실 기획서는 읽는 것이 아닙니다. 작업 사양서나 작업 지시서, 때로는 제안에 가까운 내용을 담고 있기 때문입니다. 읽어서 이해해야 하는 형태는 잘못된 것입니다. 왜냐하면 읽는 사람에 따라 이해 수준이 다를 것이고 각자의 상식 수준도 다를 것이기 때문입니다.

기획서를 '보는 것'으로 만들기 위해서는 어떻게 해야 할까요? 많은 선배 기획자들이 강조하는 것이 가독성입니다. 문장의 길이를 짧게 만들고 가급적 표나 플로차트로 도식화해야 합니다. 불필요한 작업처럼 느껴질 수 있지만 예시가 되는 그림을 넣는 것도 중요할 수 있습니다. 글을 읽는다는 느낌이 들지 않도록 최대한 노력해보세요. 훨씬 좋은 평가를 받는 기획서가 될 것입니다.

게임 기획서는 '자연스러운 흐름'을 가져야 한다

여기에서 말하는 자연스러운 흐름은 읽는 대상에 따라 달라집니다. 제안을 목적으로 한다면 제안을 받는 사람의 입장에서 써야 좋은 기획서가 됩니다. 프로그래머가 볼 기획서라면 기본 구조부터 핵심 작업, 마지막에 추가로 작업할 내용들을 적어야 합니다. 그렇지 않으면 기획서의 여기저기를 참조하며 복잡하게 작업을 진행하게 되고 그 과정에서 실수가 발생할 수 있습니다. 그래픽 디자이너나 UI 담당자, 서버 담당자가 볼 기획서라면 또 다르겠죠. 그러므로 게임 기획자는 적어도 자신이 기획서를 볼 사람들의 분야에 대해 최소한의 지식을 가지고 있어야 합니다. 물론 직접 일을 처리할 정도로 잘할 필요는 없습니다. 각 직군의 업무를 이해할 정도의 기본적인 용어와 지식 수준을 갖추고 꾸준히 대화할 필요가 있습니다. 기획서를 전달하고 나면 거기서 끝난다고 생각하지 말고 이번 기획서는 어땠는지 어떻게 써주는 것이 작업하기에 편한지 꼭 확인해보고 다음 문서에 반영해보세요. 경험이 쌓일수록 더욱 인정받는 기획자가 될 수 있습니다.

게임 기획서는 '재미있어야' 한다

게임은 재미있습니다. 게임 개발도 재미있게 하면 좋겠죠. 노력하는 자는 즐기는 자를 이기지 못한다는 말처럼 우리가 만드는 최종 결과물이 재미있고 그 과정도 재미있기를 바란다면, 당연히 게임 기획서부터 재미있어야 합니다. 기획서가 재미있으면 긍정적 효과가 생깁니다. 그 중 가장 큰 것이 '동료들의 동기부여'입니다. 기획서를 보고 '재미있겠다'라고 생각한 사람들은 일 자체가 즐거워집니다. 본인도 이 완성품이 기대되기 때문입니다. 일이 즐거우니 효율이 오르고 우리가 만드는 게임에 대한 이야기도 많이 나누게 될 것입니다. 많은 인사이트와 아이디어가 쏟아지고 기획자로서 행복한 고민을 하게 되겠지요.

반대로 기획서를 보면서 '이게 뭐야? 하나도 재미없겠네' 하는 생각이 들면 어떨까요? 아무 기대감 없이 주어진 일만 기계처럼 할지 모릅니다. 혹은 반발하며 안 좋은 분위기가 될 수도 있습니다. 사람에 따라 재미를 느끼는 포인트는 다를 수 있지만, 함께 개발하는 동료들의 성향을 이해하고 그들의 마음에 닿을 수 있는 재미있는 기획서를 쓰고자 노력해보세요.

위 세 가지가 제가 게임 기획서에서 가장 중요하게 생각하는 기준입니다. 결국은 다른 직군을 이해하고 그들의 시선에 맞추어 재미있고 쉬워 보이는 문서를 쓰자는 것이 핵심입니다. 이것이 부족한 문서는 작업 사양서나 지시서는 될 수 있지만 좋은 게임 기획서는 아닙니다.

서점에 나와 있는 수많은 기획서 작법서들은 도움이 될 것입니다. 당장 취업하고 일해야 하는 입장에서는 좀 더 실무적인 이야기가 필요할 수도 있으니까요. 하지만 오랜 시간 이 일을 할 생각이라면 제가 말한 기획서의 기준도 고려해보면 좋겠습니다. 직접 작성했던 기획서의 예시를 몇 장 추가해두었습니다. 이 형태가 기준이나 정답이 아니라는 점은 명심하고 봐주길 바랍니다.

3. 데미지 처리

○ 데미지 공식은 심플하게 적용한다.

> **적용 데미지 = 공격자의 공격력 - 타겟의 방어력**
> 만약 적용 데미지가 0이하라면 적용 데미지는 1로 처리함
> 타겟의 HP-적용 데미지

○ 크리티컬 발생 시 데미지는 무조건 공격력의 2배로 적용한다.
○ 크리티컬 발생 확률은 다음 공식을 사용한다.

> **(공격자의 CRI 수치 × X) × 0.01**
> X는 최초에는 1로 지정. 테스트 이후 조정함
> 따라서 최초 확률은 CRI%이다.

○ 매 공격 시마다 위 확률로 크리티컬 여부를 판정한다.
○ 크리티컬 발동 시 이펙트가 추가될 수 있다.
○ 데미지는 최대 4자리까지 나올 수 있으며 가운데 정렬로 띄운다.

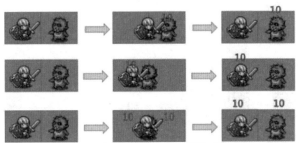

공격자가 상대 카에 절반까지 침범   공격자가 자기 타일로 돌아옴
데미지가 타일 상단에 표시   데미지는 위로 올라가다가
                                       사라짐

□ 데미지는 캐릭터 객체의 상단의 아닌 현재 위치한 타일 상단에 띄운다.
  - 이는 동시 공격 시 데미지 폰트가 겹침을 방지하기 위함이다.
  - 또한 데미지 애니메이션에 좌우 움직임을 주지 않기 위함이기도 함

□ 크리티컬 데미지는 스케일이 더 큰 별도의 폰트를 사용한다.
  - 기존 폰트에 스케일을 키워서 사용하지 않음
  - 이는 크리티컬의 쾌감을 강조하기 위해서이다.

이 경우 몬스터 사망 시 아이템은 1개만 나옵니다.

     ☐ 위 그림과 같이 상하좌우가 막혀있다면 아이템은 1개만 습득됨
        - 즉 2번 우선순위가 선행되지 않으면 3번 드롭 위치는 지정 불가

이 경우 몬스터 사망 시 아이템은 4개까지만 나옵니다.

     ☐ 위 그림과 같이 상하좌우 중 한 방향이 뚫려있다면 연결된 대각선도 처리
        - 즉 대각선 드롭 포인트는 상하좌우와 인접한 곳만 처리됨
        - 3번 포인트는 소멸 지점의 대각선이며 2번 포인트의 상하좌우인 경우

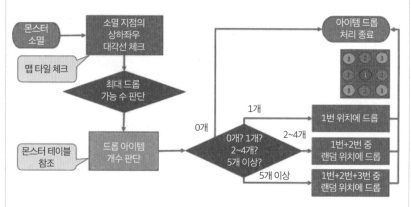

    ○ 상기 아이템 드롭 처리 내용을 Flow 형태로 구성한 것이다. 참고 바람

4. 점프 카메라 구현

○ 점프 시 카메라 연출은 상승·제공·하강으로 크게 3단계로 구분한다.

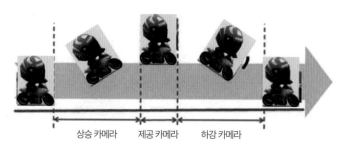

상승 카메라   제공 카메라   하강 카메라

○ 여기에서 분류한 3단계는 점프 시에만 사용하는 것이 아니라, 기본 주행 시 굴곡 지형
에서도 사용한다.

A. 상승 카메라

○ 에어 바이크의 Pitch가 X도 이상 올라갔을 때 이 카메라를 적용한다(X값은 조절 후 결정함).
○ 기본적으로 카메라는 에어 바이크의 후면을 바라보기 때문에 에어 바이크의 Pitch가 움
직인 만큼 카메라가 아래로파고들게 된다.
○ 이 기본형에서 거리를 조금 더 멀게 하기 위한 거리 팩터. 카메라가 너무 땅속까지 파고
들지 않게 하기 위한 높이 조절 팩터를 추가해서 자연스럽게 조정한다.
○ 각 팩터는 스크립트로 조절할 수 있어야 한다.

○ 이것을 구현하기 위해 아래 팩터가 필요하다.

팩터 명	단위	최솟값	최댓값	설명
PitchStand	Angle	0	89	상승 카메라가 작용되기 시작하는 기준 Pitch 값
C_JumpDist1	Cm	0	9.9	상승 카메라가 적용 시 변화되는 카메라의 거리 값
C_JumpHigh1	Cm	0	9.9	상승 카메라가 적용 시 변화되는 카메라의 높이 값

B. 제공 카메라

o 상승이 종료되는 시점에서 에어 바이크의 균형이 지면과 평행해질 때의 카메라 시점
o 지면과 동일하게 바이크의 정후방에서 바라보는 것을 기본으로 한다.
  → 즉 기본 주행 카메라와 동일한 시점을 갖는다.
o 여기에서 바이크와의 거리 등을 스크립트로 조절할 수 있어야 함

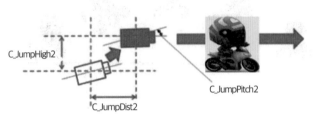

o 이것을 구현하기 위해 아래 팩터가 필요하다.

팩터 명	단위	최솟값	최댓값	설명
C_JumpDist2	Cm	0	9.9	제공 카메라가 적용 시 변화되는 카메라의 거리 값
C_JumpHigh2	Cm	0	9.9	제공 카메라가 적용 시 변화되는 카메라의 높이 값

C. 하강 카메라

o 에어 바이크의 Pitch가 X도 이상 내려갔을 때 이 카메라를 적용한다.(X값은 상승값과 동일함)
o 하강 시에는 에어 바이크의 Pitch가 아래로 향하기 때문에 카메라는 자연스럽게 지면을 바라본다.
o 이 기본 카메라에서 에어 바이크와의 높이와 거리를 스크립트로 조절할 수 있게 한다.

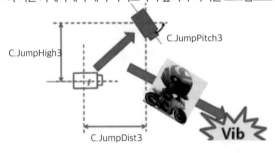

o 이것을 구현하기 위해 아래 팩터가 필요하다.

팩터 명	단위	최솟값	최댓값	설명
C_JumpDist1	Cm	0	9.9	상승 카메라가 적용 시 변화되는 카메라의 거리 값
C_JumpHigh1	Cm	0	9.9	상승 카메라가 적용 시 변화되는 카메라의 높이 값

기획서는 비판 받기 위해 쓰는 것

의외로 게임 기획자에게 중요한 소양이 있습니다. 바로 '멘탈' 입니다. 이는 게임 기획자뿐만 아니라 모든 창의적인 직업에 필요한 부분이 아닐까 싶습니다. 기획서를 쓰는 목적을 물어보면 당연히 게임을 만들기 위해서라고 답할 것입니다. 틀린 말이 아닙니다. 다만 한 번에 기획서를 완성할 수 있는 사람은 없습니다. 벌써 20년째 게임 기획서를 쓰는 저 역시도 최초 기획서를 작성한 이후 개발을 진행하면서 크고 작은 수정을 계속합니다. 세계적인 소설가 헤밍웨이는 '모든 초고는 쓰레기'라고 말했습니다. 게임 기획서도 마찬가지로 최초 버전에는 큰 의미를 두지 않는 것이 좋습니다. 물론 쓰레기라고까지 말할 건 아니지만요.

많은 신입 기획자들이 자기 기획서에 비판이 가해지거나 반대 의견을 듣게 되면 불편한 마음을 갖습니다. 심지어 다툼으로 이어지기도 합니다. 하지만 이런 기획자는 발전할 수 없습니다. 어떤 부분에서 비판을 받는지 귀담아듣고 객관적으로 판단해야 합니다. 최초 기획서는 게임의 완성된 설계도가 아니라 최초의 방향성에 지나지 않음을 확실히 인지할 필요가 있습니다. 게다가 의견을 내는 사람들은 각자의 분야에서 나보다 뛰어난 사람일 확률이 높습니다. 겸허한 마음으로 비평을 듣는 것이 개개인의 발전에 도움이 됩니다.

그렇다고 해서 게임 개발의 모든 요소를 민주주의식으로 결정하라는 것은 아닙니다. 기획에 대한 최종 결정은 기획자가 하는 것이 맞습니다. 다만 최대한 객관적인 시선을 갖기 위해 노력해야 하는데 이를 방해하는 가장 큰 어려움이 자기 작업물에 대한 비판을 받아들이지 못하는 자세라는 것입니다. 누구나 자신이 만든 산출물에 애착을 갖습니다. 비판을 듣기 전까지는 스스로 확신을 갖고 작업한 문서일 테니까요. 이에 대해 비판을 들으면 아무리 성인군자라 하더라도 기분 나쁜 것이 당연합니다. 이 감정을 어떻게 제어하고 의견을 받아들이는지가 기획자로서의 그릇을 보여준다고 생각합니다.

게임 기획서는 항상 확신을 갖고 작성하십시오. 하지만 나의 확신이 절대적인 것은 아님을 명심하십시오. 최초로 작성하는 게임 기획서는 지금부터 만들려는 부분에 대한 초안이며 비판받을수록 더욱 발전할 수 있다고 생각하십시오. 비판을 겸허하고 솔직하게 받아들이지 않으면 결국 제자리에 머무는 기획자가 될 것입니다. 최초의 게임 기획서는 비판받기 위해서 작성하는 것입니다.

멘탈 유지를 위한 조언

앞서 이야기한 것에서 한 단계 더 나아가 게임을 출시하거나 서비스하고 나면 수많은 게이머의 반응을 직시하게 됩니다. 개중에는 좋은 의견도 있지만 사실 좋지 않은 피드백이 훨씬 많습니다. 이 지점에서 많은 게임 기획자가 스트레스를 받고 심지어는 이 직업을 포기하기까지 합니다. 이는 의견을 말하는 게이머들이 다수일 거라는 착각 때문입니다.

게임을 하는 사람이 열 명이라고 하면, 그중에서 이 게임이 좋다 나쁘다를 평가하는 사람은 그 절반인 다섯 명도 채 안 됩니다. 대부분은 아무 생각 없이 게임을 하고 마음에 들지 않으면 다른 게임으로 넘어갑니다. 크게 담아두지 않지요. 게임이 넘쳐나는 시대입니다. 게다가 게임의 대상도 넓어졌기 때문에 이런 유형의 게이머들은 점점 늘어나고 있습니다. 우리 주변에서 흔히 볼 수 있는 노인이나 학부모, 어린 아이들이 이런 부류에 속합니다. 게임에 크게 관심은 없지만 그냥 즐기는 사용자도 상당히 많습니다.

이렇게 게임의 호불호를 느끼는 사람을 대충 열 명 중 다섯이라고 하더라도 이 중 주변 지인을 제외한 제삼자에게 의견을 남기는 사람은 또 절반 정도로 줄어듭니다. 인터넷에서는 자칫 잘못된 의견이나 정보를 기반으로 하여 글을 남기면 오히려 공격당하는 경우가 있습니다. 그래서 의견을 피력하는 데 조금 더 조심스러워하지요. 개인 공간으로 느껴지던 SNS도 다른 사람의 시선을 의식하게 되고, 그래서 전문성이 없다고 생각하는 사람들은 더더욱 말을 아끼게 되었습니다. 이렇게 자신의 의견을 표현하는 사람은 다섯 명 중 두세 명 정도로 줄어듭니다.

의견을 남기는 두세 명 중에서도 게임 기획자나 다른 콘텐츠 창작자에게까지 이야기가 전달되는 경우는 한 명 이하입니다. 결국 우리가 접하는 의견은 모든 사용자의 의견을 대변하는 것이 아니라 일부 목소리 큰 사람들의 의견일 뿐입니다. 재미있는 것은 지금껏 자기 목소리를 내지 못하던 사람들이 이 의견에 동조한다는 것입니다. 스스로 자신이 없는 사람들이 동조함으로써 이런 의견에 힘이 붙고 사람들이 더욱더 모이면서 군중 심리가 더해집니다. 결과적으로는 극소수의 의견이 부풀려져 들려오는 셈입니다.

하지만 받아들이는 사람의 입장에서는 매우 크게 느껴지지요. 게임에 호의적인 사람들은 의견을 잘 남기지 않다 보니 부정적인 의견만 들리고 계속 주눅 들고 자신감이 떨어질 수 있습니다. 그래서 게임 기획자나 창작자 중에는 댓글 창은 물론이고 본인의 작품을 검색해보지 않는 경우까지 있습니다.

안타까운 사실은 이러한 경향이 우리나라가 유독 심하다는 것입니다. 전 세계 게임이 모인 플랫폼에 가서 아무 게임이나 클릭해 리뷰나 평가 점수를 훑어보세요. 한글로 된 평가를 필터링해서 보면 긍정적 평가보다는 부정적 평가가 훨씬 많습니다. 한국 게이머들은 다른 국가의 게이머보다 부정적입니다. 좋은 점을 찾는 사람보다 나쁜 점을 찾아 표현하는 사람이 더 많습니다. 그렇기에 한국의 게임 기획자는 멘탈 유지와 관리가 더욱 중요합니다. 만약 안 좋은 평가나 리뷰, 댓글로 마음이 좋지 않다면 이는 극소수의 의견이 부풀려진 것이라고 생각하길 바랍니다. 그것마저 힘들다면 흔들리지 않을 본인만의 기준을 세우는 것도 좋습니다. 저는 세상 모두가 욕하더라도 단 한 사람이라도 재미있다고 하면 좋은 게임이라고, 적어도 그 사람을 위해서는 잘 만들었다고 생각하고 있습니다. 다행히 그렇게 즐겨주는 감사한 분들이 있기에 위안을 얻고는 합니다. 각자 자신에게 맞는 멘탈 관리 방법이 있을 것입니다. 아직 없다면 어서 빨리 자신만의 방법을 찾기를 바랍니다.

디테일보다 범용성을 추구하자

현실적인 이야기를 하자면 게임 기획자도 결국에는 회사에 속한 직원입니다. 따라서 자신이 믿는 가치만을 추구할 수는 없습니다. 게임 개발 기간이 늘어나는 가장 큰 이유는 기획의 변경 때문입니다. 이를 게임 기획자가 원해서 하는 경우는 많지 않습니다. 대개는 회사의 입장이나 사업, 마케팅 등 다양한 이유로 인해 벌어집니다. 그 때문에 이 이야기를 꼭 하고 싶었습니다. 디테일은 생각만큼 중요하지 않습니다.

물론 게임 개발에 있어 디테일은 중요합니다. 하지만 앞서 말한 것처럼 기획은 게임을 개발하는 내내 변경되고 수정됩니다. 기획이 변경되었을 때 기존에 만들어둔 디테일 요소들은 어떻게 될까요? 대부분 쓸모없는 요소가 됩니다. 실제로 제가 경험했던 사례를 예로 들어보죠.

당시 우리 회사는 사이드뷰로 진행하는 액션 게임을 개발하고 있었습니다. 사이드뷰라고 하는 것은 카메라가 캐릭터를 옆에서 바라본다는 의미입니다. 우리는 게이머들이 캐릭터에게 감정 이입할 수 있도록 표정을 만들기로 했습니다. 맞으면 아파하고 성공하면 웃고 상태 이상에 걸리면 얼굴이 우습게 변하는 등 다양한 표정을 구현했습니다. 하지만 내부 정책이 변하면서 게임의 카메라가 위에서 내려다보는 탑뷰 게임으로 수정되었습니다. 더 이상 캐릭터의 얼굴이 보이지 않게 된 것이죠.

또 한 번은 온라인 슈팅 게임의 계곡 스테이지를 개발하고 있었을 때입니다. 계곡을 사이에 두고 두 팀이 전투를 벌이는데 그사이에 아슬아슬한 출렁다리를 설치했습니다. 이 부분이 스테이지의 가장 큰 특징이었기 때문에 바람이 불거나 폭탄이 터질 때 출렁이는 느낌을 구현했고 폭탄이 터지면 다리가 끊어지며 추락하는 요소까지 만들었습니다. 조금 더 전략적으로 사용하기 위해 칼로 다리를 잘라 상대 팀을 추락시키는 요소도 만들기로 했습니다. 하지만 개발이 진행되면서 출렁다리가 철 다리로 교체되었습니다. 스테이지 기믹◆보다는 상대 팀과의 교전이 중요하다는 판단 때문이었죠. 결국 출렁다리에 들어간 모든 요소는 쓸모없어졌습니다.

이해하기 쉽도록 시각적인 예시를 들었습니다만, 시스템이나 밸런스에서도 이처럼 기존에 구현해둔 디테일을 버려야 하는 경우가 왕왕 있습니다. 이는 기획 변경을 지시한 분들의 잘못일까요? 저는 이 부분도 어느 정도는 게임 기획자의 잘못이라고 생각합니다. 기획 변경을 고려해서 범용적으로 만들었다면 버려지는 부분이 많이 줄어들었을 테니까요.

첫 번째 예시인 표정은 실제 얼굴에 넣기보다 말풍선에 이모티콘 등으로 만들었다면 어떤 뷰에서도 사용할 수 있었을 것입니다. 두 번째 예시도 출렁다리만의 특징보다는 일반적인 다리의 특징을 위주로 개발했다면 철 다리로 바뀌었더라도 사용할 수 있는 부분이 많았을 것입니다. 물론 기획 사양이 확정되어 변경되지 않을 것이 확실하다면 디테일에 신경 쓰는 것이 좋습니다. 하지만 현실적으로 기획 변경이 없는 게임 프로젝트는 찾기 힘듭니다. 그만큼 요즘 게임들은 많은 것이 엮여 있습니다.

◆　　스테이지 기믹 : 스테이지 안에 있는 기능, 연출, 장치, 효과 등을 통틀어서 부르는 말

저 역시 지난 20년간 20개 이상의 프로젝트를 진행했지만 기획 변경 없이 개발이 완료된 경우는 한 손에 꼽을 정도로 적습니다. 게임 기획자가 기획 변경을 슬기롭게 대처하기 위해서는 디테일보다는 범용성을 고려하는 것이 팀 전체를 위해 바람직합니다. 디테일은 일단 생각하지 마세요. 마지막 순간에 챙겨도 충분합니다.

기획 의도 메모하기

게임 개발은 생각보다 오래 걸리는 작업입니다. 게임에 따라서는 몇 주 혹은 몇 달 만에 끝나기도 하지만 몇 년 이상 개발이 진행되는 경우도 많습니다. 특히 큰 회사의 대형 프로젝트일수록 시간이 기하급수적으로 늘어납니다. 심지어 10년 이상 개발한 게임도 많습니다. 게임 스펙이 높아지면 개발 기간은 더 길어질지도 모릅니다.

그런데 개발 기간이 길어지면 또 다른 문제가 발생합니다. 한 사람이 그만큼 더 많은 일을 하게 된다는 점입니다. 게임 기획자는 더 많은 것을 기획하게 될 것입니다. 그러다 보면 분명히 내가 기획한 부분인데 기억이 나지 않는 상황이 오기도 합니다. 게임 기획은 눈에 보이는 작업도 아니고 종료되는 일도 아닙니다. 게임에 다른 새로운 요소가 들어온다면 기존 기획을 다시 검토하고 때로는 수정해야 할 수도 있습니다. 저도 굉장히 많이 겪은 일인데요, 이럴 때 내가 왜 이렇게 기획했는지를 기억하지 못하게 되면 판단하기가 모호해질 수 있습니다. 그러므로 게임 기획자는 항상 기획 의도를 남겨두어야 합니다.

기획 의도에는 두 가지가 있습니다. 개발에 관여하는 모두에게 전달하고 싶은 의도와 나 혼자만 아는 것이 나은 의도입니다.

전자라면 게임 기획서에 써두면 됩니다. 이 부분은 왜 이렇게 기획했는지 게임 기획서에 적어두면 관련 작업을 하는 동료들도 이해하기 편하고 나중에 잊게 될 걱정도 없습니다.

후자는 동료들이 알게 되었을 때 혼란만 주는 부분입니다. 게임 기획자는 다른 직군에 비해 여러 연관 요소들을 고려해 기획하는데, 기획서의 내용만 작업하면 되는 동료들에게 여러 가지가 얽힌 기획 의도는 오히려 번거롭고 헷갈리기만 할 뿐입니다. 문제는 이 부분이 복잡한 만큼 잊어버릴 위험도 크다는 점입니다. 따라서 이런 부분은 반드시 별도로 메모해두기를 권합니다. 자신만 보는 별도 문서를 만들어도 좋고 게임 기획팀에서만 공유하는 문서를 작성해도 좋습니다. 기획 의도가 빗나가기 시작하면 게임은 망가지기 시작합니다. 더 무서운 것은 이것이 망가지고 있다는 것을 게임 기획자를 포함한 그 누구도 파악하지 못한다는 점입니다. 기획 의도가 크고 중요한 것일수록 반드시 메모해두고 잊지 않도록 신경 써야 하는 이유입니다.

기획서는 모두 다르다

첫 회사에서 요구하는 게임 기획서는 심플했습니다. 경영진과 마케팅팀에게 어떤 게임을 만들 것이고 포인트가 어디에 있는지 설명하면 되었기 때문입니다. 여기에 추가로 이동통신사에 제출할 요구사항이 들어갔습니다. 실제 개발 부분에 대해서는 별도 메모를 이용했습니다. 어차피 제가 직접 개발해야 했기 때문입니다.

이직한 회사에서는 게임 개발 엔진 기능 위주로 풀어 썼습니다. 사용하던 게임 개발 엔진 공부를 병행했습니다. 그다음 회사에서는 프로그램 팀장이 서버 구조도까지 요구하더군요. 철저하게 프로그래머용 맞춤 사양으로 기획서를 썼습니다. 그다음 회사는 변수 이름 지정과 샘플 코드 삽입까지 요구받았습니다. 일부 기능은 게임 기획자가 직접 구현해야 했습니다. 다른 곳에서는 그래픽 리소스와 프로그램 코드, 서버 등이 어떻게 연계되어야 하는지 위주로 기획서를 작성했습니다. 그 외에도 매출이나 지표 위주의 기획서를 쓰기도 했고 투자가에게 보여줄 기획서를 쓰기도 했습니다. 해외 업체와 함께 개발할 때는 해외 기준에 맞춰서 또 다른 형태의 기획서를 작성했습니다.

사용하는 툴도 마찬가지입니다. 파워포인트, 엑셀, 워드 등 MS오피스를 사용하는 경우가 많고 이는 그나마 다행이었습니다. 듣도 보도 못한 툴을 사용하기도 하고 웹 페이지를 만드는 것처럼 HTML로 링크를 걸어가며 기획서를 쓰기도 했습니다. 최근에는 온라인 페이지에 작성해서 빠른 공유가 가능한 형태도 등장했죠? 이 모든 것을 같은 회사 안에서도 개발팀에 따라 다르게 작업

해야 했습니다. 툴과 기획서의 형태만이 아니라 사용하는 용어도 다릅니다. 따라서 새로운 팀으로 이동하거나 회사를 이직할 때마다 게임 기획자는 그 환경에 맞춰서 새롭게 학습하며 빠르게 적응해야 합니다. 저 역시 매번 새로운 프로젝트를 할 때마다 변화해야 했습니다.

이 책의 초반부터 줄곧 말해온 것처럼 가장 큰 변화는 게임이라는 콘텐츠 자체의 변화이며 이를 통한 업무의 변경입니다. 결국 게임 기획자는 어떤 변화에도 적응하며 그에 맞추어 게임 기획서를 쓸 수 있어야 합니다. 다양한 형태가 존재하기 때문에 디테일한 게임 기획서 작성 방법을 정리하기란 불가능에 가깝습니다. 도움도 되지 않고요. 하지만 앞서 말한 원칙들만 지킨다면 어떤 환경에서든 괜찮은 게임 기획서를 쓸 수 있을 것입니다.

Lesson 17

게임 기획자의 마음가짐

연봉에 대한 세 가지 조언

이쯤에서 자신의 직업관을 돌아볼 필요가 있습니다. 여러분은 왜 수많은 일 중에 하필이면 게임 기획을 하고 있습니까? 다양한 답변이 나올 것이고 하나하나의 답은 각자의 정답일 것입니다. 하지만 모두에게 공통된 목표가 하나 있습니다. 바로 '돈'입니다. 자본주의 사회에서 살려면 돈이 필요하고 우리는 직업을 통해 이를 획득합니다. 현실적으로 돈은 중요합니다. 그것을 부정할 생각은 없습니다. 다만 능력에 비해 과한 돈에 대해서는 생각해볼 필요가 있습니다.

주변을 둘러보면 생각보다 많은 게임 기획자가 연봉에 따라 움직입니다. 이직하기도 하고 더 높은 연봉을 받을 수 있는 선택지로 나아가기도 합니다. 이는 잘못된 일이 아닙니다. 누군가에게는 중요한 선택지일 수 있습니다. 다만 눈앞에 있는 이득이 미래에도 꼭 긍정적인 영향을 미치는 것은 아닐 것입니다. 직접 경험하지 않으면 알 수 없는 일이라서 연봉과 관련해서는 조심스럽게 이야기해보려 합니다. 총 세 가지를 명심해두면 좋겠습니다.

내가 가진 능력만큼만 받아야 한다

때로는 나의 능력 이상으로 높은 연봉을 받게 되는 경우가 생길 수 있습니다. 물론 받는 동안은 좋습니다. 하지만 그 프로젝트가 엎어지거나 회사에 문제가 생기는 등 여러 이유로 이직하게 되면 능력 이상의 연봉이 문제가 되기 시작합니다. 구인하는 입장에서는 당연히 연봉대비 능력과 효율을 따지게 됩니다. 본인에게 책정된 연봉만큼 능력이 되지 않는다면 경쟁력이 있을 수 없지요. 그렇다고 희망 연봉을 낮추는 것은 더욱 큰 오해가 생길 수 있습니다. 구직이 얼마나 안 되면 연봉마저 낮추겠나 싶을 수 있으니까요. 반면 자신의 실력보다 낮은 연봉을 받고 있다면 이직 시에 높은 연봉 상승을 기대할 수 있고 좋은 인재라는 평가를 받을 수 있습니다.

연봉을 다른 사람과 비교하는 척도로 사용하지 말 것

연봉은 능력과 비례하지 않습니다. 돈을 더 받는다고 다른 사람보다 위에 있는 것이 아닙니다. 연봉 수준은 능력 외에도 많은 요소가 종합되며 그중에는 개인이 조정할 수 없는 부분도 상당합니다. 사실 연봉이 얼마인지는 밝혀서는 안 되지만, 어쩌다 다른 사람의 연봉을 알게 될 경우 상대적 박탈감이 들 수도 있고(혹은 우월감을 느낄 수도 있으며) 시기와 질투에 기인한 문제가 생길 수도 있습니다. 이는 연봉에 높은 가치를 둔 사람일수록 더 심할 것입니다. 자신이 급여 수준에 연연하지 않는 사람이라면 상관없지만 그렇지 못하다면 다른 사람의 연봉은 알려고도 하지 말고 내 연봉을 알릴 필요도 없다는 사실을 명심하세요.

연봉도 관리가 필요하다

아무 말 없이 조용히 내 할 일을 다 한다고 해서 자동으로 평가가 높아지지 않습니다. 때로는 결과물이나 능력에 대한 어필이 필요하며 이직할 때도 평가가 떨어지지 않도록 잘 마무리해야 합니다. 게임 기획자의 경우는 특히 이 부분이 중요합니다. 다른 직군은 자기 작업물이 눈에 보이는 형태로 남아 평가의 척도가 되지만 게임 기획자에게는 남는 작업물이 없습니다. 그렇다고 회사에서 작업한 게임 기획서를 들고 나갈 수도 없습니다. 기획서는 중요한 대외비 문서이니까요.

이직 시 연봉 인상도 너무 과하지 않게 관리해야겠지요. 프로젝트가 어그러지거나 조직의 해체 시에는 더욱 관리에 신경 써야 합니다. 그렇지 않으면 어느 순간 신입보다 적은 연봉을 받는 상황까지 밀려날 수 있습니다. 기본 급여는 계속 오르고 있으니까요. 연봉 수준을 서로 비교하는 척도로 사용하지 말라고 했습니다만, 누군가는 이것으로 사람을 무시할 수도 있고 내가 모르는 곳에서 비교당할 수도 있습니다. 연봉은 지속해서 상승해야 하며 최소한 임금 상승률 이상으로 유지할 필요가 있습니다. 게임 기획자는 다른 직군에 비해 조금 더 연봉 관리를 해야 한다는 점까지 명심해두길 바랍니다.

게임 중독에 대한 생각 정립하기

게임 중독은 게임 기획자라면 당연히 인지해야 하는 이슈입니다. 그래픽 디자이너의 작업물은 게임 분야에만 오롯이 쓰이는 것이 아닙니다. 프로그래머나 사운드 디자이너도 마찬가지입니다. 하지만 게임 기획자의 작업물은 게임에만 사용되지요. 게다가 '게임에 중독시킨다'는 의미를 잘 따져보면 결국 기획자의 책임으로 좁혀집니다. 그래픽이 멋지다고, 기술적으로 뛰어나고 안정성이 높다고 게임 중독이 되는 것은 아니니까요. 게임 개발에 대해 어설프게 아는 분들이 가장 많이 공격하는 직군이 기획자입니다. 그러므로 이 이슈에 대해서는 책임감과 소신이 있어야 합니다.

게임 관련 직업을 가진 분 중 많은 분이 그래도 이제는 사회가 게임을 많이 인정하고 있다는 오해를 합니다. 그것은 게임이나 IT 등 비슷한 범주의 사람끼리만 어울리기 때문입니다. 취향과 취미가 비슷하고 학습의 방향이 맞닿아 있으니 의도치 않더라도 자연스럽게 게임에 반감이 적거나 호감을 느끼는 사람들을 주로 마주하게 되는 것이죠.

현실은 그와 다릅니다. 게임이나 IT와 전혀 무관한 사람들이 있는 자리에 나가 보세요. 상처가 되는 말을 많이 들을 것입니다. 사회 일부에서는 여전히 게임을 악의 축으로 간주하며 저 역시도 심한 소리를 꽤 들어왔습니다.

게임 중독이 존재하지 않는다고 말할 수는 없습니다. 당연히 게임도 취미 생활이므로 중독이 될 수 있습니다. 하지만 치료받아야 할 정도로 위험한 질병은 아닙니다. 야구나 당구, 등산, 낚시 등의 취미도 중독된다는 표현을 쓰지 않나요? 제가 생각하는 게임 중독 또한 결국 다른 취미 중독 수준과 크게 다르지 않다고 봅니다. 이것을 허황되게 부풀려 말하는 것에 문제가 있는 것이지요. 물론 이는 제 생각이므로 각자 개인의 생각은 얼마든지 다를 수 있습니다. 자기 생각과 말에 소신이 있다면 어떤 의견이든 좋다고 생각합니다.

중요한 것은 소신을 지킬 수 있는 직업윤리입니다. 앞서 말한 것처럼 게임에서 중독으로 표현되는 부분은 사실 기획자가 담당하는 부분에 들어있습니다(사업이나 마케팅, 혹은 경영진이나 퍼블리셔의 지시에 따라 기획하는 경우도 있습니다). 게임 기획자로 일하는 이상 이런 상황은 반드시 닥치게 됩니다. 이 경우 자신이 소신에 따라 행동할 것인지, 어느 선까지 타협할 수 있는지 스스로 기준을 마련해두어야 확신을 갖고 행동할 수 있습니다. 시키는 대로 받아들이더라도 그 행동에 자신의 판단이 담겨 있다면 존중합니다. 하지만 자기 판단이나 의지 없이 끌려가는 기획이라면 마음고생이 심할 것입니다.

"게임 기획자를 주변에서는 어떤 시선으로 보나요?"

게임 기획자가 되고 싶은 학생의 질문이었습니다. 인식이 나빠지는 원인은 단 한 가지, 게임 중독이라는 이슈입니다. 불편하고 싫은 이슈이기는 합니다만, 눈을 돌리기보다 이에 대해 각자의 기준을 갖고 행동하는 것이 게임 기획자로서 사회적 책임이 아닐까 생각합니다.

게임은 공부의 적인가? - 세 가지 오해들

게임에 대해 부정적인 시선을 가진 상당수는 아이를 가진 부모님입니다. 게임을 공부의 반대편에 있다고 보기 때문인데요, 왜 이런 상황이 생기는지 살펴보겠습니다. 가볍게 읽고 생각을 정리해보길 바랍니다.

접근성의 문제

아이들이 여러 놀이 문화 중 유독 게임에 빠져드는 가장 큰 부분은 저렴한 비용으로 언제 어디서나 친구들과 할 수 있는 유일한 놀이이기 때문입니다. 이는 사회 변화와도 밀접하게 연관 있는데요, 요즘 아이들은 태어날 때부터 익숙한 전자 기기, 단절된 사회 구조, 사교육 등에 의한 놀이 시간의 제약 등이 모두 엮여 있습니다. 만약 학원을 다녀온 늦은 시간에 친구들과 할 수 있는 다른 놀이가 있다면 아이들은 게임이 아닌 다른 놀이를 할 수도 있을 겁니다. 혹은 학원에 가지 않고 하교 후에 친구들과 놀 시간이 충분하다면 역시 다른 형태로 놀 수 있겠지요. 게임 이외에 대체할 수 있는 다른 놀이가 없다는 것은 게임 기획자인 제가 보기에도 심각한 문제로 보입니다.

자율성의 문제

게임은 스스로 선택해서 시작합니다. 그리고 언제든지 그만둘 수 있습니다. 게임을 모르는 분들은 게임을 모두 같은 것으로 생각합니다. 하지만 게임은 수많은 종류가 있고 게임을 하는 사람들은 그중에서 선택해서 합니다. 재미가 없거나 질린다면? 다른 게임을 시작할 수 있지요. 반면 공부는 그렇지 않습니다. 정해진 과목만을 해야 하고 그만둔다면 주위에서 걱정과 질책을 받습니다. 만약 부모나 선생님이 정해준 게임만을 해야 한다면? 게임의 진척도나 실력을 평가한다면? 당연히 게임도 하기 싫어질 것입니다. 앞서 제가 대학에 진학한 이후 성적이 급격히 좋아졌다고 밝힌 것처럼 스스로 선택한 공부라면 누가 강요하지 않아도 재미있게 할 수 있습니다. 이는 게임과 공부의 가장 큰 차이가 아닐까 싶습니다.

게임에 대한 오해

게임을 반대하는 분들은 게임을 시간 낭비라고 생각합니다. 하지만 게임 역시 수많은 학습 요소를 담고 있습니다. [대항해시대] 게임을 통해 세계 지리를 익히거나 [문명]을 통해 역사를 공부한 게이머도 많습니다. 저 역시 중학교 시절부터 일본어를 읽을 수 있었는데, 이는 어린 시절에 일본어로 된 게임을 주로 했기 때문입니다. 영어를 모르는 초등학생도 SAVE나 START, CONTINUE, SKILL, SCORE 등 게임에서 사용하는 영어 단어는 익숙하게 사용합니다. 게임에는 이런 단순한 학습 요소 이외에 경험적인 요소도 대거 담고 있으며 게임에 따라서는 어려운 수식을 계산해야 하기도 합니다. 커뮤니케이션을 익히기에도 좋습니다. 아이들에게 유해한 게임도 있지만 추천하고 싶은 게임도 많습니다. 부정적인 몇몇 게임만을 보고 전부를 일반화하기 때문에 게임의 이미지가 점점 더 나빠지는 것 같습니다.

미래를 위해 가져야 할 마음가짐

제가 게임 기획 경력 10년 차일 무렵, 40대 게임 기획자는 손에
꼽을 정도였습니다. 그래서 이 직업은 수명이 짧은 것이 아닌지 걱정
했지요. 그로부터 10년이 지난 현재까지도 저는 게임 기획을 하고 있
습니다. 그리고 깨달았습니다. 직업의 수명이 점점 길어지고 있다는 사
실을요. 냉정하게 말해서 저와 함께 게임 기획자가 된 열 명 중 아홉 명
은 이미 은퇴해서 다른 일을 하고 있습니다. 하지만 저를 비롯해 여전
히 게임 기획을 하는 분들도 있습니다. 그 차이가 무엇인지를 생각해
보았습니다. 그 차이는 바로 '능동성'이었습니다.

회사에서 시키는 일, 주어진 일만 열심히 하는 분들은 도태됩니다.
스스로 꾸준히 무언가를 하는 사람만이 살아남을 수 있습니다. 이 책
을 여기까지 읽고 있는 분이라면 수동적인 사람은 아닐 것입니다. 업
무나 업종과 관련된 책을 읽는다는 것도 능동적인 노력이기 때문이지
요. 능동성은 게임 기획에만 필요한 것이 아닙니다. 외국어를 공부하
거나 프로그램이나 그래픽을 공부할 때도 필요합니다. 사업과 마케팅
에 관심을 두거나 게임 스트리밍에 도전할 때도 필요하지요. 즉 게임
과 관련된 전반적인 활동을 지속하는지의 능동성 여부가 게임 기획자
의 미래와 연결되는 게 아닐까 싶습니다.

그렇다면 현재 20년 차가 넘은 게임 기획자들은 어떤 모습일까요?
제 주변을 살펴보면 온전히 게임 기획만 하는 사람은 거의 없습니다.
대부분 관리직을 겸임하면서 PD(Project Director)나 PM(Project Man-
ager)으로 전직하게 됩니다. 담당 업무가 콘셉트 기획 단계까지 올라

가면서 개발팀 관리도 함께하게 되지요. 그 외에 사업이나 마케팅, 경영 기획 분야로 가기도 합니다. 게임 기획은 오래 할수록 시야가 넓어지며 게임 개발 전체를 보기 때문에 이런 형태의 미래가 많습니다.

게임 기획 중 자신만의 특기를 만들어 한 가지를 파고드는 형태도 있습니다. 게임 기획 중 세부 업무 한 가지에 집중했다면 그 일에 대해서만큼은 누구보다도 인정받을 것입니다. 이런 경우는 대체할 수 없는 경험과 실력을 겸비하고 있기에 높은 대우를 받을 수 있습니다. 다만 혼자만 학습해서는 자신의 실력을 알릴 수 없으므로 관련 책을 쓰거나 강의를 병행하는 것이 유리합니다.

이 두 가지에 속하지 않고서도 20년 이상 일을 하는 경우가 있습니다. 성공한 프로젝트에 참여한 메인 게임 기획자가 그러하죠. 프로젝트에 따라서는 평생 긍정적인 꼬리표가 붙을 수도 있습니다. 이를 위해서는 현재 개발하고 있는 게임에 집중해야겠죠?

자기계발도 중요하고 개인의 미래를 대비하는 것도 필요하지만 지금 여러분이 기획하고 개발하는 게임이 성공한다면 개인뿐 아니라 동료의 미래까지 보장될 수 있다는 사실을 기억하길 바랍니다. 미래를 대비하기 위한 가장 좋은 투자는 현재 하는 일에 집중하는 것입니다.

전설적인 게임 기획자의 조언

KGC라는 행사가 있습니다. Korea Game Conference의 약칭으로 한동안 국내에서 가장 큰 게임 세미나였죠. 저도 이 자리에서 발표를 했습니다만, 제가 어떤 강연을 했는지는 중요하지 않습니다. 이 자리에서 너무나 소중하고 감사한 만남을 가졌거든요.

당시 저는 마흔을 앞두고 고민이 많았습니다. 게임 기획자는 게임 관련 직군 중에서도 유행과 트렌드에 특히 민감합니다. 그렇기에 당시에는 은퇴 시기도 빨라 보였습니다. 저는 나이가 들면 더 이상 게임 개발을 하지 못할 것 같다는 공포에 빠져 불안해하고 있었죠. 주변에 40대 기획자가 거의 없었기 때문이기도 합니다.

강연자들을 위한 리셉션 파티가 있던 날. 파티장에 들어간 저에게 한 테이블이 눈에 들어왔습니다. 일본 게임 개발자들이 있는 테이블이었습니다. 당시는 중국 게임의 위상이 크게 성장하던 시기라 중국에서 온 게임 관계자나 영어권 관계자들과 소통하는 참가자는 많았지만 일본 개발자들의 테이블에 관심을 두는 사람은 별로 없었습니다. 그런데 저는 그 자리에 앉아있는 분들을 보고 깜짝 놀랐습니다. [버추어 파이터]를 개발한 스즈키 유, [록맨]의 아버지로 불리는 이나후네 케이지, [악마성 월하의 야상곡]의 이가라시 코지 등 세계적인 게임 기획자들이 앉아 있었기 때문입니다. 세 분 모두 어렸을 때부터 동경하던 전설적인 분들이었죠. 마침 저는 영어도 중국어도 못했기 때문에 이 테이블에 합석했습니다. 그리고 꿈같은 시간을 보냈습니다. 일본어를 공부해둔 것이 도움이 되는 순간이었습니다. 파티가 끝나고 저의 고민을 털어놓았습니다.

> **Q. 저는 현재 마흔을 앞두고 있습니다. 게임을 계속 만들 수 있을지 불안합니다.**
>
> **A.** 저는 60세가 넘었지만 여전히 게임을 만들고 있습니다. 그 비결을 알려드릴게요. 당신과 저의 나이는 20년 차이가 납니다. 만약 당신이 오늘 당장 무언가를 시작한다면 제 나이가 되면 20년 차 전문가가 될 것입니다. 매년 한 가지씩 추가하면 적어도 열 가지 일에 10년 차 전문가가 되어있을 것입니다. 저는 매년 무언가 한 가지씩을 새로 시작합니다. 지금은 새로운 3D 엔진을 공부하고 있습니다. 내일 당장 무언가를 시작해보세요. 할 수 있는 일이 늘어나는 만큼 당신의 게임 개발 인생도 늘어날 것입니다.

이런 말과 함께 본인들이 여전히 꿈을 말해주었습니다. 저는 그날부터 매년 한 가지씩 새로운 공부를 합니다. 이는 자신의 스킬을 늘리는 것에도 도움이 되지만 게으름을 방지하는 데도 큰 도움이 됩니다. 뿐만 아니라 익힌 것을 사용해보고 싶은 마음에 더욱 적극적으로 일을 찾고 새로운 시야와 나의 영역을 확장하게 됩니다. 그날의 대화 이후 저는 완전히 달라졌습니다.

이분들은 저를 기억하지 못할지도 모릅니다. 하지만 40대를 앞두고 불안하던 시절의 저에게 해주신 이 말씀은 마음에 크게 남았고 평생 잊히지 않을 것 같습니다. 저도 누군가에게는 그런 존재가 되고 싶습니다.

GAME PROGECT GUIDE

MORE GAMES

PLAY

OPTIONS

▶ RANKING

게임 기획자로
도전하기

게임을 통한 게임 기획 학습 방법을 중심으로
지망생의 입장에서 가져야 할 마음 가짐에 대한
내용을 담았습니다.

Lesson 18

게임으로 학습하는 게임 기획

게임 기획을 위한 학습 첫 번째 - 게임 많이 하기

앞서 말한 게임 기획의 기초 공식들을 알려면 어떻게 해야 할까요? 이런 공식들은 책에서 알려주지 못합니다. 만약 알려주는 책이 있더라도 믿지 마세요. 왜냐하면 게임 기획의 공식은 항상 변하기 때문입니다. 문화가 변하고 트렌드가 변하면서 당연한 것이 당연하지 않게 되기도 하고 아무도 모르던 사실이 상식이 되기도 합니다. 2020년에는 '방치형 게임'이라는 단어가 생겨났습니다. 말 그대로 켜두고 방치하면 알아서 진행되는 게임을 의미합니다. 몇 년 전만 해도 그냥 내버려 두고 지켜보는 것이 무슨 게임이냐는 의견이 많았습니다만, 현재는 자동으로 진행되는 시스템이 없으면 귀찮다고 플레이하지 않는 게이머도 있을 정도입니다.

예전에는 한정된 라이프가 있고 그 조건 안에서 게임을 클리어해야 했습니다. 하지만 요즘은 라이프의 제한이 없고 실패한 장소에서 바로 시작할 수 있도록 자동 저장 기능을 지원합니다. 이렇게 게임에 대한 접근도 달라지고 사람들의 성향도 달라집니다. 따라서 게임 기획에 관한 오래된 고서를 읽는 것은 거의 의미가 없습니다.

그렇다면 게임 기획의 공식은 어디에서 배울 수 있을까요? 방법은 단 한 가지입니다. 바로 게임을 많이 해야 한다는 것입니다.

게임을 다양하게 많이 할 것
하나의 게임을 오래 하지 말 것

게임을 많이 해야 한다는 말을 오해하는 경우가 많습니다. 게임 회사에서 입사 지원서를 살펴보면 수년간 한 게임만 했다는 것을 자랑처럼 말하는 지원자가 있습니다. 이는 게임 기획과는 동떨어진 경험입니다. 하나의 게임을 오래 플레이하는 것은 시간 낭비입니다. 게임을 즐기는 것이라면 모르겠지만, 게임 기획을 학습하기 위한 행동으로는 무의미합니다. 하나의 게임을 오래 한 사람은 그 게임의 영향을 받게 되며, 대중적인 공식이나 트렌드에서 벗어나게 됩니다. 오랫동안 플레이한 게임이 기준이 되어버리는 것이죠. 특히 장시간 플레이한 게임이라면 세상에 나온 지 오래된 게임일 것이므로 더더욱 그렇습니다.

만약 게임 기획자로서 게임을 플레이한다면 해당 게임의 공식과 기획 부분을 파악하는 수준에서 끝내는 것이 좋습니다. 세상에는 수많은 게임이 있고 계속해서 만들어지고 있는데, 하나의 게임만 파고드는 것은 비효율적이니까요.

　게임을 다양하게 플레이해야 한다는 부분에는 장르도 포함되어있습니다. 리듬 게임을 만드는 기획자가 되겠다고 리듬 게임만 플레이하거나 RPG를 만들고 싶다고 RPG만 플레이하는 것은 결국 기존과 흡사한 게임을 만들게 될 뿐입니다. 다양한 장르의 재미를 파악하고 이것을 결합할 수 있어야 합니다. 이와 관련해서 제가 좋아하는 말이 있는데, 워해머라는 유명한 게임의 개발자가 한 말입니다.

　"당신이 RPG를 만든다면, RPG를 제외한 다양한 게임을 해보라."

　학생에게 게임을 많이 하라는 이야기를 하면 눈을 반짝이며 듣다가하나의 게임을 오래 하는 것은 비효율적이고 말하면 실망하곤 합니다. 여기에서 플레이하는 것만 좋아하는 게이머와 만드는 것도 좋아할 예비 게임 개발자가 구분됩니다.

게임 기획을 위한 학습 두 번째 - 게임만 하지 않기

　앞서 게임을 많이 해야 한다고 했습니다만, 게임만 해서는 안 됩니다. 많은 게이머가 오해하는 것이 게임을 많이 하다 보면 좋은 게임 기획자가 될 수 있을 거라 믿는다는 점입니다. 게임을 즐기는 것은 다른 사람이 만들어낸 콘텐츠를 이용하는 것뿐입니다. 콘텐츠를 만드는 것과는 다릅니다. 이를테면 음악 감상이 취미인 사람이 좋은 음악을 많이 들으면 저절로 작곡가나 연주가가 될 거라고 말하는 것과 같습니다. 작곡가가 되려면 화성악 등을 알아야 하고 연주가가 되려면 악기를 잘 다룰 줄 알아야 합니다. 지식이나 기술만으로는 부족합니다. 작곡가는 음악이 아닌 세상의 모든 소리로부터 영감을 얻거나 자기 경험을 기반으로 곡을 쓰지요. 연주가도 마찬가지입니다. 자신의 감정을 악기를 통해 표현할 수 있어야 합니다. 그래서 같은 곡이라도 연주자에 따라, 연주할 때의 감정에 따라 다르게 들리지요.

게임도 마찬가지입니다. 게임을 하는 것만으로는 아무것도 이룰 수 없습니다. 우선 관련 기술을 익혀야 하고 다양한 경험을 해야 합니다. 특히 재미와 관련된 모든 직간접 경험은 게임 기획에 도움이 됩니다. 실제로 게임 기획 회의에서 언급되는 것들은 다른 게임의 요소도 있지만 어릴 때 했던 체험이나 인상 깊은 영화의 장면, 트랜디한 전시에서 본 디자인 등인 경우가 많습니다. 연애 게임을 만들 때는 연애했던 경험이 도움이 됩니다. 리듬 게임을 만들 때는 악기를 연주했던 경험이 도움이 되지요. 어떤 경험도 게임 기획에 있어서는 도움이 됩니다.

얼마 전에 막 게임 기획자가 된 신입이 단체 채팅방에 고민을 올린 적이 있습니다. 대학 시절에 너무 놀기만 해서 후회가 된다는 이야기였습니다. 신입 기획자가 되면 배워야 할 것들이 넘쳐나기에 그런 생각이 들 수 있습니다. 이때 제가 한마디 했습니다.

"놀아보지 못 한 사람은 게임 기획을 일로만 합니다. 노는 것처럼 즐겁게 하세요."

재미있게 놀아본 사람이어야 재미있는 게임을 기획할 수 있습니다. 게임 개발에 관련한 기술과 공식을 잘 아는 사람은 결국 시키는 일은 잘하지만 자신만의 무언가를 담는 것은 더 어려워할 수 있습니다. [슈퍼 마리오] 시리즈로 유명한 게임의 신 미야모토 시게루는 어릴 적 산과 들을 뛰어놀던 기억을 게임 기획에 활용한다고 합니다. [팩맨]으로 알려진 세계적인 게임 기획자 이와타니 토루도 자신의 저서인 《팩맨의 게임학》에서 이런 말을 했습니다.

"게임을 좋아하는 학생 중에는 게임이라는 틀에 얽매인 나머지 자기 세계를 게임에 국한한 이가 있다. 좋아하는 일에 집중하는 것도 좋지만, 게임적 시점의 발상만으로는 많은 사람을 이끌어가기 힘들다. 게임에 흥미를 느끼고 게임 크리에이터가 되고자 한다면 '어렸을 적 두근두근했던 호기심이나 게임을 즐겼던 순수한 마음을 잃지 말기'를 바란다. 그 마음가짐이 게임 만들기의 원점이며 다양한 세상사를 깨닫는 계기를 제공한다. 또 게임뿐만 아니라 시야를 넓혀 자신만의 그 무언가를 가졌으면 한다. 게임을 만드는 사람의 경험이나 인간성이 게임에 그대로 나타나기 때문에 게임 크리에이터 자신이 다양한 경험을 쌓아가면 그만큼 다양한 발상을 할 수 있다."

세계적인 게임 기획자들은 모두 입을 모아 말합니다. 게임 안에만 갇혀있지 말고 다양한 경험을 하라고. 이것이 게임 기획에 도움이 된다는 것은 저 역시 크게 공감합니다. 게임을 많이 하는 것은 중요합니다만, 게임에만 갇혀 있기보다 다양한 경험을 해보기를 권합니다.

게임 기획을 위한 학습 세 번째 – 특정 게임에 빠지지 않기

앞서 게임을 많이 하면서 게임뿐 아니라 재미있는 경험을 다양하게 해야 한다고 했습니다. 여기에서 문제가 생깁니다. 게임을 많이 하기는 하는데 하나의 플랫폼만 고집하거나 하나의 장르만 플레이하는 경우입니다. 가장 최악은 하나의 게임을 끝없이 하는 것입니다. 예전에는 모든 게임에 끝이 있었기 때문에 이런 것을 '파고들기(야리코미)'라고 부르며 마니아의 플레이 방식으로 일컫기도 했습니다. 하지만 끝이 없는 무한한 게임이 나오면서부터 이 말은 전혀 다른 의미가 되었습니다. 우리가 가장 경계해야 하는 단어 '게임 중독'으로 표현되기 시작한 것입니다.

게임과 관련한 직업을 지망하는 사람 중에는 당연히 게임을 좋아하는 사람이 많습니다. 그러다 보니 자연스럽게 마니아도 많습니다. 이는 나쁜 것이 아닙니다. 상황에 따라 긍정적일 수 있습니다. 하지만 게임에 관련된 다른 직군과 달리 기획자에게는 이런 방식의 게임 플레이가 치명적일 수 있습니다. A라는 기획자는 어떤 게임을 10년 이상 플레이했습니다. 그는 이 게임이 동기가 되어 게임 기획자가 되었습니다. A에게는 이 게임이 DNA처럼 새겨져 있습니다. 그래서 어떤 게임을 기획하든 이 게임의 느낌이 묻어납니다. A의 모든 판단 기준은 자신이 오래 해온 게임이 된 것이죠. 이는 의식적으로 피하고 싶다고 해서 피할 수 있는 것이 아닙니다. 심지어 완전히 다른 장르나 다른 플랫폼의 게임을 기획할 때도 묻어납니다. 본인은 결코 인지할 수 없습니다. 자신에게는 당연하니까요. 무서운 점은 A가 이 게임을 즐긴 기간이

길수록 오래된 게임일 거라는 점입니다. 현시대의 트렌드와 맞지 않을 가능성이 높습니다.

실제로 개발팀 안에서 이런 기획자를 자주 봅니다. 회의 시간이 되면 본인이 좋아하는 특정 게임 한두 개만을 예시로 들며 그 게임에서 그렇게 했으니 우리도 따라가야 한다고 주장합니다. 좋은 게임을 만들고 싶어 하는 마음은 진심이겠지만, 좋은 게임의 기준이 다른 사람과 비교했을 때 혼자만 다르다면 문제가 될 수 있습니다. 게임 하나에 깊이 빠지는 것은 기획자에게 유리한 경험이 될 수 없음을 명심하십시오. 그 게임을 그대로 베낀 카피 게임을 만드는 것이 아니라면요.

게임 기획을 위한 학습 네 번째 - 분석 시점 확인하기

성공한 게임은 자료로써의 가치도 높습니다. 특정 장르의 게임을 기획할 때 해당 장르의 성공 게임부터 분석하는 것은 어느 정도 일반화된 방법입니다. 게임을 여러 번 기획하다 보면 통과 의례처럼 기존에 성공한 게임을 플레이하며 분석하고 때로는 참고를 넘어서 베끼기까지 하지요. 그런데 똑같이 만들고 일부 기능은 더 개선했는데도 성과가 나쁜 경우가 많습니다. 그 이유는 무엇일까요?

게임의 성공에는 많은 요소가 반영되는데요, 그중 큰 부분이 '트렌드'와 '사용자'입니다. 책의 서두에서 말한 것처럼 게임도 변화하며 게이머도 달라집니다. 그렇기 때문에 성공한 게임을 바라볼 때는 어떤 시대에 어떤 사용자들에 의해서 성공했는지가 중요합니다.

패키지 형태의 게임이라면 성공하는 시기와 사용자를 분석하는 데 큰 문제가 없습니다. 하지만 한국의 대다수 기업은 서비스 형태의 게임을 만들고 있기 때문에 여러분이 게임 기획자가 된다면 서비스 중인 게임을 분석할 가능성이 매우 높습니다. 그런데 서비스 게임은 어느 시기에 성공했는지 파악하기가 쉽지 않습니다. 그 게임이 꾸준히 업데이트되며 많은 것이 더해졌기 때문이지요. 어떤 게임은 아예 전투 방식이 달라진 경우도 있습니다.

과거에 크게 성공한 후 게이머의 이탈 비율이 낮아 높은 성과를 유지하고 있는 게임이라면 게임 자체보다 게이머의 이탈을 막은 이벤트 등을 분석해야 할 것입니다. 특정 시점에 사용자가 많이 증가했다면 그 원인이 된 해당 시기의 업데이트와 그 업데이트가 환영받았던 이유가 중요할 것입니다. 때로는 게임과 전혀 무관한 사회 트렌드 등으로 성공한 것일 수도 있고요.

사실 아무리 큰 성공을 한 게임이라도 그 게임이 현재 시점에 출시되었다고 가정해보면 성공 여부가 불투명하게 느껴질 겁니다. 아니 과거에 아무리 잘 만든 명작이라 하더라도 현시대에 출시하면 실패한 게임이 될 가능성이 높습니다. 한 시대를 풍미한 고전 게임을 요즘 어린 게이머에게 권해보면 이를 명백히 알 수 있습니다. 즉 게임은 현시대의 수준에 맞게 개발해야 합니다. 과거에 성공한 게임을 분석한다면 겉에 보이는 부분보다는 조금 더 깊이 파고들어 변하지 않는 코어를 살펴보세요. 성공한 게임이 모두 정답은 아닙니다. 그 게임의 성공은 과거의 것이고 세상은 하루하루 변해가고 있으니까요.

면접에서 드러난 잘못된 게임 습관

면접자에게 다음과 같은 질문을 했습니다.

Q. 인상 깊게 플레이한 게임을 하나 정해서 그 게임의 특징은 무엇이고 어떤 부분이 잘 기획되었다고 생각하는지 말씀해주세요.

A. 제가 인상 깊게 했던 게임은 XXX입니다. 이 게임의 특징은 운영자와 유저 간의 소통이 잘 이루어진다는 점입니다. 건의 사항도 잘 들어주었고 이벤트를 운영자들과 함께 진행하기도 했습니다.

↳ 이 면접자는 해당 게임에 푹 빠져 있었습니다. 게임의 특징이나 기획적인 부분을 어떻게 보는지 확인하고 싶었지만 운영과 서비스에 대한 이야기만 반복했습니다. 게임 자체보다 소통에 더 의미를 두는 것 같았습니다. 그래서 질문을 바꿨습니다.

Q. 그렇다면 XXX라는 게임 말고 다른 게임으로 다시 답변해주세요. 게임의 특징과 기획이 잘된 부분을 말해주면 됩니다.

A. 다른 게임은 하지 않았습니다. 저는 어릴 때부터 지금까지 XXX 게임만 했습니다.

↳ 놀라운 답변인 것 같지만 의외로 이런 지원자가 많습니다. 평생 손에 꼽

을 정도의 게임만을 플레이한 경우도 꽤 있습니다. 당연히 이런 사람을 뽑을 수는 없습니다. 하지만 서류 심사는 통과했고 포트폴리오도 나쁘지 않아 다른 질문으로 넘어갔습니다.

> **Q. 게임 이외에 취미 활동이나 평소에 어떤 것을 하며 노는지 말씀해주세요. 대인 관계도 좋고, 될 수 있으면 게임 기획 업무에 도움이 될 만한 것들을 어필해주기 바랍니다.**
>
> A. 저의 취미는 켈리그라피와 시 낭송입니다.

┖ 켈리그라피와 시 낭송이 나쁜 취미는 아닙니다. 하지만 게임 기획자로서 어필할 만한 취미도 아니죠. 게임 플레이조차 다양하게 안 하는 분이라면 더욱 그렇습니다.

이 사례는 제가 경험한 면접 중 손에 꼽을 정도의 극단적인 상황이었지만, 생각보다 많은 분이 이와 비슷합니다. 게임 기획자가 되려면 겉에 드러나는 서비스보다 내부의 시스템이나 콘텐츠에 집중해서 플레이해야 합니다. 하나의 게임만 플레이하지 말고 다양한 게임을 플레이하는 것이 좋습니다. 게임 외에 다양한 놀이 문화와 취미를 갖는 것이 도움이 됩니다. 이런 면접 질문이 나오면 나는 어떤 답변을 할 것인지 생각해보길 바랍니다.

Lesson 19

게임을 바라보는 시야 바꾸기

기획자 마인드와 게이머 마인드

제가 게임 기획자 면접을 볼 때 제일 중요하게 생각하는 것이 있습니다. 게임을 바라보는 시선이 게이머의 시선인지 기획자의 시선인지에 대한 것입니다. 이 차이는 생각보다 작지 않습니다.

게이머의 시선과 기획자의 시선

게이머의 시선 : 게임 기획자가 되기를 원하는 사람 대다수는 게임을 좋아합니다. 그렇기에 처음 게임을 접할 때는 누구나 게이머일 가능성이 높습니다. 게임을 플레이하면서 이런 게임을 나도 만들고 싶다거나 이런 부분을 더하면 재미있을 것 같다는 생각 끝에 게임 기획

자를 꿈꾸지만 여전히 많은 게임 기획 지망생들이 게이머로서 게임을 하고 있습니다.

기획자의 시선 : 게이머에서 시작했지만 게임을 만들겠다는 꿈을 갖게 되면 게임을 접하는 자세가 달라집니다. 그리고 이렇게 되는 순간 게임에 대해 새로운 시야를 얻게 됩니다. 게이머로서 즐기는 시야도 있지만 그보다 조금 더 파고들기 때문입니다. 기획자의 시선이 갖는 특징은 게이머의 시선과는 완전히 반대입니다.

	게임 플레이	집중하는 요소
게이머의 시선	게임을 오래한다.	외부, 서비스, 뉴스
기획자의 시선	게임을 많이 한다.	내부, 구성, 시스템, 콘텐츠

게임을 많이 하는 것과 오래 하는 것의 차이

게임 기획자는 세상에 다양한 게임이 있음을 알아야 합니다. 자신 또한 언젠가 그 다양성에 일조하게 될 테니 말이죠. 아이디어가 있다면 그 아이디어가 실제 게임에 구현되었는지 찾아보기도 하고, 재미있게 플레이한 게임이 있다면 비슷한 게임에는 어떤 것이 있는지 각각 어떤 차별점으로 재미를 구현했는지 관심을 두게 될 것입니다. 그 결과 다양한 게임을 접하고 플레이하게 되지요.

반면 게이머의 시선에서 벗어나지 못하는 경우에는 여전히 한두 개의 게임만을 계속해서 플레이합니다.

이런 전환은 의도하지 않아도 자연스럽게 일어납니다. 만약 본인이 게임 기획자가 될 꿈이 있는데도 여전히 다양한 게임을 하지 않고 있다면 진로를 다시 한번 생각해보길 바랍니다.

게임의 외부와 내부 차이

게이머는 당연히 게임의 외부만을 보게 됩니다. 외부라고 하는 것을 그래픽 정도로만 생각할 수도 있습니다만, 운영 이슈나 뉴스, 사용자 리뷰, 마케팅, 플레이어가 접하는 콘텐츠까지 포함합니다. 그렇다면 그 외의 모든 것, 이를테면 게임의 구성이나 구조, 개발 이슈, 개발팀이나 회사 등은 내부에 속하죠. 여기까지 시선이 가는 경우는 매우 드문 편이기는 합니다.

예를 들어 평범한 매치3 게임이 있습니다. 이 게임의 어떤 점이 장점인지 생각할 때 이벤트나 그래픽 등을 이야기하는 것은 게이머의 시선입니다. 때로는 서비스에 관해 이야기를 하기도 하지요. 이런 시선을 가진 이에게 매치3 게임은 거의 모두가 비슷한 게임입니다. 이벤트와 그래픽만 다를 뿐이죠.

하지만 기획자의 시선을 가진 사람은 플레이할 때의 감각 자체로 매치3 게임을 구분할 수 있습니다. 화면상에 표현되는 블록의 숫자, 색을 그렇게 배치한 의도, 심지어 동일한 그래픽을 보더라도 콘셉트와의 통일성이나 시인성까지 시야에 들어오지요. 쉽게 비유하자면 게이머의 시선에서 보는 것은 UI, 기획자의 시선에서 보는 것은 UX◆라고 할 수 있습니다.

◆　UI(User Interface)는 화면에 보여지는 각종 정보와 버튼 표시 등을 의미하고 UX(User Experience)는 사용자의 경험과 편의성을 중시한 UI의 배치와 구성을 말한다.

게임을 하지 않는 사람의 시선

최근 게임 기획자에게는 게이머의 시선과 기획자의 시선 외에 제3의 시선이 보이기도 합니다. 게임을 플레이하지 않는 사람의 시선입니다. 게임을 전혀 모르는 사람이 게임 회사에 지원할 리 없다고 생각할 수도 있겠지만 게임이 산업화하고 인정받는 직종이 되면서 게임에 무관심한 사람도 지원하는 추세가 되었습니다. 어쩌면 이 책을 읽는 분 중에도 게임을 전혀 하지 않는 분이 있을지 모릅니다. 게임을 하지 않는 사람이 기획자로 지원하는 경우 두 종류로 나뉩니다.

게임에 전혀 관심이 없는 경우 : 게임에 전혀 관심이 없는 사람이 게임 기획자가 될 수 있는가에 대해서는 여러 말이 오가지만, 적어도 불가능하지는 않습니다. 대형 개발사의 개발팀은 수백 명 이상이 되는 경우도 있습니다. 그들 중 다수는 위에서 내려온 지시에 따라 작업을 묵묵히 수행하는 역할을 합니다. 게임에 대해 몰라도 주어진 일을 잘 해내는 사람이 더 필요하다고 판단하는 거죠.

게임은 다른 기획과는 다소 결이 다릅니다. 자기 기획력을 제대로 게임에 도입할 수 있을지가 중요한 관건이죠. 물리학 전문가가 자동차 게임의 물리를 기획할 수도 있고 악기 연주 전문가가 리듬 게임의 노트를 기획할 수도 있습니다. 즉 꼭 게임이 아니어도 활약할 수 있는 분야가 있다는 것입니다. 이렇게 게임을 전혀 모르고 관심도 없는 게임 기획자가 늘어나고 있습니다. 개인적으로는 참 불편한 현실이지만 시대의 흐름이니 어쩔 수 없습니다.

게임을 영상으로만 접하는 경우 : 이런 유형도 최근 늘어나고 있습니다. 유튜브나 트위치 등 스트리밍 플랫폼을 통해 게임 방송을 하는 사람이 늘어남에 따라 게임을 소비하는 형태가 변화했기 때문입니다. 아예 관심이 없는 경우가 차라리 나을 정도로 이 경우는 최악의 시선을 가지고 있다고 생각합니다. 비 게이머의 시선보다 못한 것이지요. 게임은 능동적인 체험을 주는 매체입니다. 방송은 수동적인 감상을 하는 형태이지요. 방송으로만 게임을 알고 즐기는 사람들의 기획은 능동성보다는 수동성을 우선하게 됩니다. 그리고 사용자의 체험보다는 보이는 것에 치중하지요. 그래픽 디자이너나 프로그래머라면 그것만으로도 충분한 레퍼런스가 되겠지만 게임 기획자라면 이런 형태로 시야가 굳어지는 순간 게임이 아닌 감상형 매체에 더 가까운 발상을 하게 될 위험이 있습니다. 게임 방송을 보는 것이 문제 될 것은 없지만, 기획자라면 게임 방송을 보는 와중에도 시야의 확장성을 염두에 두어 직접 플레이하는 비율을 높이길 바랍니다.

결국 게임을 접하는 시선은 다양합니다. 이 중 게임 기획자에게 적합한 시선은 다음 순서입니다.

순위	형태	특징
1	기획자의 시선	분석적, 사용자 경험 중시, 내부 판단
2	게이머의 시선	관망적, 본인의 경험 위주, 외부 이슈
3	비 게이머	게임=일, 업무 집중, 응용력 부족
4	감상형 게이머	다른 유형의 콘텐츠로 보는 시선이 혼재

Why로 시작하는 게임 분석의 예 - 리듬 게임과 HP

게임 안에 존재하는 모든 요소에는 이유가 있어야 합니다. 그것이 기획의 기본입니다. 이를 소홀히 할 때 생기는 작은 어긋남이 게임 전반에 걸쳐 커지는 경우가 있습니다. 따라서 아무리 하찮은 이유라도 반드시 생각해보고 게임을 분석하거나 게임을 통한 학습을 할 때도 그 이유를 생각해보는 것이 기획을 훈련하는 데 도움이 될 것입니다.

리듬 게임을 예로 들어보겠습니다. 대부분의 리듬 게임은 음악에 맞추어 화면에 보이는 노트에 입력하는 형태를 취합니다. 입력하는 방식은 다양합니다. 화면을 터치하기도 하고 지정된 버튼을 누르거나 정해진 동작을 하기도 합니다. 이 모든 것이 음악의 타이밍과 맞아떨어져야 하지요. 이 부분은 리듬 게임이라는 장르의 특성입니다. 그런데 한 가지 짚어볼 것이 있습니다. 리듬 게임의 노트가 나오는 방향입니다.

어떤 게임은 화면의 상단에서 하단으로 내려옵니다. 어떤 게임은 하단에서 상단으로 올라갑니다. 화면 안쪽에서 등장해서 화면 앞으로 다가오는 형태도 있고 움직이지 않고 제자리에 있는 경우도 있습니다. 왜 같은 장르인데도 여러 형태로 표현되는 걸까요?

여러 가지 이유가 떠오를 것입니다. 하지만 애초에 이런 상황에 'Why?'라는 의문을 품지 않는다면 그냥 넘어가겠죠. 이 부분에 있어 제가 생각한 이유를 몇 가지 적어두겠습니다. 다른 이유도 생각해보면 좋겠습니다.

리듬 게임 중 위에서 아래로 노트가 내려오는 게임들을 떠올려 보

노트가 위에서 아래로, 아래에서 위로 나오는 리듬 게임(좌 [비트매니아], 우[DDR])

면 공통점이 있습니다. 연주하는 게임이라는 것입니다. 반대로 노트가 아래에서 위로 올라오는 게임의 공통점은 무얼까요? 댄스 게임이라는 점입니다.

연주라는 개념은 악보를 보며 지정된 박자와 음을 맞춰가는 형태입니다. 그렇기에 위에서 아래로 떨어지는 노트를 받아내는 느낌으로 게임을 구현합니다. 게이머들은 훌륭한 연주자가 되기 위해 정해진 악보를 따르게 됩니다. 아래에서 위로 올라가는 게임의 대표적인 것은 [DDR]과 [펌프잇업] 같은 댄스 게임인데요, 박자에 맞춰 몸을 띄우는 느낌을 줍니다. 음악 위에서 뛰어다니는 느낌을 주는 것이지요. 악보보다 내가 주체가 되고 상위에 존재하고 있습니다. 만약 댄스 게임인데 노트가 위에서 아래로 떨어지는 형태라면 스텝 하나하나가 무겁게 느껴지고 다급한 느낌을 받을 것입니다. 즉 이 두 가지 형태는 중력에 따른 인간의 본능적인 심리를 활용하고 있습니다. 여기에 더해 두 게임 모두 화면 중앙에 점수와 콤보(연속으로 입력에 성공한 횟수)를 표시하고 있는데요, 이를 통해 댄스 게임은 하나하나 밟는 것이 더 중요하게 여

줄어드는 노트, 커지는 노트를 터치하는 형태의 리듬 게임(좌 [응원단], 우 [유비트])

겨지고, 연주 게임은 점수와 콤보가 더 중요하게 느껴집니다. 인간의 시야는 위에서 아래로 움직이기 때문이죠.

위아래가 있다면 화면 안쪽에서 나를 향해 날아오는, 즉 노트가 커지는 스타일의 게임이 있고, 화면 바깥에서 안쪽으로 들어가는, 즉 노트가 작아지는 스타일의 게임도 있습니다. 이 두 가지 게임도 서로 다른 느낌을 줍니다. 작아지는 노트는 내가 화면 안쪽으로 에너지를 쏘는 느낌을 줍니다. 닌텐도 DS로 한때 유행했던 [응원단]이라는 게임이 대표적인 예로 음악에 맞춰 누군가에게 힘을 복돋아 주는 느낌으로 사용하고 있습니다. 반대로 나를 향해 점점 커지는 노트는 내가 입력하는 순간 사라집니다. [유비트]라는 게임이 대표적인데 이를 통해 음악을 컨트롤하고 조종하며 음악 위에 있는 느낌을 줍니다.

그 외에도 마치 악보를 보는 것처럼 노트가 좌에서 우로 스크롤 되는 것도 있고 사방에서 날아오는 형태도 있습니다. 이것은 리듬 게임이 수록된 플랫폼의 컨트롤러나 화면 구성, 디자인에 따라 다소 달라지는데요. 이런 모든 요소를 통합해서 고려하는 것이 게임 기획자의 일입니다.

'Why?'라는 것이 가장 잘 드러나는 것은 UI입니다. UX라는 개념이 대두되면서 '기획의 이유'가 조금 더 명확히 인지되기 시작하고 UI가 중요해졌죠. 가장 잘 만든 UI는 게임에 방해되지 않으면서 자연스럽게 필요한 정보가 전달되는 방식입니다. 게임 UI 중에서도 거의 모든 게임에 등장하는 것이 있습니다. 바로 게임 내 캐릭터나 개체의 체력을 표시하는 HP입니다. 일반적으로 HP가 줄어들어 0이 되면 게임이 끝나지요. 명칭이나 형태는 다르지만 어느 게임에나 포함된 개념입니다.

어떤 게임에서는 HP가 위에서 아래로 줄어듭니다. 어떤 게임에서는 우에서 좌로 줄어들기도 하고 아예 게이지가 아닌 숫자나 하트 등의 마커 개수로 표현하기도 합니다. 호러 어드벤쳐에서는 이를 심장 박동 연출로 표현하기도 하고 옷이 찢기거나 몸체가 손상된 정도로 표현하기도 합니다. 왜 이렇게 다양한 형태로 표현하는지 분석하기 위해서는 HP뿐만 아니라 게임 전체의 콘셉트와 그 안에서 HP가 어떤 비중으로 어떤 시스템과 연계되어있는지 등을 종합적으로 봐야 합니다. 그리고 여기에 심리적인 부분까지 고려해야 하지요. 이렇게 다양한 요소가 복합적으로 고려되기 때문에 완벽한 답을 찾아내는 것은 불가능합니다. 다만 게임을 학습하고 분석하는 것이 목표라면 그 과정에서 배우고 느끼는 것이 많을 것이고 이런 반복 경험을 통해 자신이 학습해 나아가야 할 방향을 찾을 수 있을 것입니다.

재미없는 게임을 통해 학습하기

다른 분야의 기획 책을 읽다가 인상 깊은 문구를 발견했습니다.

"당신에게는 아무리 하찮은 쓰레기라도 누군가에게는 인생의 전부였을지도 모른다."

재미없는 게임을 발견하면 대개는 손에서 놓아버립니다. 그리고 다른 재미있는 게임을 찾게 되지요. 단순히 게임을 즐기기 위해서라면 당연한 행동입니다. 하지만 게임 플레이를 통해 학습과 분석을 하려는 의도라면 좋은 기회를 놓치는 것일 수 있습니다. 내가 하기에 재미없는 게임이 다른 누군가에게는 재미있는 게임일 수 있으니까요.

게임 자체가 아니라 게임 속에 담긴 콘텐츠나 시스템에 대한 감상도 마찬가지입니다. 그러므로 재미없는 요소를 발견했다면 그냥 넘어가기보다 왜 나에게 재미가 없는지를 생각해보는 것이 좋습니다. 나뿐만 아니라 다른 많은 이도 재미없다고 평을 하더라도 최소한 그 게임을 기획한 기획자만큼은 재미있게 만들고 싶었을 테니까요. 왜 목표한 재미를 구현하지 못했는지 어떻게 해야 이 게임을 재미있게 수정할 수 있을지를 고민해보는 것은 매우 큰 도움이 됩니다.

게임 자체는 재미있는데 그 안에 있는 특정 요소에 문제가 있는 경우도 비슷합니다. 이런 게임을 발견한 것은 큰 행운입니다. 무시하지 말고 개선점을 찾아보기 바랍니다. 이와 반대로 너무 재미있어서 완벽해 보이는 게임이라면 역시 그 안에서 재미를 해치는 요소를 찾아보십시오. 좋은 스포츠 트레이너는 선수의 단점을 잘 파악하는 사람입니다. 선수의 장점은 트레이너, 언론, 팬들, 동료들 누구나 잘 알고 있습니다. 하지만 단점은 신경 쓰지 않으면 잘 알 수 없습니다. 게임도 마찬가지입니다. 유명한 게임인 경우 그 안의 아쉬운 요소들은 크게 부각되지 않습니다. 훌륭하고 뛰어난 요소들만 계속 언급되지요. 이는 마케팅과도 관련이 있지만 후광 효과나 집단 심리 때문이기도 합니다. 게임 기획자를 지망한다면 누구나 보는 좋은 부분보다는 시선이 잘 닿지 않는 아쉬운 부분이나 재미없는 게임을 분석해보는 것이 역량을 키우는 데 훨씬 더 큰 도움이 됩니다.

어떤 게임을 해야 할까?

게임 기획자라면 다양한 게임을 체감하고 분석해야 한다고 했지만, 사실 게임이 많아도 너무 많습니다. 게다가 요즘은 게임의 볼륨이 점점 커지고 있어요. 과거 1~2시간이면 끝낼 수 있던 액션 슈팅 게임이 최근에는 10시간 내외의 분량을 갖습니다. 과거에는 아무리 볼륨이 큰 게임도 100시간 이내에 끝낼 수 있었지만 요즘은 1,000시간 이상 즐기는 게임까지 나오는 추세입니다. 게다가 아예 끝이 없는 게임도 많은 상황입니다. 긴 시간이 필요한 게임이 많다 보니 모든 게임을 다 해볼 수는 없습니다. 그렇다면 게임 기획자는 어떤 기준으로 게임을 선택해서 해봐야 할까요?

자신이 좋아하고 기대하는 게임

◦ 게임 기획자는 학습의 이유를 담아 게임을 해야 하지만, 게임이란 모름지기 즐거워야 합니다. 물론 너무 푹 빠지지 않게 경계는 해야겠지요.

대중이 좋아하고 기대하는 게임

◦ 트렌드에 대한 파악도 기획자의 역할입니다. 다른 사람들은 어떤 이유로 이 게임을 좋아하는지를 알아보세요.

현재 기획하고 있는 게임에 참고가 될 만한 게임

◦ 관련 아이디어나 게임성◆의 검증을 위해 참고용 게임을 하는 것은 유용합니다.

오래된 게임보다는 최신 게임

◦ 게임의 트렌드는 하루가 다르게 변화하고 있습니다. 몇 년 전에 나온 게임은 현재와 기획의 방향이 다를 수 있으므로 최신 게임이 바람직합니다.

반면 분석을 위한 게임을 할 때 효율이 높지 못한 게임도 있습니다.

시리즈물의 후속작

◦ 해당 시리즈의 게임성은 첫 번째 게임에서 완성되었을 가능성이 높습니다. 그렇기 때문에 후속작이 출시되는 것이겠지요. 게다가 후속작을 만들

◆　　　게임성 : 일반적으로 재미를 의미한다. 예외적으로 게임의 개발 목표와 방향에 따라 기능성이나 상업성 등을 게임성으로 보기도 한다.

때는 무언가를 덧붙이고 추가해야 한다는 의무감이 있습니다. 전작보다 발전하고 나아진 모습을 보여야 하기 때문이죠. 만약 이전 작품을 할 수 있는 상황이 아니라면 시리즈를 거치면서 추가된 부분을 사전에 확인해 보고 게임을 선택하는 것이 좋습니다.

기존 게임의 반복, 리마스터 버전

∘ 이미 플레이한 게임을 반복 플레이하거나 리마스터 버전을 진행하는 것도 바람직하지 못합니다. 게임 기획자는 하나의 게임에 묶여있어서는 안 됩니다. 정말 재미있게 했던 게임이라도 내려놓고, 그럼에도 꼭 하고 싶다면 분석일랑 집어치우고 마음 편히 즐기는 것이 좋겠습니다.

마인드에 따라 달라지는 면접 답변

면접 사례 1

예전에 면접을 보던 중에 이런 일이 있었습니다. 지원자는 본인이 TCG◆를 제일 좋아한다고 했습니다. 저는 지원자에게 TCG 중에서 어떤 게임을 좋아하는지 그리고 그 게임에서 어떤 부분이 아쉽고 어떻게 하면 더 재미있는 TCG를 만들 수 있을지 의견을 물었습니다.

하지만 지원자가 해본 TCG는 [하스스톤]이라는 게임뿐이었습니다. 질문을 이어보니 TCG를 좋아하는 것이 아니라 [하스스톤]을 좋아하는 것이었습니다. 당연히 이 지원자는 탈락했습니다. 그에게 게임 기획을 맡긴다면 [하스스톤]을 베껴 만든 게임이 나올 가능성이 크기 때문입니다. TCG 중 [하스스톤]만을 알고 있으니 그가 생각하는 TCG는 실제 개념보다 많이 축소된 개념일 가능성이 높습니다. 면접관 입장에서는 특정 장르를 좋아한다면 더욱 다양한 게임을 해본 사람을 선호할 수밖에 없습니다. 그래야 시스템이나 콘텐츠의 장단점을 알고 더 나은 게임을 기획할 수 있기 때문입니다.

면접 사례 2

기획자의 시선을 갖는 신입은 굉장히 드뭅니다. 따라서 신입 기획자에게 질문할 때는 앞으로 시선의 전환이 일어날 수 있을지의 여부를 알 수 있는 질문을

◆　　TCG(Trading Card Game) : 카드의 교환과 활용을 중심으로 설계된 게임 장르

하게 되지요. 제가 면접 자리에서 항상 물어보는 질문은 이것입니다.

"제일 좋아하는 게임이 무엇인가요?"

이 질문에 만약 오래된 게임을 답한다면 최근 제일 재미있게 한 게임을 다시 묻습니다. 그리고 "그 게임의 어떤 점이 좋았나요?"를 이어서 질문합니다. 이 질문에 대부분은 게이머의 시점으로 경험담을 이야기합니다. 이야기를 들으며 조금씩 시선의 전환을 유도해봅니다.

"그렇다면 그 게임의 이런 부분은 어떻게 생각하나요?"
"만약 이 부분이 이렇게 달라졌다면 어땠을까요?"

이런 질문을 통해 시선의 전환이 가능할지를 판단합니다. 게임을 즐기기만 했던 사람은 이런 형태의 유도 질문에서 깊이 있는 답변을 하지 못합니다. 면접은 가능성을 보는 자리입니다. 따라서 당장 내가 모든 것을 갖추지 못했다고 실망할 필요도 없고 긴장할 필요도 없습니다. 현재 부족하다면 충분히 성장할 마음가짐과 자세가 되어있음을 보이면 될 것입니다.

Lesson 20

기획자 지망생이
알아두면
좋은 것들

수학은 왜 필요할까?

　게임 기획을 지망하는 학생들에게 수학이 왜 필요하냐는 질문을 자주 듣습니다. 이런 질문을 한다는 것은 수학이 싫거나 어렵기 때문이겠지요? 일부 장르를 제외하고 디지털로 이루어지는 게임들은 가상의 공간을 구축합니다. 그 안에서 캐릭터나 오브젝트가 움직이며 정해진 규칙하에서 목적을 수행하게 되지요. 가상의 공간 안에서의 움직임은 모두 물리 법칙에 근거합니다. 속도와 가속도, 중력의 개념이 들어갑니다. 충돌 처리도 물리의 영역입니다. 요즘은 게임 개발 툴에서 기본적인 물리 엔진을 지원하지만 주어진 것을 그냥 사용하는 것과 이해하고 사용하는 것에는 차이가 있습니다. 게임 속에서는 현실 세계와 다른 물리 법칙을 사용해야 하는 경우도 많으며 이는 주어진 수치 조정만으로는 구현하기 어렵기 때문입니다.

물리뿐만이 아닙니다. 게임 안에 들어가는 모든 요소에는 숫자가 존재합니다. 게임에 따라서는 일부 숫자를 드러내기도 하지요. 공격력, 방어력, HP라거나 게임 속에서 판매하는 아이템의 가격 등이 그러합니다. 심지어 게임 외적으로 보이는 CPU 메모리라던가 한 화면에 표시할 수 있는 폴리곤◆의 수, 시야 각도와 렌더링 범위 등도 있습니다. 이 모든 숫자는 서로 연관됩니다. 예를 들어 체중이 많이 나갈수록 걷는 속도가 느려지는 대신 낙하 속도가 빨라지겠지요. 이런 것은 어떻게 구현될까요? 기획서에 옆으로 걸으면 속도가 몇이고 낙하하면 속도가 몇이라고 지정해야 할까요? 그렇다면 낙하 중 옆으로 이동하거나 옆으로 이동 중 낙하하는 경우는 어떻게 되나요? 일반 낙하와 점프 중 낙하는 동일한가요? 속도는 등속인가요, 가속인가요? 하나하나를 지정하다 보면 변수가 점점 늘어나게 되고 예외 사항도 많아지게 됩니다. 이것은 안정적인 게임을 만드는 데 문제가 될 수 있으며 밸런스 작업을 할 때도 방해가 됩니다. 게임 속 캐릭터들 간에 공격력 비교를 할 때도 단순히 때리는 힘만을 판정하지 않습니다. 공격 속도와 때리는 힘을 비교해서 기준 시간당 공격력을 측정하는 편이 더 유용하겠지요. 이처럼 간단한 수치를 표현할 때도 게임 속의 숫자는 단독으로 사용되지 않습니다.

이제 숫자가 많이 들어가고 연계된다는 점은 이해했을 것입니다. 이 숫자를 게임에 적용하고 활용하기 위해서는 변수들을 사용한 공식을

◆　폴리곤 : 3D 그래픽을 표현하는 기본 단위

만들어야 합니다. 이런 공식들은 누가 가르쳐주는 것이 아니고 어딘가에서 베껴오는 것도 아닙니다. 그렇다고 단순하게 생각할 일도 아닙니다. 공식만 달라져도 게임의 느낌이 달라지거든요. 수많은 변수를 제대로 활용하여 원하는 콘셉트의 게임으로 만들려면 결국 이 게임만의 계산 공식이 필요해집니다. 그리고 이것을 가장 잘 이해하고 소화해야 하는 사람이 게임 기획자이죠. 즉 공식을 사용하는 것뿐만 아니라 직접 숫자를 다루며 만들어야 하므로 수학이 중요한 것입니다. 물론 게임 기획의 세부 직군 중에는 수학적인 소양이 크게 필요하지 않은 경우도 있습니다. 하지만 평생 그 분야만 기획하는 경우는 많지 않으므로 될 수 있으면 수학을 소홀히 하지 말고 개념을 잡아가길 바랍니다.

게임 불감증 극복하기

게임 중독에 대해서는 말이 많지만, 그 정반대인 게임 불감증에 대해서는 크게 언급되지 않습니다. 왜 그럴까요? 게임 불감증에 걸린 사람은 그냥 게임을 안 하면 되기 때문입니다. 관심이 없으니 언급될 이유가 없지요.

게임 불감증을 호소하는 사람들이 있습니다. 다시 게임을 즐기고 싶은 골수 게이머이거나 일 때문에 게임을 즐겨야 하는 게임 관련 직종의 사람들입니다. 게임 기획자가 되려고 다양한 게임을 즐기고 분석하다 보면 어느 순간 게임 불감증이 찾아옵니다. 제게도 주기적으로 찾아오지만 저는 극복하는 방법이 있기 때문에 큰 문제가 생기지 않습니다.

처음으로 게임 불감증을 겪게 되면 '사실은 게임을 좋아하지 않았던 걸까?' 하는 취향 문제부터 게임 분야의 일이 자신에게 맞지 않으니 다른 길을 찾아야겠다는 고민까지 온갖 생각을 다 하게 됩니다. 사실 게이머에게 이 증상이 나타나는 것은 게임 기획자가 걱정할 일은 아닙니다. 게이머가 줄어드는 것은 마음 아프지만 어떻게 해줄 수 있는 일이 아니죠. 제 경험상 게임 불감증이 생기는 이유는 다음의 세 가지입니다.

동일 자극에 장기간 반복되는 경우

특정 장르만을 즐기고 다른 게임을 배척하는 분은 대부분 이 경우에 속합니다. 예를 들면 AOS 장르의 게임만 장기간 즐기던 사람에게 FPS 장르◆를 권한다면 재미를 느끼지 못할 수 있습니다. 단순하게 보일 수도 있고 레벨 상승이 없는 것에 당혹감을 느낄 수도 있으니까요. 어느새 특정 장르의 문법이 무의식중에 게임의 정의로 자리 잡아 다른 것을 거부하게 된 것입니다. 게임 기획자를 지망한다면 이는 치명적인 단점이 될 수 있습니다. 이 상태로 계속 같은 장르를 즐기다 보면 어느 순간 해당 자극에 너무 익숙해져 다른 장르의 게임은 더 이상 재미를 느낄 수 없는 상태가 될 수 있습니다.

◆ AOS 장르와 FPS 장르의 차이 : AOS와 FPS모두 다른 사용자와 팀을 이루어 상대 진영을 공격한다는데 공통점이 있지만, 상대적으로 AOS는 전략과 성장이, FPS는 직관적인 조작이 중요하다.

너무 강렬한 자극을 받은 경우

굉장히 맛있고 특별한 음식을 먹은 뒤에는 평소 맛있게 먹던 음식이 왠지 시시하게 느껴지죠. 게임도 마찬가지로 너무 큰 긴장감이나 쾌감을 얻은 뒤에는 어떤 게임을 해도 시시하게 느껴집니다. 강렬한 자극은 게임 자체가 뛰어난 경우도 있지만 대개는 취향과 같은 주관성에 기인합니다.

너무 많은 자극을 받은 경우

복사 CD로 게임이 범람하던 시절 많은 사람이 게임 불감증에 걸렸습니다. 무료 게임이 폭발적으로 쌓이는 요즘도 그러하죠. 하나의 자극이 정착하기도 전에 여러 자극이 들어오다 보니 깊이가 낮은 자극밖에 느낄 수 없습니다. 게임 기획인 경우 조금 전 했던 게임의 잔재도 있고, 이 게임을 끄고 바로 또 실행할 다음 게임에 대한 자극도 대비해야 하니 게임이 재미없어질 수 있습니다. 여기에 더해 게임의 자극은 능동적이지 않으면 발생하지 않으니 게임 불감증이 한층 더 강화되는 것이죠.

게임 불감증은 사실 누구나 겪을 수 있는 일입니다. 하지만 게임 기획자는 이로 인해 자신이 좋아하고 목표하던 일을 잃게 된다는 점에서 안타깝습니다. 그래서 혹시라도 게임 기획자를 준비하던 중 이런 상황에 빠지는 분들이 있을까 우려되어 글을 쓰게 되었습니다. 결국 게임 불감증은 잘못된 게임 습관에서 오는 증상입니다. 가급적 다양한 게임을 하도록 노력하되, 강렬한 자극으로 인한 불감증인 경우 단순하고 명확한 자극을 주는 고전 게임이나 추억이 담긴 작품들을 통해 치유하길 바랍니다. 짧은 기간에 여러 게임을 돌려가며 하는 것도 좋지 않습니다. 좋은 게임 습관으로 게임 불감증이 오지 않도록 조절하고 만약 오더라도 슬기롭게 대처하기를 바랍니다.

게임 기획자에게 대학은 필수일까?

대학 진학에 대한 질문은 고등학교 진로 수업에서 가장 많이 나옵니다. 게임 관련 직업 중 게임 기획자는 대학을 나오지 않아도 된다는 이야기가 많기 때문입니다. 결론부터 말씀드리자면 맞습니다. 대학은 필수가 아닙니다. 하지만 가급적 대학에 진학하는 것을 추천합니다. 그 이유를 세 가지로 기술합니다.

게임 회사는 학력을 보지 않는가?

게임 회사에 다니는 사람 중에는 고졸이나 중졸도 분명히 있습니다. 때문에 게임 회사가 학력을 보지 않는다고 생각할 여지도 충분하죠. 다만 이는 회사 나름입니다. 학력을 전혀 보지 않는 회사가 있는 반면 중시하는 회사도 있습니다. 그리고 대체로 큰 회사는 학력을 중요하게 생각합니다. 그 이유는 단순합니다. 작은 회사는 실무자가 직접 사람을 평가하지만 큰 회사는 게임 개발자가 아닌 인사팀 직원이 먼저 평가하기 때문입니다. 큰 회사는 구직을 원하는 지원자의 수도 많습니다. 하나하나 살필 수 없을 정도로요. 1차 서류 심사에서 대다수는 걸러지며 이 과정에서 학력에 대한 기준도 당연히 높아집니다.

학력 격차로 생기는 불이익

불편한 진실입니다만, 학력으로 사람을 판단하는 분들이 있습니다. 이런 분들은 개발팀 동료 중에 있을 수 있고 경영진이나 투자자, 혹은 전혀 다른 분야에 있는 사람일 수도 있습니다. 주니어 게임 기획자 시절에는 이들과 엮일 일이 없습니다만 경력이 쌓이고 여러 사람이 얽힌 업무를 하게 되면 학력에 대한 편견을 마주하게 됩니다. 때에 따라서는 이 때문에 진급에서 누락되기도 합니다. 그래서 몇 년간의 경력을 쌓아온 게임 기획자 중에는 뒤늦게 야간 대학교에 다니기도 하지요. 이런 부분들을 어디까지 감내할 수 있을지에 따라서 학력 이수 여부가 달라질 것입니다.

대학 진학으로 얻게 되는 기회들

저는 대학 진학을 권장합니다. 위에서 말한 학력 문제 때문만은 아니고 기회를 얻을 수 있기 때문입니다. 대학 생활은 회사 생활의 축소판입니다. 친구들은 회사의 동료로, 수업과 리포트는 업무로 바뀔 뿐 덕분에 대학에서의 커뮤니케이션 스킬이 자연스럽게 도움이 됩니다.

또한 대학 내 게임 제작 동아리에서 활동한다면 혼자 공부하는 것보다 훨씬 학습 효과가 큽니다. 게임 개발을 미리 체험해볼 수도 있고요. 더 좋은 것은 대학생만 참여할 수 있는 행사와 공모전을 통해 기회를 얻을 수 있으며 실패하더라도 값진 경험을 쌓을 수 있다는 것입니다. 꼭 명문대가 아니더라도 될 수 있으면 대학에 가서 많은 기회와 경험을 쌓기를 추천합니다.

미래를 향한 마음 정하기

진심으로 게임 기획자가 되고 싶다면 염두에 두어야 할 것이 몇 가지 더 있습니다. 게임 기획자라는 직군 안에도 세분된 형태가 있기 때문에 미리 감안해서 자신의 미래를 설계해야 한다는 것이죠. 세 가지 정도만 이야기하겠습니다.

제너럴 리스트와 스페셜 리스트

제너럴 리스트는 게임 기획이라는 테두리 안에서 거의 모든 것을 다루는 기획자입니다. 넓고 다양하게 학습해야 합니다. 반면 스페셜 리스트는 자신만의 특정 분야 하나만을 다루는 기획자입니다. 좁고 깊이 학습해야 합니다.

대규모 인원이 게임을 만드는 경우에는 당연히 스페셜 리스트를 선호합니다. 수십 명의 기획자가 함께 기획하므로 각자의 전문성을 최대한 발휘할 수 있고 부족한 부분은 동료가 보완해줄 수 있습니다. 대기업일수록 스페셜 리스트를 선호합니다. 스페셜 리스트의 단점은 자신의 영역 안에서만 기획을 할 수 있다는 점입니다. 게임 전체보다는 담당 분야만을 보게 되어 답답할 수 있습니다.

제너럴 리스트는 소규모 팀에서 선호합니다. 적은 인원으로 게임을 개발할 때는 다양한 능력을 갖춘 사람이 필요하지요. 제너럴 리스트의 장점은 자유롭게 기획할 수 있다는 점이고, 단점은 특별히 남보다 뛰어난 한 가지가 없다는 것입니다. 당연히 시간이 지나면 스페셜 리스트가 다른 분야를 공부하며 자신의 분야를 넓혀가기도 하고 제너럴 리스트가 그중 하나를 파고들어 자신만의 무기를 만들려고 노력하기도 합니다만, 두 장점을 모두 갖춘 사람은 드뭅니다. 그만큼 노력과 운이 필요합니다.

라이브 기획과 신규 개발

라이브 기획과 신규 개발 중 어느 쪽을 선호하는지에 대해서도 염두에 두어야 합니다. 과거의 게임은 제품이었습니다. 한번 만들고 나면 더 이상 업데이트하지 않고 다른 게임이나 후속작을 개발했습니다.

하지만 최근에는 제품이 아닌 서비스 형태의 게임이 많아지면서 라이브 기획자는 이미 만들어진 게임을 사용자에게 제공하며 추가 콘텐츠를 업데이트하는 일을 합니다. 기존에 있던 것을 수정·보완하며 무언가를 추가함으로써 게임을 유지하고 발전시키는 기획을 하게 되지요.

반면 신규 개발을 하는 기획자는 말 그대로 무에서 유를 창조하는 기획을 합니다. 금전적인 보상이나 안정성은 라이브 기획자가 높습니다. 이미 매출이 나고 있는 게임이기 때문입니다. 신규 개발은 아예 수익이 나지 않거나 프로젝트가 중간에 엎어질 수 있으므로 항상 리스크가 있습니다. 하지만 아주 드문 확률로 새로 개발한 게임이 성공했을 경우 그 결실은 어마어마하지요. 처음 어느 쪽으로 진입했는지에 따라 이후 바뀌기 쉽지 않은 부분이므로 잘 고민해서 첫발을 들이는 것이 좋습니다.

자신의 개발 취향

게임 기획자도 회사원입니다. 회사에서 지시하는 프로젝트에 참여하게 됩니다. 만약 본인이 기피하거나 싫어하는 장르가 회사에서 지시하는 프로젝트라면 문제가 될 수 있습니다. 그뿐만 아니라 한번 개발에 참여한 장르는 이후 이직하더라도 꼬리표처럼 따라다니기에 다른 장르로 옮기는 것이 쉽지 않습니다. 첫 회사에서 야구 게임을 만들었다면 이후에도 야구 게임이나 스포츠 게임을 개발하게 될 가능성이 높습니다. 퍼즐 게임이나 RPG를 만드는 회사에서 야구 게임 경력의 기획자를 선호하지는 않을 테니까요. 제 경우는 두 번째 회사에서 FPS를 개발한 뒤부터 계속해서 슈팅 게임 관련 회사에서만 연락이 왔습니다. 이를 벗어나기 위해 정말 많이 노력했고 운이 좋아서 벗어날 수 있었습니다. 하지만 그렇지 못한 경우도 많습니다. 자신의 취향이 어디까지인지, 어느 장르까지 받아들일 수 있는지를 생각해두길 바랍니다.

과거의 게임은 재미가 최고의 가치였습니다. 하지만 세상이 변화하며 게임이 추구하는 가치도 변화했습니다. 미래의 게임 기획 또한 고려해야 할 부분이 달라질 것입니다. 다만 위에 말한 세 가지는 적어도 제가 겪어온 지난 20년 동안 변치 않는 기본이었습니다. 게임 기획자가 되려는 노력과 함께 게임 기획자가 된 이후의 진로도 함께 고려해두길 바랍니다.

자주 듣는 최악의 면접 답변 세 가지

게임 기획자가 되려고 한다면 언젠가는 면접을 보게 될 것입니다. 저는 적어도 100회 이상 면접관으로 참여했습니다. 그 과정에서 자주 듣는 최악의 답변 세 가지를 공유합니다. 이를 공유하는 의도는 오답을 확인하고 거짓을 준비하라는 것이 아닙니다. 혹시 자신의 마인드가 여기에 해당한다면 이를 수정할 수 있는 인사이트를 드리기 위해서입니다.

Q. 왜 게임 기획자가 되고 싶은가요?

A. 저는 게임이 너무 좋습니다. 반드시 게임을 만드는 사람이 되고 싶습니다. 프로그램을 공부했지만 너무 어려워서 포기했습니다. 그래픽도 해보려고 했지만 재능이 부족했습니다. 그러다가 게임 기획을 알게 되어 나의 길이라고 생각했습니다.

∟ 이 답변은 얼핏 보면 좋은 답변처럼 보입니다. 게임을 만들고 싶은 열정도 보이고 여러 직군에 도전해보았다는 내용도 있습니다. 하지만 다른 직군의 학습을 포기한 사람에게 게임 기획이라고 맞을까요? 물론 신입 게임 기획자는 다른 직군의 업무를 모를 수 있습니다. 하지만 결국에는 다양한 직군의 업무를 학습해야 업무를 진행할 수 있습니다. 시간이 지날수록 많은 학습이 필요한 것이 게임 기획이기 때문에 다른 분야에서 도망쳐온 사람이 할 수 있는 일은 아닙니다. 왜 게임 기획자가 되고 싶

으냐는 질문은 면접자가 게임 기획을 어떻게 이해하고 있는지, 다른 분야와 어떻게 구분하고 있는지, 왜 여러 직군 중 기획을 선택했는지 등을 종합적으로 묻는 말입니다.

> **Q. 포트폴리오에 디테일한 부분이 왜 빠져있나요?**
> A. 완전한 기획서를 전달하면 제 포트폴리오로 게임을 만들 수도 있으니까요. 아이디어 보호 차원에서 디테일한 부분은 제외하고 포트폴리오를 냈습니다.

ㄴ, 의외로 이런 생각을 하는 분이 많습니다. 포트폴리오로 제출한 기획서를 보고 회사가 게임을 만들 거라는 착각이죠. 신입 게임 기획자의 기획서는 개발용으로 쓰기 어렵습니다. 수준 미달인 경우도 많습니다만, 정말 쓸 만한 기획서라고 하더라도 현재 개발팀의 구성이나 사용하는 툴, 기타 개발 환경에 맞을 리도 없거니와 이를 고려하지 않은 기획서는 비효율적이기 때문입니다. 무엇보다 기획서만으로 게임이 개발되는 경우는 없습니다. 게임 개발은 끝없는 조율의 과정이기 때문입니다.

그럴 일은 없겠지만 만약 낮은 확률로 그 기획서가 정말 완벽하고 탐나는 내용이라면 차라리 그 면접자를 고용해서 게임을 개발하는 것이 더 효율적입니다. 이런 답변을 하는 경우는 두 가지 면에서 좋지 않습니다. 첫째, 자만심이 강해 보이고 자신의 문서가 완벽하다고 여기는 사람이므로 다른 부서와의 협의나 조율에서 문제가 생길 소지가 있어 보입니다. 둘째, 게임을 만드는 과정을 전혀 이해하지 못하는 것처럼 보이기 때문입니다. 포트폴리오로 제출된 기획서만으로 게임을 만드는 일은 절대 없으니 본인의 능력을 포트폴리오에 아낌없이 보여주길 바랍니다.

> **Q. 회사가 당신을 고용해야 할 이유는 무엇인가요.**
>
> A. 저는 장차 XXX 같은 사람이 될 인재입니다. 머지않아 세계적인 게임을 만들 저를 놓치면 회사는 두고두고 후회할 것입니다.

ㄴ 여기에서 XXX는 세계적으로 유명한 게임 개발자의 이름입니다. 목표가 큰 것은 좋습니다. 하지만 꿈을 갖는 것과 자만하는 것은 다릅니다. 사실 게임 기획자 면접에서 대다수는 자만심 때문에 탈락합니다. 자만하는 사람은 협업에서 문제를 일으키는 경우가 많습니다. 자신이 있더라도 겸손한 자세를 유지하세요. 신입 게임 기획자라면 업무적으로는 새로 배워야 합니다. 회사마다 팀마다 해야 할 일이 다르므로 처음부터 완벽한 사람을 구할 수 없다는 사실은 모두 알고 있습니다. 그렇다면 최소한 괜찮은 마음가짐과 자세를 지닌 사람을 구인하려고 하지 않을까요? 게임 기획자는 조율하고 협의하는 일에 대부분의 시간을 사용합니다. 커뮤니케이션 역량을 중요하게 보는 이유이죠.

빈둥거리지 말고 게임이라도 해라

"빈둥거리지 말고 게임이라도 해라."

20대의 저는 어머니의 말을 듣고 깜짝 놀랐습니다. 일반적인 부모님이었다면 게임을 하지 말라고 했을 것 같은데 저희 어머니는 오히려 게임을 하라고 했으니까요. 심지어 제가 10대이던 시절에 어머니는 게임을 만들고 싶다는 제 꿈을 격렬히 반대해서 집에서 내쫓기까지 했던 분이었습니다. 어머니에게 무슨 일이 벌어진 걸까요? 이상한 기분이 들면서도 한편으로는 짜릿한 쾌감이 있었습니다. 드디어 어머니가 알아주셨다는 느낌, 게임을 사랑하는 내 마음이 어머니에게까지 전달되었다는 확신이었습니다.

이런 비슷한 상황은 이후에도 여러 번 반복되었습니다. TV에서 게임 중독 이야기가 나왔을 때도 어머니는 그 말에 동의하지 않으셨습니다. 이유는 하나였죠.

'우리 아들은 쟤들보다 더했으니까.'

어머니에게는 저라는 존재가 게임에 대한 신뢰를 주는 증거였습니다. 어린 시절 게임에 푹 빠져 있던 저는 게임 기획자가 되었습니다. 저와 함께 게임을 즐기던 동생은 한 게임에서 영감을 받아 생명 환경 박사가 되었습니다. 적어도 우리 가족에게 게임은 긍정적일 수밖에 없습니다.

몇 년 전 자기계발 모임에서 '게임처럼 즐겁게 자기계발하기'라는 제목으로 강연을 했습니다. 강연이 끝나고 어떤 부모님께서 인상 깊은 말씀을 해주셨습니다.

"게임은 나쁜 것이고 하지 못하게 해야 한다고 생각했는데, 강연을 듣고 생각이 바뀌었어요. 아이에게 좋은 게임을 잘 골라줘야겠어요."

이 한마디로 저는 치유를 받았습니다. 많은 사람에게 게임이 이렇게 멋진 것이라는 사실을 알리고 싶다는 생각도 들었습니다. 제가 게임 개발자라서 게임을 변호하는 것처럼 보일 수도 있지만 한 사람 한 사람 진심을 다해 이야기하면 알아주지 않을까요?

줄곧 게임을 사랑한 저는 어린 시절 게이머에서 게임 매장 아르바이트, 게임 도매업을 거쳐 결국에는 게임 기획자가 되었습니다. 그렇게 게임을 만든 지도 벌써 20년이 지났습니다. 주변 사람들은 저에게 진성 게이머, 진성 게임 개발자라고 합니다. 그리고 저에게 묻습니다. 당신에게 게임은 어떤 존재냐고. 참 어려운 질문입니다. 왜냐하면 게임은 저에게 있어 너무 크고 다양한 의미를 갖고 있으니까요. 저에게 게임은 인생의 동반자이며, 가장 큰 무기이고, 연인이자 가족이며, 꿈과 인생이기도 합니다. 저는 지금까지, 그리고 앞으로도 게임과 함께 살아갈 것이며 게임을 위해 살아갈 것입니다. 그리고 분명 이 글을 읽고 있는 분 중에도 저와 같거나 저보다 더 게임에 진심인 분들이 계실 거라고 믿습니다. 그 분들보다 한 발 앞서 경험한 제 이야기로 앞으로의 게임과 게임 기획이 더욱 발전해가기를 바라봅니다.

찾아보기

60p ⓒ CAPCOM Co., Ltd
66p ⓒ Nintendo Co., Ltd
73p ⓒ Nintendo Co., Ltd
91p ⓒ PopCap Games.
94p ⓒ SQUARE ENIX Co., Ltd

97p
[셀레스트] ⓒ Matt Makes Games Inc.
[락히어로] ⓒ Tuyen Pham Co.
[캔디크러시 사가] ⓒ Activision Blizzard, Inc.

101p ⓒ dotGears Co.
110p ⓒ ARC SYSTEM WORKS Inc.
115p ⓒ Nintendo Co., Ltd.
119p ⓒ Nintendo Co., Ltd.
122p ⓒ Activision Blizzard, Inc.
130p ⓒ SQUARE ENIX Co., Ltd.

134p
[스트라이커즈1945] ⓒ CITY CONNECTION Inc.
[테트리스] ⓒ The Tetris Company, Inc.
[아스팔트] ⓒ Gameloft SE.

146p ⓒ CAPCOM Co., Ltd.
147p ⓒ CAPCOM Co., Ltd.
160p ⓒ NEXON Co., Ltd.
162p ⓒ Nintendo Co., Ltd.

168p ⓒ thatgamecompany, LLC.
177p ⓒ Nippon Ichi Software, Inc.
190p ⓒ Koei Tecmo Holdings Co., Ltd.
193p ⓒ FromSoftware, Inc.

195p
[라이덴] ⓒ MOSS Co., Ltd.
[팩맨] ⓒ BANDAI NAMCO Entertainment Inc.
[퍼즐버블] ⓒ SQUARE ENIX Co., Ltd.

208p ⓒ Marvelous Inc.
217p ⓒ thatgamecompany, LLC.

293p
[비트매니아] ⓒ Konami Holdings Corp.
[DDR] ⓒ Konami Holdings Corp.

294p
[응원단] ⓒ Nintendo Co., Ltd.
[유비트] ⓒ Konami Holdings Corp.

현업 기획자 마이즈가 알려주는

게임 기획 스쿨

초판 1쇄 발행 2022년 8월 30일
초판 3쇄 발행 2024년 12월 30일

지은이 김현석

기획편집 도은주, 류정화
마케팅 조명구

펴낸이 윤주용
펴낸곳 초록비공방

출판등록 2013년 4월 25일 제2013-000130
주소 서울시 마포구 동교로27길 53 308호
전화 0505-566-5522 팩스 02-6008-1777

메일 greenrainbooks@naver.com
인스타 @greenrainbooks @greenrain_1318
블로그 http://blog.naver.com/greenrainbooks

ISBN 979-11-91266-55-9 (03000)

어려운 것은 쉽게 쉬운 것은 깊게 깊은 것은 유쾌하게

초록비책공방은 여러분의 소중한 의견을 기다리고 있습니다.
원고 투고, 오탈자 제보, 제휴 제안은 greenrainbooks@naver.com으로 보내주세요.